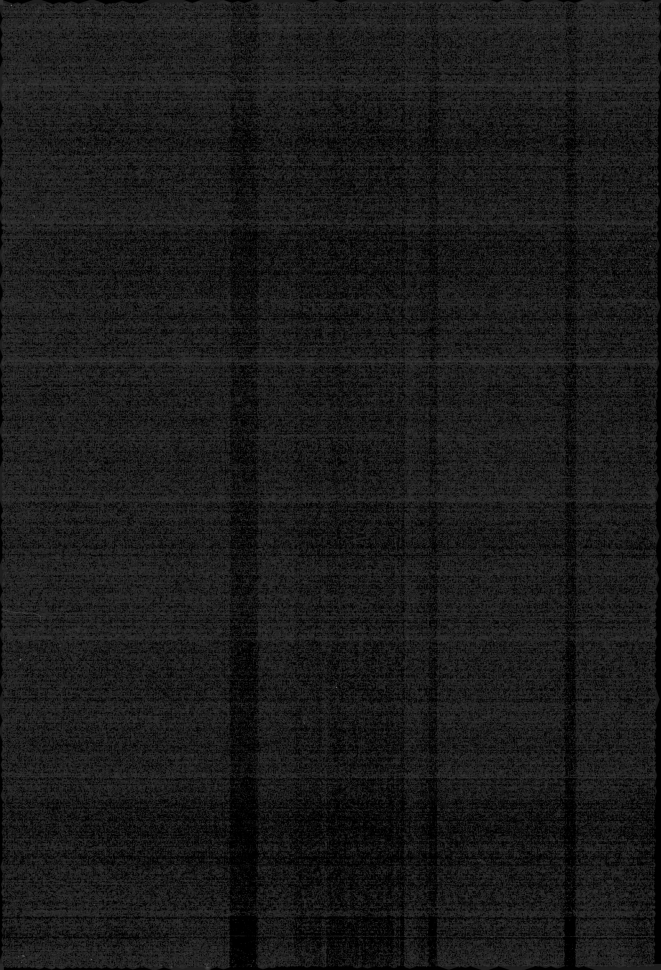

Adobe
Acrobat DC
무작정 따라하기

이문형 지음

길벗

Adobe Acrobat DC 무작정 따라하기

The Cakewalk Series - Adobe Acrobat DC

초판 발행 · 2021년 9월 10일

지은이 · 이문형
발행인 · 이종원
발행처 · (주) 도서출판 길벗
출판사 등록일 · 1990년 12월 24일
주소 · 서울시 마포구 월드컵로 10길 56(서교동)
대표 전화 · 02) 332-0931 | **팩스** · 02) 323-0586
홈페이지 · www.gilbut.co.kr | **이메일** · gilbut@gilbut.co.kr

기획 및 책임 편집 · 정미정, 최근혜 | **표지 디자인** · 박상희 | **제작** · 이준호, 손일순, 이진혁
영업마케팅 · 임태호, 전선하, 차명환 | **웹마케팅** · 조승모, 지하영 | **영업관리** · 김명자 | **독자지원** · 송혜란, 윤정아

편집 진행 · 앤미디어 | **전산 편집** · 앤미디어 | **CTP 출력 및 인쇄** · 벽호 | **제본** · 벽호

ISBN 979-11-6521-678-8 03000
(길벗 도서번호 007114)

정가 22,000원

독자의 1초를 아껴주는 정성 길벗출판사

길벗 IT실용서, IT/일반 수험서, IT전문서, 경제실용서, 취미실용서, 건강실용서, 자녀교육서
더퀘스트 인문교양서, 비즈니스서
길벗이지톡 어학단행본, 어학수험서
길벗스쿨 국어학습서, 수학학습서, 유아학습서, 어학학습서, 어린이교양서, 교과서

페이스북 · www.facebook.com/gilbutzigy
네이버 포스트 · post.naver.com/gilbutzigy

언택트 시대의 효율적인
PDF 문서 편집과 관리를 위한 Acrobat DC

다양한 기능을 지원하는 Acrobat DC

PDF는 Adobe 사가 1993년에 개발한 전자 문서 형식으로 현재는 국제 표준 문서로 사용되는 문서 형식입니다. PDF 문서를 보는 Acrobat Reader는 많은 분들이 알고 있지만 PDF 문서를 수정 편집할 수 있는 Acrobat 기능을 잘 모르는 분들이 많습니다. Acrobat은 Reader 외에도 Standard와 PRO 버전이 있으며 다양한 편집 가능한 도구를 제공합니다. PDF를 개발한 회사에서 만든 PDF 문서 편집 프로그램인 Acrobat PRO DC는 PDF를 가장 잘 활용할 수 있는 프로그램입니다. Acrobat은 PDF를 작성, 편집하고 다양한 문서 포맷으로 변환이 가능합니다. 물론 다양한 문서를 PDF로 변환도 가능합니다. 원격 근무 중에 원활한 협업이 가능하도록 공유 및 공동 작업 기능 등을 지원합니다.

어디에서나 모든 디바이스에서 사용 가능한 Acrobat DC

Acrobat은 사용 중인 디바이스의 유형과 관계없이 사용 가능하고, 팀원 간의 협업이 가능합니다. PDF 문서가 전자 문서 공통 규격으로 사용되는 것처럼 이제는 누구나 PDF 문서를 확인할 수 있으며 특히 모바일에서도 완벽하게 호환이 가능합니다. Acrobat은 쉽게 문서를 검토하고 전송하거나 디지털 서명을 하는 등의 다양한 기능을 지원합니다. 특히 모바일 환경이 급속도로 확대되는 환경에서도 PDF 문서를 보고, 주석과 서명을 추가하고 공유할 수 있는 기능을 지원하고 있습니다. 다양한 언어를 지원하는 Acrobat은 PDF 문서를 디바이스에 관계없이 원활하게 협업이 가능하고 진행 상황을 추적할 수 있는 공동 작업에도 유용하게 활용됩니다.

쉽게 따라 하면서 배우는 Acrobat DC 무작정 따라하기

Acrobat DC 무작정 따라하기는 독자의 눈높이에 맞게 기획 제작되었으며, 문서를 보기만 하고 수정은 힘들다는 선입견을 벗어나 누구나 쉽게 PDF 문서를 수정 편집 및 공유가 가능하게 구성되어 있습니다. 기본적인 문서 변환부터 편집과 문서 생성까지 그리고 공유와 서명 등 공동 작업을 위한 도구들을 제공합니다. 이제 PDF 문서를 보기만 하지 말고 직접 필요한 부분을 수정 편집할 수 있는 PDF 문서 전문가로 실력을 업그레이드하세요.

이문형

체계적인 구성을 따라 쉽고 빠르게 공부하세요!

Acrobat 필수 이론 / 기능

Acrobat 기능을 쉽게 배울 수 있도록 필수 이론과 기능을 담았습니다. Acrobat의 기본기를 익히세요.

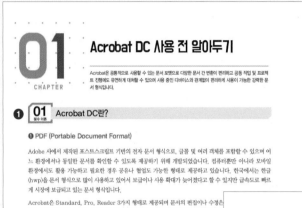

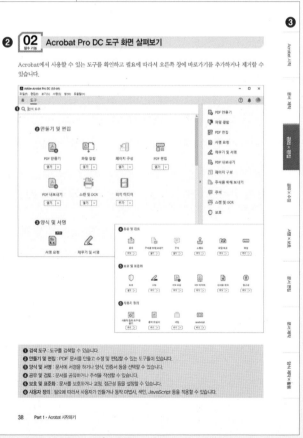

❶ **미리 알아두기** : Acrobat을 학습하기 전에 미리 알아 두면 좋은 PDF 정의와 Acrobat 활용법, 설치 방법 등을 소개합니다. Acrobat 프로그램과 기능별 인터페이스를 확인해 보세요.

❷ **필수 기능** : Acrobat을 다루기 위해 꼭 알아야 할 필수 기능을 다양한 예시와 함께 설명합니다.

❸ **탭** : 기능별 탭을 이용하여 원하는 기능을 빠르게 찾을 수 있습니다.

Acrobat 실습 예제

Acrobat 기능을 쉽게 배울 수 있도록 실습 예제를 담았습니다. 직접 따라하면서 Acrobat을 익히세요.

❶ 무작정 따라하기 : 학습 내용을 직접 따라할 수 있도록 감각적인 예제로 구성했습니다. 눈으로만 읽지 말고 꼭 직접 따라해 보세요.

❷ TIP : 예제에 관한 기본 팁을 제공합니다. 개념에 대한 부연 설명, 관련 정보, 주의할 점은 무엇인지 등을 설명해 놓았습니다.

Acrobat 전자책 / 부록

PDF 문서를 이용하여 전자 출판하는 방법을 부록으로 제공합니다. 직접 따라하면서 전자책을 만들어 보세요.

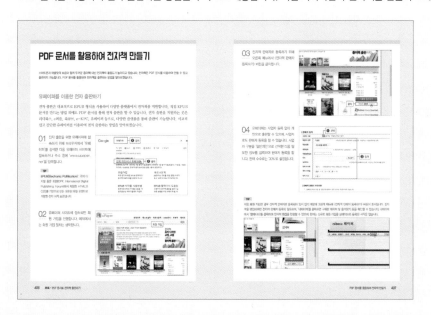

『우선순위 TOP 20』을 통해 핵심 기능을 익히세요!

Acrobat 사용자들이 네이버 지식iN, 실무 카페 및 블로그, 웹 문서 등에서 가장 많이 검색하고 찾아본 키워드를 토대로 우선순위 20을 통해 핵심 기능을 확인할 수 있습니다.

순위	키워드	간단하게 살펴보기	빠른 쪽 찾기
1 ▲	PDF 문서로 변환	다양한 애플리케이션에서 PDF 문서 만들기	62, 65, 68, 69, 71
2 ▲	문서 공유	문서 공유하고 수정 제안하기	134
3 ▲	문서 교정	주석 기능으로 문서 교정하기	152, 159
4 ▲	문서 서명	문서에 서명 삽입하기	178, 180
5 ▲	Document Cloud	Document Cloud에 저장하고 불러오기	45, 51
6 ▲	책갈피	책갈피로 페이지 구분하기	110
7 ▲	문서 최적화	PDF 문서 최적화하여 용량 줄이기	125, 128
8 ▲	스탬프	PDF 문서에 스탬프로 결재하기	172
9 ▲	암호	암호로 문서 보호하기	195
10 ▲	문서 결합과 분리	여러 PDF 문서를 결합하고 여러 PDF 문서로 분리하기	90
11 ▲	포트폴리오	PDF 문서로 포트폴리오 만들기	352
12 ▲	문서 링크	문서에 링크를 이용하여 원하는 페이지 또는 URL로 연결하기	234, 243
13 ▲	이미지 수정	포토샵을 이용한 이미지 수정하기	218
14 ▲	PDF 문서 제작	Adobe 사의 프로그램을 이용한 PDF 문서 만들기	74
15 ▲	페이지 전환	페이지 전환 효과를 이용한 프레젠테이션 문서 활용하기	292
16 ▲	전체 화면	프레젠테이션 문서를 만들기 위한 전체 화면 기능 활용하기	288
17 ▲	디지털 ID	디지털 ID를 활용하여 문서 보안 설정하기	192
18 ▲	머리말, 꼬리말	문서에 머리말과 꼬리말 추가하기	269
19 ▲	PDF 문서 변환	PDF 문서를 다양한 형식으로 변환하기	58, 61
20 ▲	워터마크	문서에 워터마크 추가하기	275

『중요 표시』를 활용해 효율적으로 공부하세요!

실제 업무에서 Acrobat을 사용하기 위해 **꼭 알아야 할 기능을 중요도에 따라 ★~★★★로 표시**하였습니다. 언제, 어디서나 원하는 기능을 쉽게 찾아 바로 적용해 보세요!

중요도	키워드	중요 기능 살펴보기	빠른 쪽 찾기
★★	홈 화면	Acrobat Pro DC의 주요 기능 살펴보기	36
★★	Document Cloud	Document Cloud에 저장하고 불러오기	45, 51
★	PDF 문서 변환	PDF 문서를 다양한 형식으로 변환하기	58, 61
★★★	PDF 문서로 변환	다양한 애플리케이션에서 PDF 문서 만들기	62, 65, 68, 69, 71
★★	PDF 문서 제작	Adobe 사의 프로그램을 이용한 PDF 문서 만들기	74, 77, 79, 82, 85
★	문서 결합과 분리	여러 PDF 문서를 결합하고 여러 PDF 문서로 분리하기	90
★★	책갈피	책갈피로 페이지 구분하기	110
★★	문서 최적화	PDF 문서 최적화하여 용량 줄이기	125, 128
★★★	문서 공유	문서 공유하고 수정 제안하기	134
★★★	문서 교정	주석 기능으로 문서 교정하기	152, 159
★★	스탬프	PDF 문서에 스탬프로 결재하기	172
★★	문서 서명	문서에 서명 삽입하기	178, 180
★★★	디지털 ID	디지털 ID를 활용하여 문서 보안 설정하기	192
★★★	암호	암호로 문서 보호하기	195
★	이미지 수정	포토샵을 이용한 이미지 수정하기	218
★★	문서 링크	문서에 링크를 이용하여 원하는 페이지 또는 URL로 연결하기	234, 243
★	머리말, 꼬리말	문서에 머리말과 꼬리말 추가하기	269
★	워터마크	문서에 워터마크 추가하기	275
★★	전체 화면	프레젠테이션 문서를 만들기 위한 전체 화면 기능 활용하기	288
★	페이지 전환	페이지 전환 효과를 이용한 프레젠테이션 문서 활용하기	292
★	라디오 단추	단일 선택을 위한 라디오 단추 만들기	298
★	체크 상자	다중 선택을 위한 체크 상자 만들기	313
★	선택 목록	여러 옵션 값 중에서 선택 가능한 선택 목록 만들기	320
★	날짜 필드	캘린더 형태로 날짜 필드 만들기	327
★	텍스트 필드	원하는 형식으로 텍스트 필드 만들기	331
★	드롭다운	여러 항목 중 선택이 가능한 드롭다운 만들기	337
★★	포트폴리오	PDF 문서로 포트폴리오 만들기	352
★	포트폴리오 관리	PDF 포트폴리오 문서 관리하기	370, 385

길벗출판사 홈페이지를 적극 활용하세요!

길벗출판사에서 운영하는 홈페이지(www.gilbut.co.kr)에서는 출간한 도서에 대한 정보뿐 아니라 예제 파일 및 완성 파일, 최신 기능 업로드 등 학습에 필요한 자료도 제공합니다. 또한 책을 읽다 모르는 내용이 있다면 언제든지 홈페이지의 도서 게시판에 문의해 주세요. 저자와 길벗 독자지원센터에서 신속하고 친절하게 답해 드립니다.

활용 1 무엇이든 물어보세요!

길벗출판사 홈페이지에 접속한 후 ❶ 검색(🔍) 창에 『Adobe Acrobat DC 무작정 따라하기』를 입력해 해당 도서 페이지로 이동하세요. 홈페이지 화면의 오른쪽에 보이는 퀵 메뉴를 이용하면 ❷ 도서 문의를 빠르게 할 수 있습니다.

활용 2 실습 자료 다운로드

이 책에 사용된 모든 예제 파일 및 완성 파일은 자료실에서 다운로드할 수 있습니다. 해당 도서 페이지 아래쪽의 ❸ [자료실]을 클릭해 실습 파일을 다운로드하세요. 홈페이지 회원으로 가입하지 않아도 누구나 자료를 다운로드할 수 있습니다.

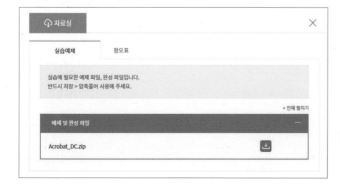

Acrobat 설치에 대한 Q&A

1 Acrobat 설치 전 문제

Q Acrobat 정식판을 사용하지 않는 것은 불법인데, 어도비 홈페이지에서 제공하는 Acrobat을 설치해도 되나요?

A 체험판은 무료로 배포되므로 사용해도 불법이 아닙니다. 하지만 불법 프로그램을 이용하여 인증 번호를 만들어 사용하는 것은 불법입니다.

Q 'Dependencies'가 만족스럽지 않다는 오류 메시지가 뜨면서 설치 파일이 실행되지 않습니다.

A 제어판에서 방화벽을 설정하지 않고 설치 폴더를 로컬 디스크로 옮겨 다시 설치합니다.

2 Acrobat 설치 중 문제

Q 설치 중간에 설치가 되지 않습니다. 왜 그럴까요?

A Acrobat이 설치되지 않는 이유는 주로 다음과 같은 네 가지 이유로 구분할 수 있습니다.

❶ 윈도우 운영체제가 프로그램과 맞지 않을 때 → 설치하는 Acrobat에 맞는 운영체제를 사용합니다.

❷ 이전에 Acrobat을 설치한 적이 있을 때 → 체험판은 체험 기간 동안 이용할 수 있으며 체험 기간이 지난 이후에는 Acrobat을 지우고 다시 설치해도 사용할 수 없습니다. 계속 Acrobat을 이용하려면 정품을 사용하거나 Creative Cloud를 구독하세요.

❸ 메모리나 시스템 사양이 낮을 때 → 시스템 사양을 Acrobat 설치 사양에 맞추어 업그레이드합니다.

❹ 설치 프로그램 외에 응용 프로그램이 실행 중일 때 → Acrobat 설치 프로그램 외에 응용 프로그램을 종료하세요.

Q 설치 중 에러가 나서 종료한 이후로 다시 설치할 수 없습니다.

A '프로그램 추가 제거'에 Acrobat이 설치되어 있다면 제거합니다. 이후에도 설치할 수 없다면 레지스트리까지 말끔하게 정리합니다.

Q 이전 설치를 마친 후 다시 설치하라고 합니다.

A Acrobat 외에 다른 프로그램을 설치하고 있을 때 표시되는 내용입니다. 여러 프로그램을 동시에 설치하면 레지스트리가 충돌할 수 있으므로 프로그램을 설치할 때는 하나의 프로그램 설치를 마치고 다른 프로그램의 설치를 시작하는 것이 좋습니다.

Q 'Installation cannot continue until the following applications are closed ~' 메시지가 표시되며 설치되지 않습니다.

A 설치할 때는 다른 프로그램들은 모두 종료한 다음 설치합니다. 만약 〈Ignore〉 버튼이 표시되면 버튼을 클릭합니다. 그래도 설치되지 않으면 열려 있는 응용 프로그램을 모두 닫고 설치를 시도하세요. 다시 설치를 시도할 때 같은 메시지가 표시된다면 컴퓨터를 다시 시작한 다음 설치하기 바랍니다.

목차

0 Part
시작하기 전에

1 Part
Acrobat 시작하기

중요
꼭 알아야 할 핵심 기능에 표시

우선순위 TOP
실무 중요도에 따라
TOP 01~20까지 표시

2 Part
Acrobat PDF
문서 만들기

Part

9

**포트폴리오
기능으로
PDF 활용하기**

부록

**PDF 문서로
전자책 출판하기**

다운로드

예제 및 완성 파일

이 책에 사용된 예제 파일과 완성 파일은 길벗 홈페이지(http://www.gilbut.co.kr)에서 다운로드할 수 있습니다. 홈페이지에 접속 후 검색창에 "Adobe Acrobat DC 무작정 따라하기"를 입력하고 〈검색〉 버튼을 클릭합니다. 도서가 표시되면 [자료실] 탭을 선택합니다. 자료실 항목에서 실습 예제를 다운로드한 다음 압축을 풀어 사용합니다.

예제 및 완성 파일

예제를 따라하면서 꼭 필요한 이미지 파일과 완성 파일들을 담았습니다. 작업한 내용을 저장하려면 실습하기 전에 반드시 하드 디스크에 폴더째 복사해 두고 사용하는 것이 좋습니다.

PART

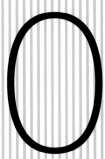

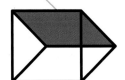

시작하기
전에

Acrobat DC의 특징과 버전별 차이점을 이해하고 자신에게 맞는 버전을 선택하여야 합니다.
Acrobat DC의 3가지 버전 중에서 편집이 가능한 PRO 버전의 체험판을 설치하고
실행하는 방법을 살펴보겠습니다.

ACROBAT DC

Acrobat DC 사용 전 알아두기

Acrobat은 공통적으로 사용할 수 있는 문서 포맷으로 다양한 문서 간 변환이 편리하고 공동 작업 및 프로젝트 진행에도 유연하게 대처할 수 있으며 사용 중인 디바이스와 관계없이 편리하게 사용이 가능한 강력한 문서 형식입니다.

01 PDF(Portable Document Format)
필수 이론

PDF는 Adobe 사에서 제작된 포스트스크립트 기반의 전자 문서 형식으로, 글꼴 및 여러 객체를 포함할 수 있으며 어느 환경에서나 동일한 문서를 확인할 수 있도록 제공하기 위해 개발되었습니다. 컴퓨터뿐만 아니라 모바일 환경에서도 활용 가능하고 필요한 경우 공유나 협업도 가능한 형태로 제공하고 있습니다. 한국에서는 한글(hwp)을 문서 형식으로 많이 사용하고 있어서 보급이나 사용 확대가 늦어졌다고 할 수 있지만 급속도로 빠르게 시장에 보급되고 있는 문서 형식입니다.

PDF는 공통적인 규격으로 PDF를 편집하거나 볼 수 있는 프로그램은 Acrobat 외에도 다양하게 존재하지만 Acrobat은 다양한 기능과 안정성을 포함한 도구라고 할 수 있습니다. Acrobat은 Standard, Pro, Reader 3가지 형태로 제공됩니다. 문서의 편집이나 수정이 불가능한 Reader는 무료로 제공됩니다. Acrobat Reader의 경우도 주석, 공유 등의 기능은 제공하고 있으나 문서 편집을 위해서는 Standard, Pro 버전을 사용해야 합니다.

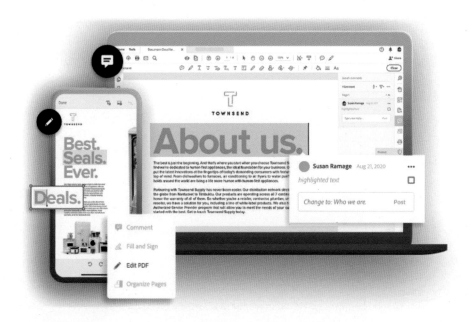

02 다양한 Acrobat 프로그램

기본적으로 Windows와 Mac을 지원하며 Acrobat Pro DC, Acrobat Standard DC는 영어 외에 프랑스어, 독일어, 일본어, 이탈리아어, 스페인어, 네덜란드어, 포르투갈어(브라질), 스웨덴어, 덴마크어, 핀란드어, 노르웨이어, 중국어 간체, 중국어 번체, 한국어, 체코어, 폴란드어, 러시아어, 터키어, 헝가리어, 우크라이나어, 슬로바키아어, 슬로베니아어, 프랑스어(북아프리카), 히브리어(중동), 아랍어(중동)를 지원하며 일부는 Windows 버전만 제공됩니다.

Acrobat Pro DC와 Standard DC 중 Standard는 Windows 버전에서만 제공되며 기능의 차이는 다음과 같습니다.

주요 기능	Acrobat Pro DC	Acrobat Standard DC
PDF 작성 및 Word, Excel, PowerPoint로 내보내기	●	●
PDF에서 텍스트와 이미지 편집, 페이지 재정렬 및 삭제	●	●
손쉽게 양식 작성, 채우기, 서명 및 보내기	●	●
여러 문서 및 파일 유형을 하나의 PDF로 결합	●	●
전자 서명을 위해 문서 보내기 및 실시간으로 응답 추적	●	●
보안 강화 및 암호로 PDF 파일 보호	●	●
PDF 파일의 두 버전을 비교하여 모든 차이점 검토	●	
스캔한 문서를 편집 및 검색 가능한 PDF로 변환	●	
고급 모바일 편집 기능 활용	●	
PDF에서 교정을 통해 민감한 정보를 영구적으로 제거	●	
ISO 및 액세스 가능성 표준을 위한 PDF 유효성 검사 및 수정	●	
가 격	₩17,600/월	₩15,000/월

(자료 출처 : https://acrobat.adobe.com/kr/)

Standard와 Pro의 가격 차이가 크지 않기 때문에 Pro의 사용을 추천드리며 주요 기능 외에도 Pro버전에서만 지원하는 기능들이 있습니다. Acrobat Reader는 PDF를 보고, 서명하고, 협업하고, 주석을 추가할 수 있지만 PDF 작성, 보호, 변환, 편집 등의 기능은 제한됩니다.

03 Acrobat DC 활용 방법

많은 기업과 조직에서 Acrobat을 이용하여 PDF 문서를 작성 및 편집할 수 있고 다양한 문서 형식으로 변환하는 기능을 수행합니다. 원활한 협업과 비즈니스를 위한 도구로 활용이 가능합니다.

❶ 어디에서나 모든 디바이스에서 원활하게 프로젝트를 진행하는 공동 작업 및 추적

사용 중인 디바이스 유형과 상관없이 언제든지 원활하게 협업할 수 있습니다. Acrobat DC를 사용하면 PDF를 간편하게 공유하여 열람, 검토, 서명할 수 있으며 장소에 상관없이 다양한 디바이스에서 각각의 진행 상황을 추적할 수 있습니다.

❷ 간편한 문서 검토

PDF를 공유하고 의견을 취합하는 과정이 이제는 이메일을 전송하는 것처럼 간단할 뿐만 아니라 훨씬 더 세밀한 제어와 철저한 추적이 가능하며 번거롭게 파일을 첨부할 필요가 없습니다. 수신자가 PDF에 대한 링크가 포함된 이메일을 수신하면 링크를 클릭해 PDF를 열어 보고 주석을 추가하면 됩니다.

❸ 어디에서나 어느 기기에서나 업무 생산성 향상을 위한 PDF 툴 사용

더욱 강력해진 Acrobat Reader 모바일 앱은 무료로 이용할 수 있으며 어디에서나 PDF를 보고, 주석을 추가하고, 서명 및 공유할 수 있는 툴이 포함되어 있습니다. 또한 다양한 작업이 가능한 Acrobat Pro DC를 사용하면 태블릿이나 스마트폰에서 파일을 만들거나 편집하고, 내보내거나 구성 및 결합할 수 있습니다.

❹ 양식과 디지털 서명

어디에서나 모든 디바이스에서 PDF 양식을 간편하게 채우고 서명할 수 있습니다. 또한 서명을 수집하고, 진행 상황을 추적하고, 서명된 문서를 자동으로 보관할 수 있습니다.

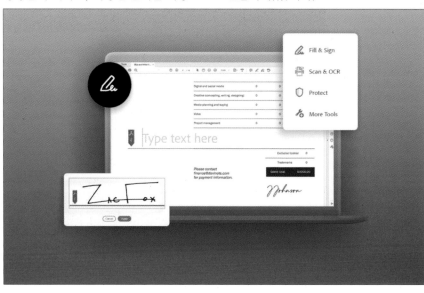

Acrobat 설치하기

CHAPTER

PDF 문서를 보기 위한 Acrobat Reader는 많이 설치가 되어 있으나 수정 편집 가능한 Acrobat DC를 설치한 경우는 많지 않습니다. Acrobat DC는 Creative Cloud에 포함된 패키지 상태로 구매할 수 있고 Acrobat DC만 구매하여 사용할 수 있습니다.

※ Acrobat Pro DC 를 설치하기 위해 아래의 최소 사양을 만족해야 합니다.

윈도우	맥
Intel®또는 AMD 프로세서, 1.5GHz 이상 프로세서	Intel 프로세서
Windows 10(32비트 및 64비트), Windows 8, 8.1(32비트 및 64비트), Windows 7 SP1(32비트 및 64비트) 또는 Windows Server – 2008 R2(64비트), 2012(64비트), 2012 R2(64비트), 2016(64비트) 또는 2019(64비트)	macOS v10.13, macOS v10.14, macOS v10.15 또는 macOS v11
4.5GB의 하드 디스크 여유 공간	2.75GB의 하드 디스크 여유 공간
2GB RAM / 1024 x 768 화면 해상도	

01 Acrobat Pro DC 설치하기
따라하기

01 어도비 웹 사이트(http://www.adobe.com/kr)에 접속합니다.

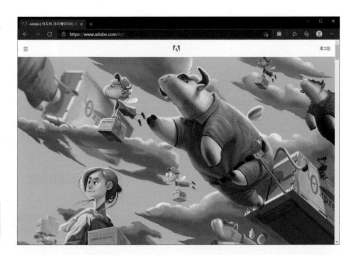

TIP

체험판은 일주일 동안 체험이 가능하며 이후 유료 결제가 필요합니다.

02 Acrobat 설치를 위해 왼쪽 상단에 '메
뉴' 아이콘(≡) → 'PDF 및 전자 서명'을
클릭한 다음 'Adobe Acrobat'을 실행합니다.

03 Acrobat에 대한 상세 설명이 포함된
페이지로 이동합니다. Acrobat에 대한
설명이 자세하게 소개되며, 구매하거나 무료 체
험판을 설치할 수 있습니다. 무료 체험판 설치를
위해 〈무료 체험판〉 버튼을 클릭합니다.

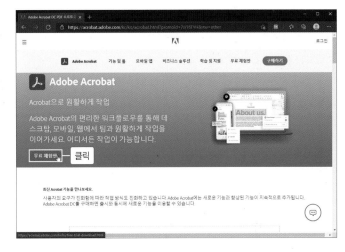

04 무료 체험을 위해 〈시작하기〉 버튼을 클릭합니다. 체험판 설치가 아닌 구매하여 설치한다면 〈구매하기〉 버튼을 클릭
합니다. 무료 체험판 설치를 위해 Acrobat Pro DC의 '무료 체험판'을 클릭합니다.

TIP

Acrobat을 연간 구독하는 경우 월 단위로 구독 비용을 결제하게 됩니다. Pro와 Standard로 구분되며 Pro의 경우 월 단위로 17,600원,
Standard의 경우 15,000원이 결제됩니다. Standard는 Windows에만 설치가 됩니다.

05 체험판 설치를 위해 사용자 및 결제 관련된 정보를 입력해야 합니다.
Acrobat Pro DC가 선택된 것을 확인하고 설치할 플랜의 결제 금액과 방법을 지정합니다. 필수 항목을 체크 표시하고 〈계속〉 버튼을 클릭합니다.

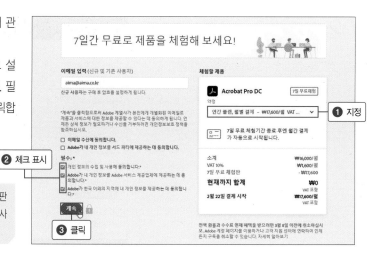

TIP

체험판을 설치할 때도 결제 정보를 입력해야 체험판 설치가 가능합니다. 따라서 체험판을 삭제할 경우 사용자 정보에서 환불 처리도 꼭 진행해야 합니다.

06 Adobe 계정이 필요하기 때문에 가입한 계정의 아이디와 비밀번호를 입력하고 〈계속〉 버튼을 클릭합니다.

TIP

Adobe 계정이 없다면 회원 가입이 필요할 수 있습니다.

07 결제 정보를 입력하고 Adobe Acrobat의 플랜을 확인합니다. 정보가 정상적으로 입력되었다면 〈무료 체험기간 시작〉 버튼을 클릭합니다.

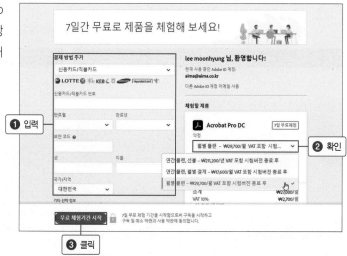

08 입력한 정보와 결제 정보를 확인하고 다운로드 및 설치를 위해 〈시작하기〉 버튼을 클릭합니다.

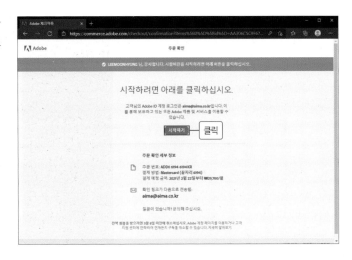

09 브라우저 왼쪽 하단에 설치 파일이 다운로드되며, 다운로드가 완료되면 '파일 열기'를 클릭하여 설치를 시작합니다.

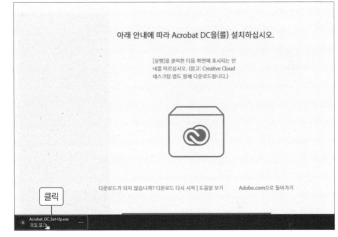

TIP

웹 브라우저에 따라서 하단에 표시되지 않고 지정된 다운로드 경로에 저장될 수 있습니다.

10 Adobe Acrobat DC 설치를 위한 대화상자가 표시되며 설치를 계속 진행하기 위해 〈계속〉 버튼을 클릭합니다.

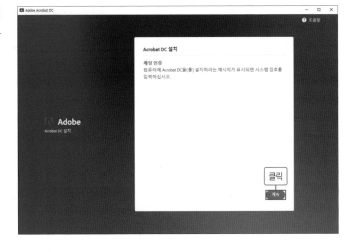

11 이메일 주소에 Adobe 계정으로 등록
─── 된 이메일 주소를 입력하고 〈계속〉 버튼
을 클릭합니다.

12 이메일 주소로 인증 코드를 수신 받기
─── 위해 입력한 이메일 주소를 확인하고
〈계속〉 버튼을 클릭합니다.

13 입력한 이메일로 6자리 숫자로 된 인증
─── 코드가 수신되어 있습니다. 해당 인증
코드를 확인합니다.

14 수신 받은 인증 코드를 입력합니다. 정
상적으로 인증 코드를 입력하면 다음 페
이지로 이동합니다.

15 Adobe 계정에 등록한 암호를 입력하
고 〈계속〉 버튼을 클릭합니다.

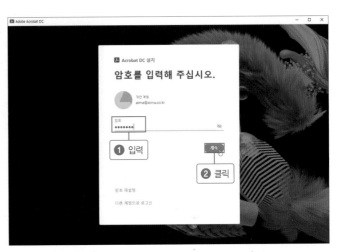

16 Acrobat 설치에 따라서 암호 없이 로
그인이 가능하도록 설정할 수 있으나 앱
을 설치해야 합니다. 앱 설치 없이 설치를 진행
하기 위해 〈건너뛰고 계속〉 버튼을 클릭합니다.

17 설치 준비가 모두 완료되었습니다. 설치
― 를 하기 위해 〈설치 시작〉 버튼을 클릭
합니다.

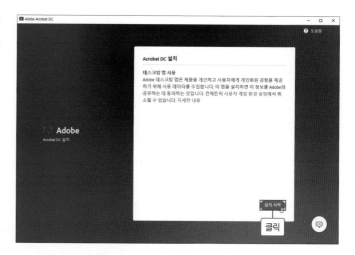

18 Acrobat 설치가 진행되면 Acrobat 숙
― 련도에 관한 질문이 표시됩니다. 답변을
선택하고 〈계속〉 버튼을 클릭합니다. 답변을 원
하지 않는다면 〈질문 건너뛰기〉 버튼을 클릭합
니다.

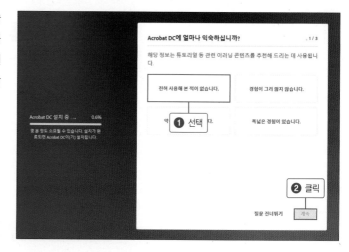

19 두 번째 질문으로 Acrobat을 사용하는
― 사용자의 직업에 대한 답변을 하고 〈계
속〉 버튼을 클릭하거나 〈질문 건너뛰기〉 버튼을
클릭합니다.

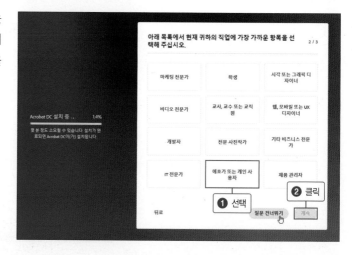

문서 변환

관리×편집

양식×수집

서명×보호

문서 편집

문서 제작

양식 제작×활용

TIP

Creative Cloud Desktop이 설치되어 있고 Acrobat DC를 사용할 수 있는 플랜을 사용하고 있다면, Creative Cloud Desktop에서 '모든 앱'
메뉴를 선택하고 '내 구독에서 사용 가능' 항목에서 Acrobat DC의 〈설치〉 버튼을 클릭하여 설치를 진행합니다. 또는 'Acrobat 및 PDF' 메뉴
를 선택하고 'PDF용 인기 항목'에서 Acrobat DC의 〈설치〉 버튼을 클릭합니다.

20 마지막 질문으로 Acrobat을 이용할 목
적에 대한 답변을 하고 〈계속〉 버튼을
클릭하거나 〈질문 건너뛰기〉 버튼을 클릭합니다.

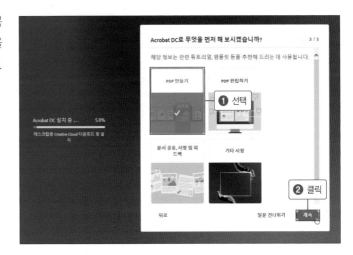

21 질문에 답변한 내용이 설치 화면에 표시
되며 내용을 확인하고 〈계속〉 버튼을 클
릭합니다. 설치 과정이 계속 진행됩니다.

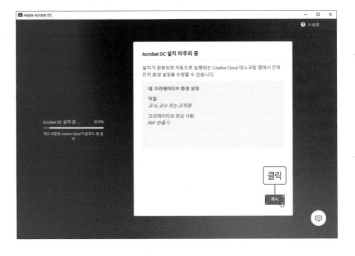

22 설치가 완료되면 Acrobat 프로그램이
실행됩니다.

TIP

Acrobat 프로그램이 실행되면 PDF 문서를 활용하
는 기본 응용 프로그램으로 지정되지 않은 경우 '기본
응용 프로그램 설정' 대화상자가 표시됩니다. 응용 프
로그램 설정을 위해 〈예〉 버튼을 클릭하거나 다시 보
지 않으려면 '이 메시지를 다시 표시 안함'을 체크 표
시하고 〈예〉 버튼을 클릭합니다.

02 Acrobat 설치 언어 변경하기
따라하기

01 설치 언어를 변경하기 위해는 Crea-
tive Cloud Desktop을 실행합니다.
Adobe Creative Cloud를 처음 실행하면 표
시되는 대화상자에서 〈확인〉 버튼을 클릭합니다.

TIP

Creative Cloud Desktop 화면이 표시되면 현재 설
치된 프로그램인 Acrobat DC가 표시되어 있으며 최
신 버전으로 설치되어 있는 것을 확인할 수 있습니다.
Acrobat DC의 〈열기〉 버튼을 클릭하면 Acrobat이
실행됩니다.

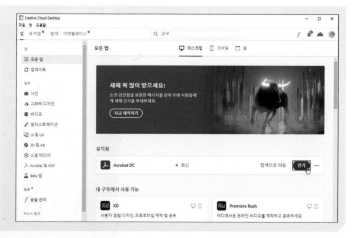

02 언어 변경을 위해 오른쪽 상단에 '계정'을 클릭한 다음 '환경 설정'을 실행합니다.

> **TIP**
>
> **Adobe Acrobat 언어 설정 변경하기**
> 필요에 따라서 설치 언어를 영문, 한글 등으로 변경 가능합니다. 대부분의 Adobe 프로그램의 설치는 영문을 추천하지만 Acrobat, Indesign 등은 기존 워드 프로세서 프로그램을 고려하여 한글로 설치하는 것을 추천합니다. 따로 설정을 하지 않고 처음 설치를 했다면 한글로 설치됩니다. 언어를 변경하기 위해는 프로그램 삭제와 재설치가 필요합니다.

03 환경 설정 대화상자가 표시되면 '앱'을 클릭합니다.

04 한국어로 설치된 Acrobat을 영문으로 변경하기 위해 기본 설치 언어를 'English(International)'로 지정합니다.

Acrobat 시작

문서 변환

관리 × 편집

공유 × 수정

서명 × 보호

문서 편집

문서 제작

양식 제작 × 활용

05 언어 선택을 완료하였다면 〈완료〉 버튼을 클릭합니다.

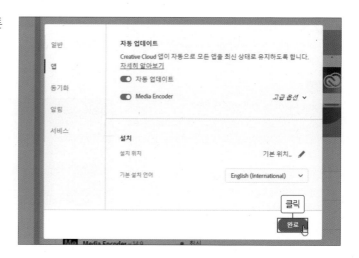

06 현재 한국어로 설치된 Acrobat을 삭제하기 위해 Acrobat DC의 '목록' 아이콘(⋯)을 클릭한 다음 '제거'를 실행합니다.

07 제거가 완료되면 내 구독에서 사용 가능에서 Acrobat DC의 〈설치〉 버튼을 클릭하여 다시 설치를 진행합니다. 다시 설치할 때 설정된 언어로 변경되어 설치됩니다.

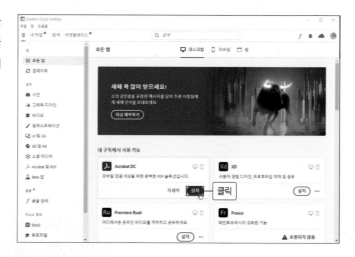

03 Acrobat 실행하기
따라하기

Acrobat을 실행하는 방법은 Creative Cloud Desktop을 통하여 실행하는 방법과 시작 메뉴를 활용하는 방법이 있습니다. Adobe의 여러 프로그램을 활용한다면 Creative Cloud Desktop에서 관리하는 것이 편리할 수 있습니다.

01 Creative Cloud Desktop을 실행하여 설치되어 있는 Acrobat DC의 〈열기〉 버튼을 클릭합니다.

TIP

시작 메뉴를 이용하여 Acrobat 실행하기

시작 메뉴에서 Adobe Acrobat DC를 선택합니다. 시작 메뉴에는 설치된 언어와 관계 없이 표시되어 있으므로 여러 언어로 설치한 경우에는 시작 메뉴를 이용하여 실행하는 것이 편리할 수 있습니다.

02 Acrobat이 실행되었으며, 현재 실행된 Acrobat은 Pro 버전입니다.

04
따라하기

Acrobat 플랜 취소하기

Acrobat을 체험판으로 설치하거나 또는 유료로 사용하는 경우 모두 결제 정보가 등록되어 있으므로 더 이상 사용하지 않는 경우 플랜 취소를 해야 합니다.

01 어도비 홈페이지(adobe.com/kr)에 접속합니다. '계정'을 클릭한 다음 '계정 보기'를 클릭합니다. 플랜 관리를 위해 〈플랜 세부 정보 보기〉 버튼을 클릭합니다.

02 Acrobat Pro DC의 〈플랜 관리〉 버튼을 클릭합니다. Acrobat Pro DC의 플랜을 취소하기 위해 플랜 정보에서 〈플랜 취소〉 버튼을 클릭합니다.

03 로그인된 계정 암호를 입력하고 〈계속〉 버튼을 클릭합니다. 취소하려는 이유 항목을 체크 표시하고 〈계속〉 버튼을 클릭합니다.

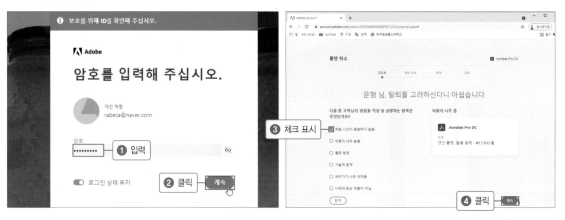

04 플랜 취소의 세부 정보를 확인하고 〈계속〉 버튼을 클릭한 다음 취소에 관련된 정보를 확인하고 〈아니요〉 버튼을 클릭합니다.

05 최종 플랜 취소 정보를 확인하고 〈확인〉 버튼을 클릭합니다. 플랜이 취소되면 〈완료〉 버튼을 클릭합니다.

Acrobat 시작

문서 변환

관리 × 편집

열람 × 수정

서명 × 보호

문서 편집

문서 제작

양식 제작 × 활용

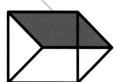

PART

1

Acrobat 시작하기

PDF 문서를 생성하고 편집 및 수정을 하기 위한 Acrobat의 기능을 살펴보고
기본적인 작업 화면, 도구 및 패널 구성과 함께 기초적인 Acrobat 기능을 살펴보겠습니다.

ACROBAT DC

01

CHAPTER

Acrobat Pro DC는 어떻게 생겼을까?

Acrobat Pro DC는 총 3개의 영역으로 구성됩니다. 도구에서는 각종 도구를 찾아 사용할 수 있고, 문서에서는 문서를 편집, 수정할 수 있으며 여러 문서를 열 때는 탭 형태로 문서가 열립니다.

01 Acrobat Pro DC 홈 화면 살펴보기
필수 기능

Acrobat을 실행하면 표시되는 홈 화면에서 최근 사용한 문서나 빠른 문서 소개로 문서를 열어 보지 않고 확인이 가능합니다.

❶ **메뉴 막대** : 기본적인 기능들을 그룹화하여 6개로 분류하여 제공하고 있으며 PDF 문서를 편집할 때 사용하는 메뉴들이 있습니다.

❷ **홈** : 홈 화면을 선택할 수 있습니다.

❸ **도구** : 도구 화면을 선택할 수 있습니다.

❹ **문서 탭** : 현재 열려 있는 문서를 제목과 함께 확인할 수 있습니다.

❺ **최근** : 최근 문서를 확인할 수 있습니다.

❻ **별표 표시됨** : 별표 표시된 중요 문서를 확인할 수 있습니다.

❼ **파일** : 파일을 컴퓨터와 클라우드 중에서 선택하여 불러오거나 공유할 수 있습니다.

❽ **계정 추가** : 구글 드라이브, 드롭박스 등 클라우드로 사용할 수 있는 저장소 계정을 추가할 수 있습니다. 계정을 등록하면 저장소가 추가되어 등록됩니다.

❾ **공유된 항목** : 공유된 문서를 확인할 수 있습니다.

❿ **서명** : 서명을 위해 주고 받은 문서를 확인할 수 있습니다.

⓫ **카드 시작하기** : 일반적으로 사용하는 주요 도구들을 선택할 수 있습니다. 〈모든 도구 보기〉 버튼을 클릭하면 도구 화면으로 이동합니다.

⓬ **별표 표시됨** : 별표 표시된 문서를 표시하여 빠르게 문서로 이동할 수 있습니다.

⓭ **최근** : 최근에 확인하거나 편집 및 저장한 문서를 표시합니다. 문서를 선택하면 빠른 문서 소개 화면이 오른쪽에 표시됩니다.

⓮ 검색 : 최신 및 클라우드 등에 저장되거나 공유한 문서를 검색할 수 있습니다.

⓯ 빠른 문서 소개 : 선택된 문서에 대하여 최종 저장 시간 및 문서 경로를 표시합니다. 해당 문서에 적용할 수 있는 도구들이 표시됩니다.

⓰ 의견 공유 : 문서에 필요한 의견을 작성하고 공유할 수 있습니다.

⓱ Acrobat 자습서 : Acrobat에 대해서 학습할 수 있는 웹 사이트가 표시됩니다.

⓲ 알림 : 공유 문서의 상태 변경을 알려 줍니다.

⓳ 프로필 및 설정 : 사용자에 대한 기본 정보 및 프로그램에 대한 환경 설정이 가능합니다.

⓴ 공유 : 선택된 문서를 다른 사용자와 공유할 수 있도록 문서가 열리면서 공유 기능이 표시됩니다.

㉑ 서명 요청 : 선택된 문서가 열리면서 다른 사용자에게 서명을 요청할 수 있습니다.

㉒ PDF 편집 : 선택된 문서가 편집 모드에서 열립니다.

㉓ PDF 내보내기 : 선택된 문서를 원하는 문서 및 형식으로 내보낼 수 있습니다.

㉔ 페이지 구성 : 선택된 문서의 페이지를 편집, 이동, 삽입이 가능하도록 페이지 구성 도구가 표시됩니다.

㉕ 주석 : 선택된 문서를 열고 주석 도구를 표시합니다.

㉖ 채우기 및 서명 : 선택된 문서를 열고 채우기 및 서명 도구를 표시합니다.

02 Acrobat Pro DC 도구 화면 살펴보기
필수 기능

Acrobat에서 사용할 수 있는 도구를 확인하고 필요에 따라서 오른쪽 창에 바로가기를 추가하거나 제거할 수 있습니다.

❶ 검색 도구 : 도구를 검색할 수 있습니다.

❷ 만들기 및 편집 : PDF 문서를 만들고 수정 및 편집할 수 있는 도구들이 있습니다.

❸ 양식 및 서명 : 문서에 서명을 하거나 양식, 인증서 등을 선택할 수 있습니다.

❹ 공유 및 검토 : 문서를 공유하거나 주석을 작성할 수 있습니다.

❺ 보호 및 표준화 : 문서를 보호하거나 교정, 접근성 등을 설정할 수 있습니다.

❻ 사용자 정의 : 필요에 따라서 사용자가 만들거나 동작 마법사, 색인, JavaScript 등을 적용할 수 있습니다.

03 필수 기능   Acrobat Pro DC 문서 화면 살펴보기

여러 문서가 표시되는 경우 탭 형태로 표시되며, 문서 작업에 필요한 도구 모음이 표시됩니다. 오른쪽에는 작업에 필요한 해당 기능의 패널이 표시되어 세부 옵션을 변경할 수 있습니다.

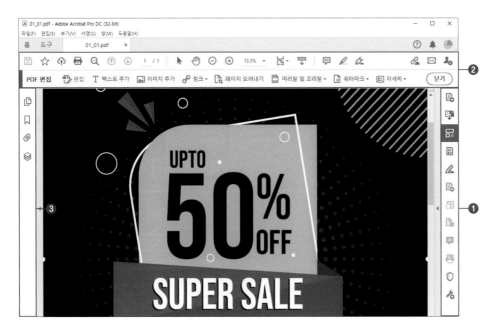

❶ **도구 막대** : PDF 문서를 생성 및 편집하기 위한 도구들이 포함되어 있습니다. 선택된 도구에 따라서 도구에 포함된 기능이 표시됩니다.

❷ **도구 모음** : 선택된 도구에 관한 세부 사항을 조절할 수 있습니다.

❸ **탐색 창** : 문서에 필요한 부가적인 기능을 적용할 수 있습니다.

> **TIP**
>
> **작업 환경 색상 변경하기**
>
> 작업 환경은 기본적으로 2가지 색상을 제공합니다. 밝은 회색과 진한 회색을 지원하며, 시스템 테마의 변경에 따라서 밝은 회색과 진한 회색을 자동으로 설정하는 '시스템 테마' 설정이 존재합니다.
>
> 테마를 변경하기 위해 메뉴에서 [보기] → 표시 테마 → 밝은 회색을 실행하면 밝은 회색 환경으로 변경됩니다. 같은 방법으로 진한 회색 또는 시스템 테마 설정이 가능합니다.

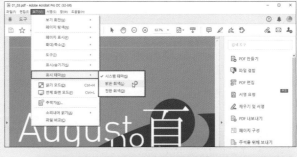

▲ 밝은 회색

▲ 진한 회색

04 작업 화면 확대, 축소, 이동하기
따라하기

PDF 문서를 편집하거나 수정할 때 작업 화면을 확대하거나 축소 또는 이동이 필요할 수 있습니다.

● 예제파일 : 01\01_02.pdf

01 메뉴에서 [파일] → 열기([Ctrl]+[O])를 실행하여 01 폴더에서 '01_02.pdf' 파일을 불러옵니다. 불러온 문서를 편집하기 위해 오른쪽 도구 막대에서 'PDF 편집' 아이콘(☰)을 클릭합니다.

02 문서를 세밀하게 편집하기 위해 작업 화면을 확대하거나 축소할 필요가 있습니다. 문서를 확대하기 위해 상단 도구 모음에서 '확대' 아이콘(◎)을 클릭합니다.

> **TIP**
> 단축키 [Ctrl]+[+]를 눌러 문서를 확대할 수도 있습니다.

03 문서의 원하는 부분으로 이동하기 위해 도구 모음에서 '손' 아이콘(◎)을 클릭하거나 [Spacebar]를 누릅니다. 마우스 커서가 손바닥 모양으로 변경되면 화면을 드래그하면서 원하는 부분으로 이동할 수 있습니다.

04 작업 화면에 문서 폭을 맞춥니다. 도구 모음에서 화면 비율 오른쪽에 '확장' 아이콘(▼)을 클릭한 다음 너비에 맞추기를 실행합니다.

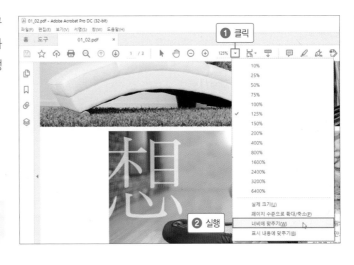

화면을 최대한 넓게 활용하고 문서를 최대한 가리는 부분 없이 확인하기 위해 너비에 맞추기를 실행합니다.

05 문서의 좌우 폭이 작업 화면에 맞춰서 자동으로 비율이 조정되었습니다. 문서를 축소하여 보기 위해 도구 모음에서 '축소' 아이콘(⊖)을 클릭하여 '50%' 비율로 조정합니다.

단축키 Ctrl+－를 눌러 문서를 축소할 수도 있습니다.

06 기본 설정 상태에서는 작업 화면에 문서가 한 페이지씩만 보입니다. 마우스 휠을 사용하거나 오른쪽 스크롤바를 사용하면 원하는 페이지로 이동이 가능합니다.

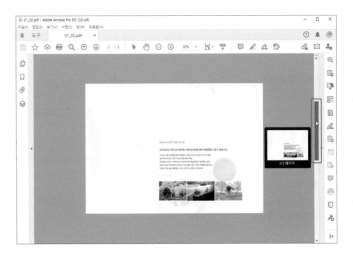

07 작업 화면에 여러 페이지가 동시에 보이
도록 하고 스크롤에 따라 페이지를 이동
할 수 있습니다. 도구 모음에서 '다른 도구' 아이
콘(⊞)을 클릭한 다음 너비에 맞추기 스크롤을
실행합니다.

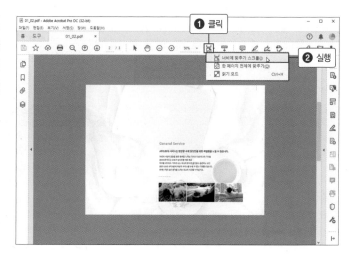

08 작업 화면에 여러 페이지가 보이며 스크
롤에 따라서 페이지가 이동되는 것을 확
인할 수 있습니다.

> **TIP**
>
> **페이지 축소판을 이용하여 페이지 이동하기**
>
> 왼쪽 탐색 창에서 '페이지 축소판' 아이콘(⬚)을 클릭하면 페
> 이지 축소판 패널이 표시되며 원하는 페이지를 클릭하면 이동
> 이 가능합니다.

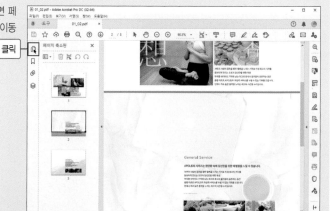

PDF 문서 만들고 저장하기

Acrobat에서는 PDF 문서를 만드는 방법을 다양하게 지원하고 PDF 문서를 관리하는 기능을 제공합니다.
PDF 문서를 만들고 저장하는 관리 방법을 알아보겠습니다.

01 PDF 문서 만들기
따라하기

Acrobat에서는 기존 문서 활용 외에도 새로운 페이지 및 문서를 만들기 위해 빈 페이지 기능을 이용하여
PDF 문서를 만들 수 있습니다. 빈 페이지로 된 새로운 PDF 문서를 만드는 방법을 알아보겠습니다.

01 Acrobat을 실행하고 PDF 문서를 만들기 위해 (도구) 탭을 클릭하여 도구 화면으로 이동합니다. 만들기 및 편집에서 'PDF 만들기'를 클릭합니다.

02 빈 페이지로 된 PDF 문서를 만들기 위해 '빈 페이지'를 선택합니다.

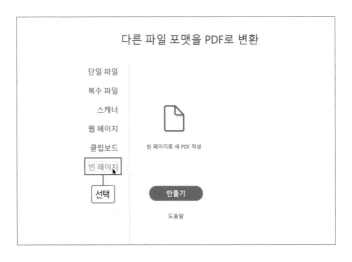

03 〈만들기〉 버튼을 클릭합니다.

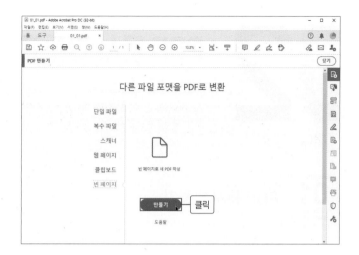

04 빈 PDF 문서가 만들어졌습니다.

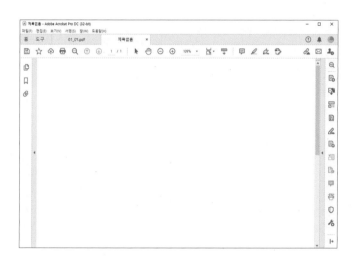

TIP

메뉴를 이용하여 빈 페이지 PDF 만들기

메뉴를 활용하여 빈 페이지로 PDF를 만드는 경우 메뉴에서
(파일) → 만들기 → 빈 페이지를 실행합니다.

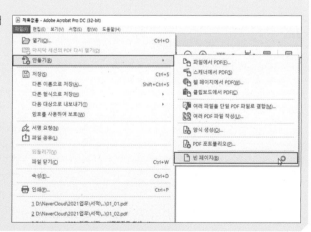

Acrobat 시작

문서 변환

관리×편집

공유×수정

서명×보호

문서 편집

문서 제작

유서 제작×활용

02 파일 불러오기 및 저장하기
따라하기

PDF 문서를 불러오기 위해 열기 기능을 이용해야 합니다. 메뉴에서 실행하거나 홈 화면에서 불러올 수 있으며, PDF 문서가 아닌 다른 형식 문서는 도구에서 PDF 만들기를 이용해야 합니다. 메뉴에서 PDF를 불러와 문서를 여는 방법을 알아보겠습니다.

● 예제파일 : 01\01_01.pdf | ● 완성파일 : 01\다른이름으로저장.pdf

01 PDF 문서를 열기 위해 메뉴에서 [파일] → 열기(Ctrl + O)를 실행합니다.

TIP

홈 화면에서 PDF를 여는 경우 파일에서 '내 컴퓨터'를 선택한 다음 현재 선택된 폴더를 클릭하거나 〈찾아보기〉 버튼을 클릭하여 PDF 문서가 저장된 폴더를 선택하여 문서를 열 수 있습니다.

02 열기 대화상자가 표시되면 01 폴더에서 '01_01.pdf' 파일을 선택하고 〈열기〉 버튼을 클릭합니다.

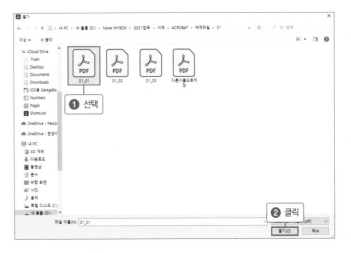

03 문서가 표시된 것을 확인할 수 있습니다.

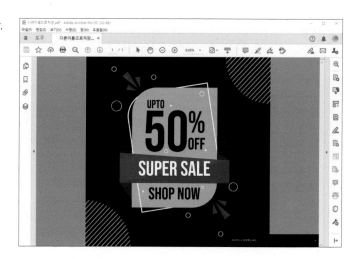

04 PDF 문서를 다른 이름으로 저장하기 위해 메뉴에서 (파일) → 다른 이름으로 저장(Shift+Ctrl+S)을 실행합니다.

05 PDF로 저장 대화상자가 표시되면 원본 문서가 있던 폴더에 저장하기 위해 최근 폴더에 저장에서 '01' 폴더를 선택합니다.

06 PDF로 저장 대화상자가 표시되면 파일 이름을 입력하고 〈저장〉 버튼을 클릭합니다.

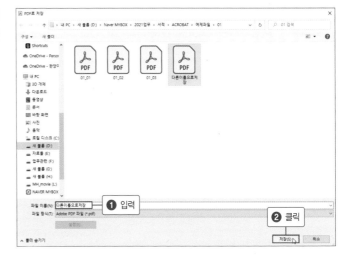

07 문서가 다른 이름으로 저장되어 문서탭에 변경된 파일 이름으로 표시됩니다.

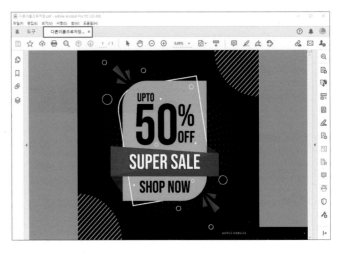

Acrobat 시작

문서 변환

관리 × 편집

공유 × 수정

서명 × 보호

문서 편집

문서 제작

양식 제작 × 활용

Adobe Document Cloud 공간에 파일 저장하기

Adobe 계정에 가입을 하면 사용자 플랜에 따라 Document Cloud를 제공 받으며 PDF 문서 관리를 클라우드에서 할 수 있고, PDF 문서 편집 기능도 제공합니다. 필요에 따라서 다른 사람과 문서를 공유할 수 있습니다. PDF 문서를 Documemt Cloud에 저장하는 방법을 알아보겠습니다.

◉ 예제파일 : 01\다른이름으로저장.pdf

01   메뉴에서 (파일) → 열기(Ctrl+O)를 실행하여 01 폴더에서 '다른이름으로저장.pdf' 파일을 불러옵니다.
PDF 문서를 Document Cloud에 저장하기 위해 메뉴에서 (파일) → 다른 이름으로 저장(Shift+Ctrl+S)을 실행합니다.

02   PDF로 저장 대화상자가 표시되면 파일에서 'Document Cloud'를 선택합니다. 파일 이름에 '클라우드에저장.pdf'를 입력하고 〈저장〉 버튼을 클릭합니다.

03   문서가 저장되면 아래쪽에 '성공적으로 저장했습니다.'라는 메시지가 표시되며 저장 완료됩니다.

04 저장된 PDF 문서를 확인하기 위해 인터넷 브라우저 주소 창에 'document cloud.adobe.com'를 입력합니다. Document Cloud 홈 화면으로 접속되며 권장 도구 및 최근 작업한 항목이 표시됩니다.

TIP

Document Cloud 웹 버전에는 다양한 형식으로 변환하는 기능과 편집, 공유, 서명 기능을 포함하고 있습니다.

05 저장된 PDF 문서를 확인하기 위해 메뉴에서 (문서) 탭을 선택합니다. 내 문서에 저장된 PDF 문서가 표시됩니다.

04 Document Cloud 문서 공유하기
따라하기

Document Cloud에 저장된 문서는 편리하게 공유할 수 있습니다. 이메일 주소를 통한 다른 사용자와 공유와 링크를 통한 공유 방법이 있습니다. 링크로 공유하는 방법을 알아보겠습니다.

01 내 문서에서 파일명 오른쪽에 있는 (공유) 버튼을 클릭합니다.

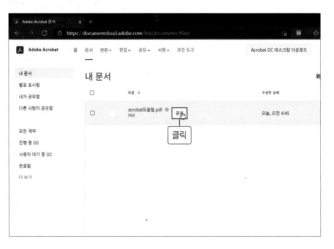

02 파일을 어떻게 공유하시겠습니까? 대화상자가 표시되면 링크 받기가 기본으로 표시됩니다. 공유 받은 사용자가 주석을 작성할 수 있도록 '주석 허용'을 체크 표시하고, 링크를 생성하기 위해 〈링크 생성〉 버튼을 클릭합니다.

03 링크가 생성되면 링크를 드래그해서 복사하거나 〈링크 복사〉 버튼을 클릭합니다. 문서 용량이 큰 경우 대화상자 하단에 경고 문구가 표시될 수 있으며 공유를 위해 시간이 필요한 경우가 있습니다.

04 복사된 링크를 웹 브라우저 주소 창에 붙여 넣어 해당 문서를 확인하고 주석이 허용된 문서는 주석을 저장할 수 있습니다.

05 따라하기 Adobe Document Cloud에서 PDF 문서 불러오기

Document Cloud에서 기본적인 작업이 가능하지만 Acrobat에서 편집하기 위해 문서를 불러오도록 하겠습니다. 기본적인 설정 상태에서는 열기 기능으로 Document Cloud에 저장된 문서를 불러올 수 없습니다. 홈화면의 Document Cloud에서 Acrobat으로 문서를 불러오는 방법을 알아보겠습니다.

01 Document Cloud에 저장된 문서는 파일명 오른쪽에 '구름' 아이콘(△)이 표시됩니다. Document Cloud에 저장된 문서를 확인하기 위해 파일에서 'Document Cloud'를 선택합니다.

02 Acrobat에서 문서를 더블클릭하면 불러올 수 있습니다. 편집 모드로 이동하기 위해 불러올 PDF 문서를 선택하고, 오른쪽에서 'PDF 편집'을 클릭합니다.

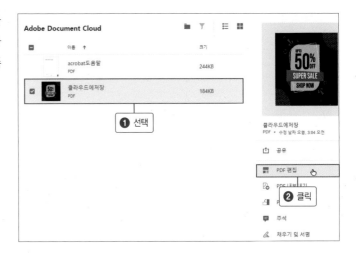

03 Acrobat으로 선택한 PDF 문서를 불러왔습니다. PDF 편집을 선택하였기 때문에 편집으로 이동하였습니다.

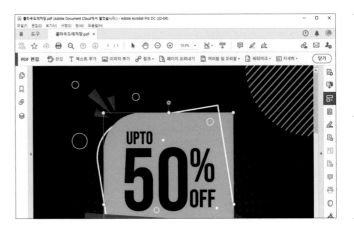

PDF 문서 보관과 편집을 위한 Google 드라이브 계정 추가하기

클라우드 서비스와 인터넷 네트워크가 발전하면서 오프라인으로 저장하던 데이터를 온라인에서 저장 및 관리할 수 있습니다. Acrobat에서도 여러 클라우드 서비스를 불러와서 활용할 수 있으며, Box, Dropbox, Google Drive, OneDrive, SharePoint 등을 추가할 수 있습니다. Acrobat에서 Google 드라이브를 저장소로 활용하는 방법을 알아보겠습니다.

01 Acrobat을 실행하면 (홈) 화면에 기본적으로 Adobe Document Cloud가 등록되어 활용할 수 있고, 필요한 계정을 추가할 수 있습니다. 클라우드 저장소를 추가하기 위해 '계정 추가'를 선택합니다.

02 Google 드라이브를 저장소로 활용하기 위해 Google 드라이브의 〈추가〉 버튼을 클릭합니다.

03 Google 계정으로 로그인 대화상자가 표시되면 Google 드라이브에 사용할 계정의 이메일 주소를 입력한 다음 〈다음〉 버튼을 클릭합니다.

04 비밀번호를 입력하고 〈다음〉 버튼을 클릭합니다. 2단계 인증이 등록된 구글 계정인 경우 2단계 인증과 관련된 대화상자가 표시될 수 있습니다.

05 구글 계정 액세스에 관한 내용을 확인한 다음 〈허용〉 버튼을 클릭합니다.

Acrobat 시작

문서 변환

편집 × 관리

수정 × 양식

보호 × 서명

문서 편집

문서 제작

제작 × 활용 문서

06 Document Cloud 아래에 Google Drive가 등록된 것을 확인할 수 있습니다. Google Drive를 선택하면 Google 드라이브에 저장된 파일들을 확인하고 Acrobat으로 불러올 수 있습니다.

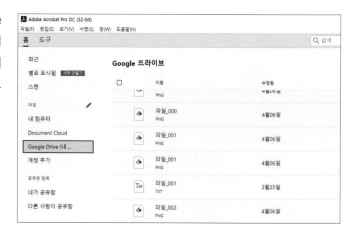

TIP

저장소로 등록된 Google 드라이브 삭제하기

❶ 등록된 저장소는 삭제할 수 있으며 여러 저장소를 등록하여 사용할 수 있습니다. 등록된 저장소를 삭제하기 위해 파일 오른쪽에 '편집' 아이콘(✏)을 클릭합니다.

❷ Google Drive 오른쪽에 '계정 제거' 아이콘(◉)을 클릭하여 등록된 Google 드라이브를 제거합니다.

❸ 계정 제거 대화상자가 표시되면 〈제거〉 버튼을 클릭합니다.

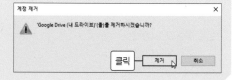

오른쪽에서 왼쪽으로 쓰기

아시아 일부 국가 또는 한국의 오래된 고서를 보면 오른쪽에서 왼쪽으로 읽고 쓰는 경우가 있습니다. 이런 경우 문서를 편집하고 수정하기에 불편함이 있을 수 있습니다. 오른쪽에서부터 쓰고 읽기 위해 설정을 변경할 필요가 있으며 Acrobat에서는 쓰기 방향을 설정할 수 있습니다.

❶ 오른쪽에서 왼쪽으로 쓰기 옵션을 변경하기 위해 메뉴에서 (편집) → 기본 설정(Ctrl+K)을 실행합니다.

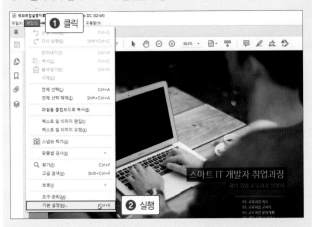

❷ 기본 설정 대화상자가 표시되면 범주에서 '언어'를 선택합니다. 언어에서 '오른쪽에서 왼쪽으로 쓰기 언어 옵션 사용'을 체크 표시한 다음 〈확인〉 버튼을 클릭합니다.

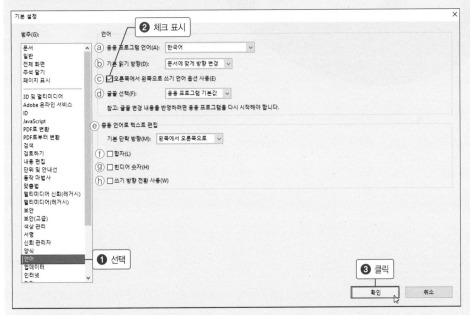

ⓐ 응용 프로그램 언어 : Acrobat의 언어를 선택할 수 있으며, 운영 체제 언어에 맞춰서 설정할 수도 있습니다.

ⓑ 기본 읽기 방향 : 왼쪽에서 오른쪽, 오른쪽에서 왼쪽으로 읽기 방향을 지원하며, 문서에 맞게 방향을 자동으로 변경되도록 설정할 수 있습니다.

ⓒ 오른쪽에서 왼쪽으로 쓰기 언어 옵션 사용 : 오른쪽에서부터 쓸 수 있도록 언어에 맞춰서 설정을 변경할 수 있습니다.

ⓓ 글꼴 선택 : Acrobat에서 사용하는 글꼴을 선택합니다.

ⓔ 중동 언어로 텍스트 편집 : 중동 언어 관련된 언어 옵션을 변경할 수 있습니다.

ⓕ 합자 : 중동 언어 합자 설정을 적용합니다.

ⓖ 힌디어 숫자 : 힌디어 숫자 관련 설정을 적용합니다.

ⓗ 쓰기 방향 전환 사용 : 쓰기 방향 전환을 적용합니다.

PART

2

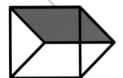

Acrobat PDF
문서 만들기

Acrobat에서는 PDF 문서를 다양한 형식으로 변환하거나 반대로 다른 문서 형식을 불러와 변환할 수 있습니다.
일부 호환되지 않는 문서는 각각의 프로그램에서 변환해야 할 수 있습니다.
다양한 방법으로 PDF 문서를 변환하고 저장하는 방법을 살펴보겠습니다.

ACROBAT DC

PDF 문서를 만들고 변환하기

CHAPTER

Acrobat에서는 기본적으로 한글, 워드, 파워포인트 등 다양한 프로그램을 이용하여 PDF 문서로 만들고 활용할 수 있습니다. 다양한 방법으로 PDF 문서를 만드는 방법을 알아보겠습니다.

01 PDF 문서를 Word 문서로 변환하기
따라하기

Acrobat 프로그램은 Microsoft 사의 Office 프로그램과 호환성이 높습니다. PDF 문서를 오피스 문서로 변환하거나, 직접 오피스 문서를 Acrobat으로 불러와서 PDF 파일로 변환할 수 있습니다. PDF 문서를 Word 문서로 변환하는 방법을 알아보겠습니다.

⊙ 예제파일 : 02\가나산둘레길디자인.pdf ｜⊙ 완성파일 : 02\가나산둘레길디자인제안서.docx

01 메뉴에서 (파일) → 열기((Ctrl)+(O))를 실행하여 02 폴더에서 '가나산둘레길디자인.pdf' 파일을 불러옵니다.

02 PDF 문서를 Word 문서로 변환하여 저장합니다. 메뉴에서 (파일) → 다음 대상으로 내보내기 → Microsoft Word → Word 문서를 실행합니다.

 TIP

구버전 Word 문서로 지정하기 위해 Word 97-2003 문서를 실행합니다.

다른 형식 문서로 변환하는 내보내기

Acrobat에서는 기본적으로 Word, Excel, XML 스프레드시트, PowerPoint 프레젠테이션 문서, 이미지, HTML, 텍스트, EPS, PostScript, XML 문서로 저장 기능을 지원합니다. 이미지의 경우 JPEG, JPEG2000, TIFF, PNG 형식으로 저장이 가능합니다.

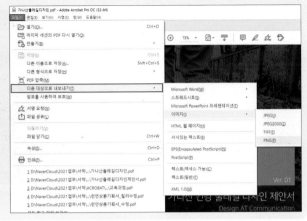

03 PDF 저장 대화상자가 표시되면 파일 이름에 원하는 문서명을 입력한 다음 〈저장〉 버튼을 클릭합니다.

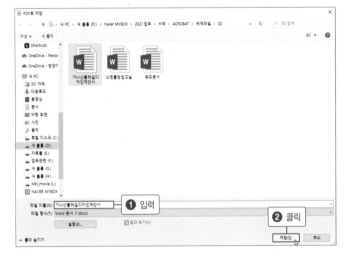

04 Acrobat 오른쪽 하단에 작업의 진행이 표시됩니다. 문서의 크기나 형식에 따라서 시간이 다소 소요될 수 있습니다.

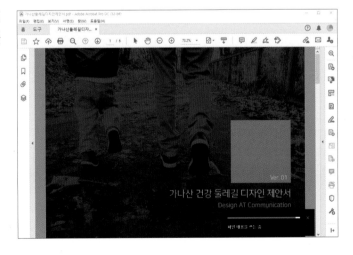

Acrobat 시작

문서 변환

관리 × 편집

화면 × 수정

서명 × 보안

문서 편집

문서 제작

양식 제작 × 활용

05 문서 변환이 완료되면 자동으로 Micro soft Word 프로그램에서 문서가 열리며 필요한 부분을 수정할 수 있습니다. 문서의 일부를 수정하기 위해 스크롤바를 드래그하거나 마우스 휠을 이용하여 '5'페이지로 이동합니다.

06 변환된 텍스트를 보면 '여러갈래 길'로 띄어쓰기가 잘못된 부분이 있습니다. 수정하기 위해 '여러' 글자 뒤를 클릭하여 커서를 위치하고 Spacebar 를 눌러서 띄어쓰기한 다음 '갈래길'은 붙여 줍니다.

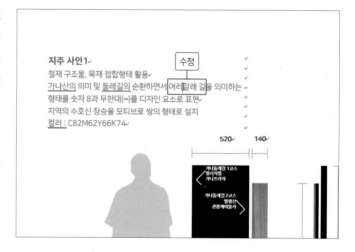

07 수정을 완료하였으면 '저장' 아이콘(🖫)을 클릭하여 저장합니다.

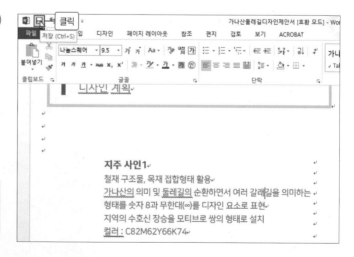

TIP

제작된 PDF 문서에 따라 다를 수 있으나 문서 변환을 해도 해당 프로그램에서 문서 수정 및 변환이 가능합니다.

02 따라하기 PDF 문서를 한글 문서로 변환하기

Acrobat에서는 한글 문서를 직접 불러올 수 없으며 변환 기능을 지원하지 않습니다. 직접 한글로 PDF를 불러와 저장해 봅니다.

01 만약 Acrobat에서 한글 문서를 불러오려고 시도를 하면 해당 문서를 열지 못한다는 알림 메시지가 표시됩니다. PDF 문서를 한글 문서로 변환하기 위해 한글에서 PDF 문서를 불러와서 한글 문서로 저장해야 하며 워드 문서에 비해서 변환 시 호환성이 떨어질 수 있습니다.

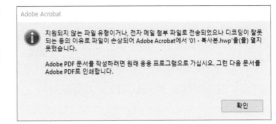

02 PDF 문서를 한글로 불러온 다음 PDF 문서를 한글 문서로 변경하기 위해 메뉴에서 [파일] → PDF를 오피스 문서로 변환하기를 실행하면 변환할 수 있습니다. 예제에서는 한컴 오피스 2018 버전을 사용하였습니다.

03 시간이 소요되며 원본 PDF와 차이가 있을 수 있다는 주의 메시지가 표시됩니다. 메시지를 확인하고 〈확인〉 버튼을 클릭하면 변환이 진행됩니다.

04 PDF 원본 문서랑 비교하면 워드 문서에 비해서 많은 차이가 있음을 알 수 있습니다.

▲ PDF 원본

▲ 한글 문서(한컴 오피스 2018)

▲ Microsoft Word

03 따라하기
워드에서 PDF 문서 만들기

Word 문서를 PDF 문서로 만드는 경우 Microsoft Word에서 쉽게 변환이 가능하며 호환성도 매우 뛰어나기 때문에 편리합니다. Microsoft Word 프로그램을 이용하여 PDF 문서로 변환하는 방법을 알아보겠습니다.

◉ 예제파일 : 02\워드문서.docx │ ◉ 완성파일 : 02\워드문서.pdf

01 Microsoft Word 프로그램을 실행하고 메뉴에서 (파일) → 열기((Ctrl)+(O))를 실행하여 02 폴더에서 '워드문서.docx' 파일을 불러옵니다.

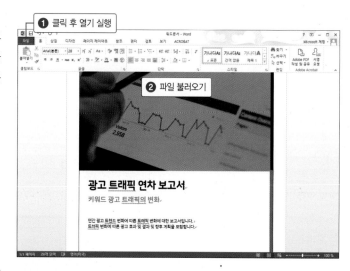

02 PDF 문서로 저장하기 위해 메뉴에서 (파일) → Adobe PDF로 저장을 실행합니다.

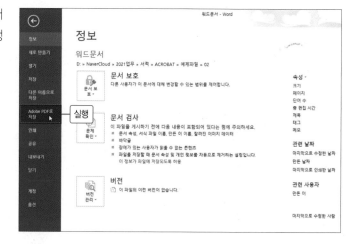

03 Adobe PDF 파일을 다른 이름으로 저장 대화상자가 표시되면 파일 이름은 그대로 유지하고 〈저장〉 버튼을 클릭합니다.

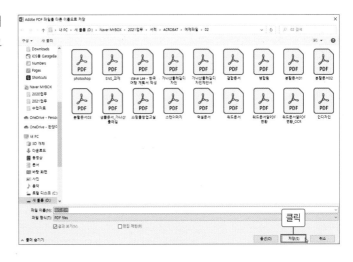

04 Acrobat이 실행되며 Word 문서가 PDF로 변환된 것을 확인할 수 있습니다. PDF로 변환된 문서는 PDF 편집 기능을 이용하여 편집할 수 있습니다.

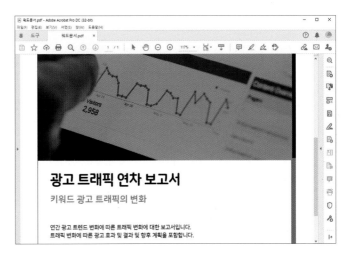

Acrobat 시작

문서 변환

관리 × 편집

공유 × 수정

서명 × 보호

문서 편집

문서 제작

양식 제작 × 활용

> **TIP**
>
> **Word 문서를 Acrobat에서 PDF로 변환하기**
>
> ❶ Acrobat 메뉴에서 (파일) → 열기((Ctrl)+(O))를 실행합니다. 열기 대화상자가 표시되면 파일 형식을 '모든 파일'로 지정하여 원하는 워드 파일을 선택하고 〈열기〉 버튼을 클릭합니다.
>
> ❷ PDF 파일로 변환되어 열린 것을 확인할 수 있습니다. PDF 파일로 저장하기 위해 메뉴에서 (파일) → 저장((Ctrl)+(S))을 실행하여 저장을 완료합니다.
>
>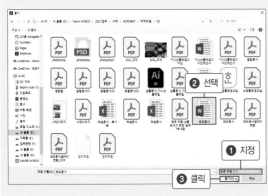
>
>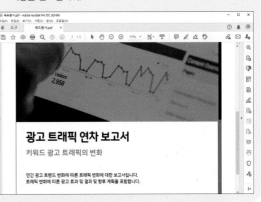

웹브라우저에서 PDF 문서로 변환하기

❶ documentcloud.adobe.com에 접속하면 웹 사이트에서 워드 문서, PPT, EXCEL 등을 PDF로 만들거나 PDF 문서를 다른 문서 포맷으로 변경할 수 있습니다. 도큐먼트 클라우드에 접속하고 (Convert) 탭을 클릭한 다음 'Word to PDF'를 선택합니다.

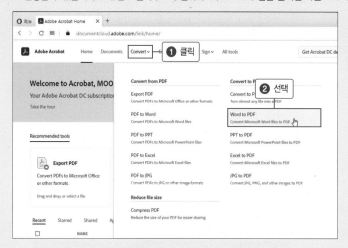

❷ 문서 변환 페이지로 이동하면 변환할 문서를 웹 브라우저 중간으로 드래그하거나 〈Select files〉 버튼을 클릭하고 변환할 문서를 선택합니다.

❸ 자동으로 PDF로 변환되며 변환된 문서는 Document Cloud에 저장됩니다.

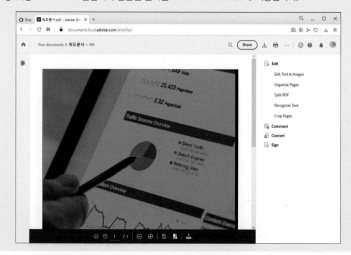

Acrobat 시작

문서 변환

관리 × 편집

양식 × 수정

서명 × 보안

문서 편집

문서 제작

양식 제작 × 활용

04 한글에서 PDF 문서 만들기
따라하기

한글에서는 Word와 같이 PDF 변환 기능을 자체적으로 지원합니다. 한글에서 PDF로 변환하는 경우 PDF/A 형식으로 저장되어 Acrobat에서 열면 읽기 전용으로 열리기 때문에 편집을 위해 편집 사용 기능을 활성화해야 합니다. 한글에서 PDF 문서를 만들고 편집 가능한 상태로 만드는 방법을 알아보겠습니다.

◉ 예제파일 : 02\쇼핑몰창업교실.hwp | ◉ 완성파일 : 02\쇼핑몰창업교실.pdf

01 한글 프로그램을 실행하고 메뉴에서 (파일) → 불러오기([Alt]+[O])를 실행하여 02 폴더에서 '쇼핑몰창업교실.hwp' 파일을 불러옵니다.

TIP
한컴 오피스 2018에 포함된 한글 2018 버전을 사용하였습니다.

02 한글 문서를 PDF로 변환하기 위해 메뉴에서 (파일) → PDF로 저장하기를 실행합니다.

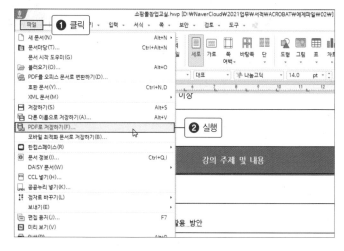

TIP
한글에서 만든 PDF 문서는 PDF/A 규격으로 저장됩니다. PDF는 전자 문서 표준 형식이며, PDF/A는 장기 보존을 위한 전자 문서 표준 형식으로 2006년 국내에서도 정부 표준으로 사용하고 있는 형식입니다. PDF 문서는 저장 당시에 PDF 문서에 관련된 기능 등이 포함되어 있을 수 있어 해당 기능을 지원하지 않는 PDF 관련 프로그램을 사용한다면 문서가 올바르게 표시되지 않을 수 있습니다. 따라서 장기 보존에 불필요하거나 제약되는 기능을 제거하여 버전과 관계없이 사용할 수 있는 규격입니다.

03 PDF로 저장하기 대화상자가 표시되면
파일 이름을 그대로 유지하고 〈저장〉 버
튼을 클릭합니다.

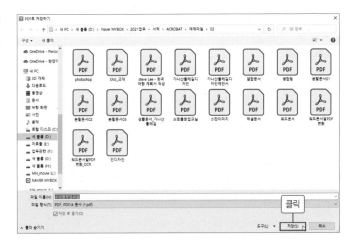

04 한컴 오피스로 한PDF가 설치된 상태이
기 때문에 변환된 PDF 문서가 한PDF
에서 열린 것을 확인할 수 있습니다.

TIP

한PDF는 한컴 오피스에 포함된 프로그램으로 PDF
문서를 관리할 수 있는 프로그램입니다.

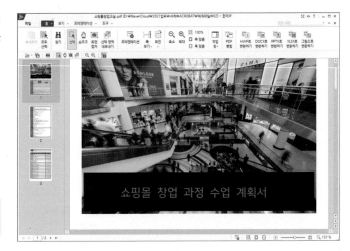

05 Acrobat 프로그램을 실행합니다. 메뉴
에서 (파일) → 열기((Ctrl)+(O))를 실행
하여 지정한 폴더에서 저장한 PDF 파일을 불
러옵니다. 현재 문서는 읽기 모드로 불러온 것을
확인할 수 있습니다. 편집이 가능하도록 변환하
기 위해 알림 메시지 오른쪽에 〈편집 사용〉 버튼
을 클릭합니다.

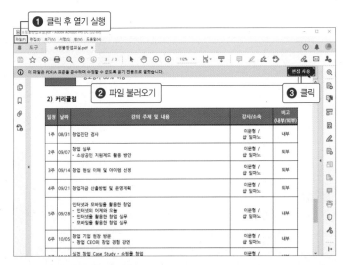

06 PDF/A 규격을 준수하지 않고 편집이 가능한 모드로 변경한다는 것을 확인하는 대화상자가 표시됩니다. 〈확인〉 버튼을 클릭합니다.

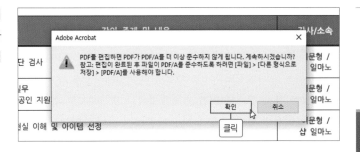

07 편집 가능한 모드로 변경되었습니다. 도구 막대에서 'PDF 편집' 아이콘(☰)을 클릭합니다. 각 텍스트 박스가 선택되어 수정이 가능합니다.

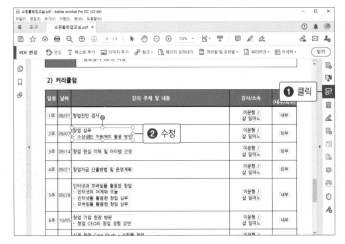

문서 변환

관리×편집

암호×수정

서명×보안

문서 편집

문서 제작

양식 제작×활용

TIP

보관용, 인쇄용 PDF 저장하기

기본적으로 PDF를 저장할 때는 저장 또는 다른 이름으로 저장을 활용할 수 있지만 다른 PDF 형식으로 저장할 경우 메뉴에서 [파일] → 다른 형식으로 저장에서 보관용 PDF (PDF/A), 인쇄용 PDF (PDF/X), 엔지니어링 문서 형식인 PDF/E로 저장할 수 있습니다.

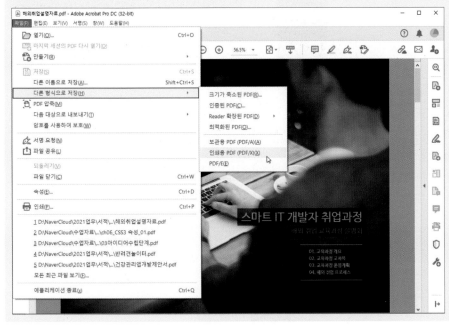

파워포인트 문서와 같이 PDF 문서도 프레젠테이션용 문서로 사용하기도 하며, 파워포인트 프로그램 없이 실행 가능한 장점 등으로 점점 프레젠테이션 문서에서도 활용도가 높아지고 있습니다. 파워포인트에서 제작한 프레젠테이션 문서를 PDF 문서로 변환하는 방법을 알아보겠습니다.

◉ 예제파일 : 02\SNS_교재.pptx | ◉ 완성파일 : 02\SNS_교재.pdf

01 파워포인트를 실행하고 메뉴에서 (파일) → 열기((Ctrl)+(O))를 실행하여 02 폴더에서 'SNS_교재.pptx' 파일을 불러옵니다.

02 PDF 문서로 저장하기 위해 메뉴에서 (파일) → Adobe PDF로 저장을 실행합니다.

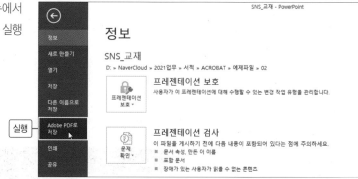

03 Adobe PDF 파일을 다른 이름으로 저장 대화상자가 표시되면 파일 이름을 지정한 다음 〈저장〉 버튼을 클릭합니다.

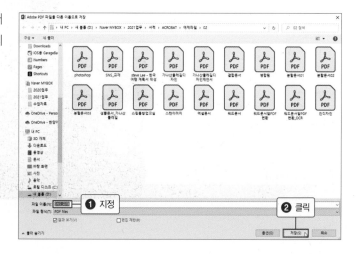

04 문서가 변환되어 저장되며, Acrobat에
서 PDF 문서를 확인할 수 있습니다.

TIP

인쇄 기능을 이용하여 PDF 문서로 저장하기

Microsoft Office는 Adobe PDF로 저장 기능을 제공합니다.
그러나 일부 프로그램은 PDF 저장 기능을 지원하지 않는 경
우가 있습니다. 이럴 때는 지원 유무와 관계 없이 '인쇄'에서
프린터를 'Adobe PDF'로 지정한 다음 〈인쇄〉 버튼을 클릭
하면 프린터로 출력되지 않고 PDF 문서로 컴퓨터에 저장됩
니다.

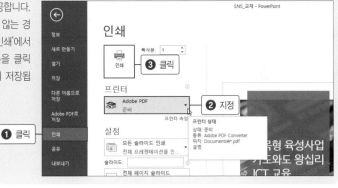

06 엑셀에서 PDF 문서 만들기
따라하기

엑셀은 스프레드시트 문서 프로그램으로 여러 시트로 구성된 문서를 가지고 있습니다. 시트 단위 또는 통합 문
서 전체를 PDF로 만들 수 있습니다. 통합 문서를 PDF로 만드는 경우 시트별로 페이지가 구분됩니다. 엑셀 스
프레드 문서를 PDF 문서로 변환하는 방법을 알아보겠습니다.

◉ **예제파일** : 02\엑셀문서.xlsx | ◉ **완성파일** : 02\엑셀문서.pdf

01 엑셀을 실행하고 메뉴에서 (파일) → 열
기(Ctrl+O)를 실행하여 02 폴더에서
'엑셀문서.xlsx' 파일을 불러옵니다.

02 PDF 문서로 저장하기 위해 메뉴에서 〔파일〕 → Adobe PDF로 저장을 실행합니다.

03 Acrobat PDFMaker 대화상자가 표시되면 현재 선택된 시트만 PDF로 변환하기 위해 '시트'를 선택하고 PDF로 변환될 시트의 이름을 확인한 다음 〈PDF로 변환〉 버튼을 클릭합니다.

TIP

통합 문서 전체를 PDF로 변환하려면 '전체 통합 문서'를 선택합니다.

04 Adobe PDF 파일을 다른 이름으로 저장 대화상자가 표시되면 파일 이름을 지정한 다음 〈저장〉 버튼을 클릭합니다.

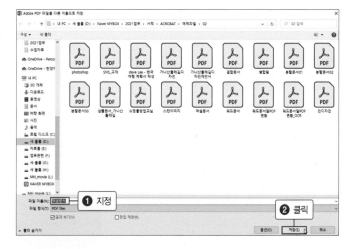

05 PDF로 변환되면 Acrobat에서 변환된 문서를 확인할 수 있습니다.

구글 문서를 PDF 문서로 만들기

온라인 기반의 구글 문서도 구글 앱에서 쉽게 PDF 문서로 저장할 수 있으며 PDF로 변환하면 구글의 문서 형식이 아니기 때문에 다운로드가 됩니다. 구글 문서를 PDF 로 변환하는 방법을 알아보겠습니다.

● 예제파일 : 02\구글문서경로.txt

01 웹 브라우저에서 구글에 접속하여 구글 계정으로 로그인합니다. 'Google 앱' 아이콘(▦)을 클릭한 다음 '문서'를 클릭합니다.

> **TIP**
>
> 자신의 구글 문서에서 만든 문서를 사용하세요. 만들어진 문서가 없다면 예제파일 text 문서를 열고 공유된 구글 문서 링크를 주소 창에 복사해서 넣어 주세요. 03번 단계로 바로 이동됩니다.

02 최근 문서에서 PDF로 변환할 문서를
선택합니다.

구글 드라이브 또는 최근 문서 오른쪽에 있는 '파일 선택기 열
기' 아이콘(□)을 클릭하여 문서를 불러올 수도 있습니다.

03 문서를 PDF로 변환하기 위해 메뉴에서
〔파일〕 → 다운로드 → PDF 문서를 실
행합니다. 구글 문서는 온라인 기반이기 때문에
PDF 문서로 변환하면 다운로드됩니다.

04 다운로드 폴더에 저장이 되며 웹 브라우 저 왼쪽 하단에도 다운로드된 문서가 표시됩니다.

TIP

다운로드된 PDF 문서를 열기 위해 열기를 실행하면 브라우저에서 열리게 되기 때문에 Acrobat에서 열기 위해 폴더 열기를 실행합니다.

① 클릭 후 열기 실행

05 Acrobat을 실행하고 메뉴에서 (파일) → 열기([Ctrl]+[O])를 실행하여 다운로드된 폴더에서 파일을 불러옵니다.

② 파일 불러오기

TIP

구글 문서 외에 스프레드시트, 프레젠테이션 문서에서도 동일하게 메뉴에서 (파일) → 다운로드 → PDF 문서를 실행하면 PDF 문서로 변환할 수 있습니다.

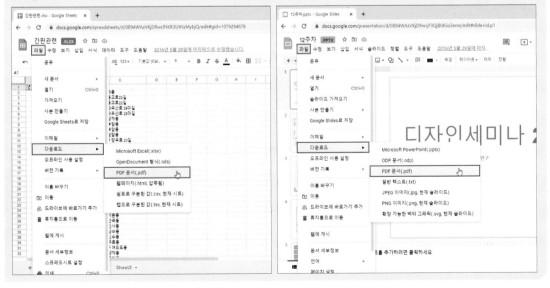

02 Adobe 프로그램으로 PDF 문서 만들기

CHAPTER

Adobe의 대표적인 그래픽 프로그램인 포토샵과 일러스트레이터에서도 PDF 문서 변환 및 편집이 가능하도록 지원하고 있습니다. 저장 시 제작한 그래픽 프로그램에서 수정이 불가능하도록 설정 가능하며 용량을 줄일 수 있는 장점이 있습니다. Adobe 프로그램을 이용하여 PDF 문서를 만드는 방법을 알아보겠습니다.

01 포토샵에서 PDF 파일 만들기
따라하기

대표적인 비트맵 그래픽 편집 프로그램인 포토샵에서 PDF 파일을 만드는 방법을 알아보겠습니다.

◉ 예제파일 : 02\photoshop.psd | ◉ 완성파일 : 02\photoshop.pdf

01 포토샵을 실행하고 메뉴에서 (File) → Open(Ctrl+O)을 실행하여 02 폴더에서 'photoshop.psd' 파일을 불러옵니다.

02 PDF 문서로 저장하기 위해 메뉴에서 (File) → Save As(Shift+Ctrl+S)를 실행합니다.

03 저장 경로를 확인하는 대화상자가 표시됩니다. 클라우드와 컴퓨터 2가지 옵션을 제공하며 컴퓨터에 저장하기 위해 〈Save on your computer〉 버튼을 클릭합니다.

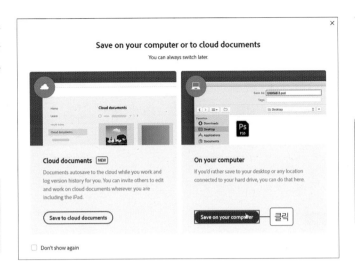

TIP

cloud documents가 아닌 컴퓨터에 저장으로 예제를 진행하는 것은 계정에 따라서 cloud를 지원하지 않는 플랜도 있으며 웹에 접속된 환경이 아닌 경우가 있기 때문에 컴퓨터에 저장하는 방법으로 진행합니다.

04 다른 이름으로 저장 대화상자가 표시되면 파일 이름을 지정하고 형식을 'Photoshop PDF'로 지정한 다음 〈저장〉 버튼을 클릭합니다.

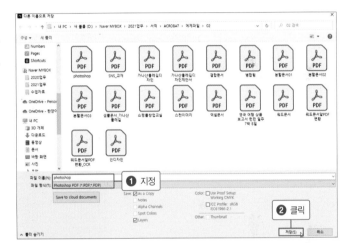

05 PDF로 저장하는 설정에 관련된 안내 메시지가 표시되면 〈OK〉 버튼을 클릭합니다.

TIP

다음부터 안내 메시지를 보기 원하지 않는다면 'Don't show again'을 체크 표시하고 〈OK〉 버튼을 클릭합니다.

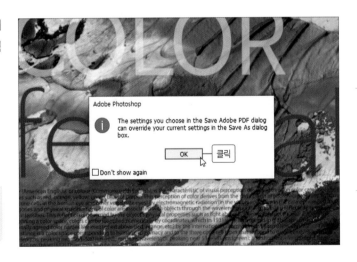

06 Save Adobe PDF 대화상자가 표시되면 포토샵에서 수정 가능한 설정을 제외하여 저장하기 위해 'Preserve Photoshop Editing Capabilities'를 체크 해제하고 〈Save PDF〉 버튼을 클릭합니다. 지정된 경로에 입력한 파일명으로 저장됩니다.

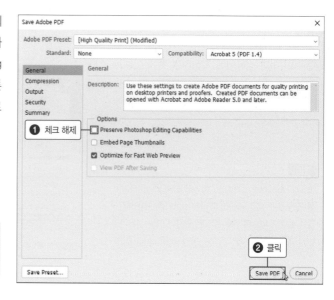

TIP

Preserve Photoshop Editing Capabilities는 작업 중에는 체크 표시된 상태로 저장하는 것이 좋습니다. 완성본을 저장하는 경우에 한하여 사용을 추천합니다.

07 Acrobat을 실행하고 메뉴에서 (파일) → 열기(Ctrl+O)를 실행하여 저장한 PDF 파일을 불러옵니다.

TIP

포토샵에서 PDF 문서로 변환하는 경우 Acrobat에서 변환한 문서를 열고 PDF 편집 모드로 변환하더라도 텍스트들은 이미지로만 선택이 됩니다.

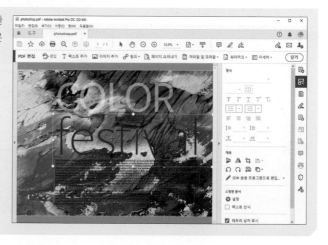

Acrobat 시작

문서 변환

관리 × 편집

암호 × 수정

서명 × 보호

문서 편집

문서 제작

양식 제작 × 활용

02
따라하기

일러스트레이터에서 PDF 파일 만들기

Adobe의 대표적인 벡터 기반 그래픽 프로그램인 일러스트레이터는 문서를 만들거나 다양한 그래픽 결과물을 만들 수 있습니다. 특히 PDF로 문서 변환 및 편집이 가능하도록 지원합니다. 그래픽 프로그램인 일러스트레이터에서 PDF 문서를 만드는 방법을 알아보겠습니다.

● 예제파일 : 02\샘플문서_가나산둘레길.ai ┃ ● 완성파일 : 02\샘플문서_가나산둘레길.pdf

01 일러스트레이터를 실행하고 메뉴에서 (File) → Open(Ctrl+O)을 실행하여 02 폴더에서 '샘플문서_가나산둘레길.ai' 파일을 불러옵니다.

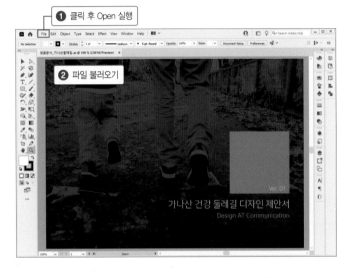

02 PDF 문서로 저장하기 위해 메뉴에서 (File) → Save As(Shift+Ctrl+S)를 실행합니다.

03 Save As 대화상자가 표시되면 파일 이름을 지정하고 파일 형식을 'Adobe PDF'로 지정한 다음 〈저장〉 버튼을 클릭합니다.

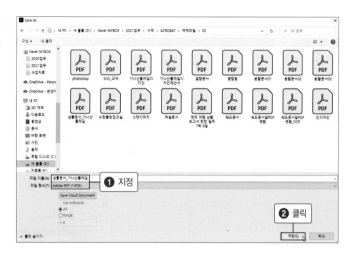

04 Save Adobe PDF 대화상자가 표시되면 일러스트레이터에서 수정 가능한 설정을 제외하여 저장하기 위해 'Preserve Illustrator Editing Capabilities'를 체크 해제하고 〈Save PDF〉 버튼을 클릭합니다. 지정된 경로에 입력한 파일명으로 저장됩니다.

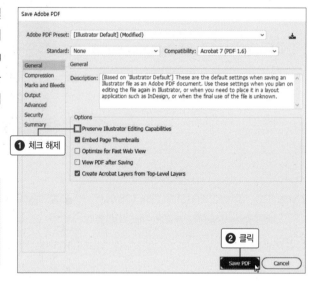

TIP

일반적으로는 체크 해제하지 않고 파일을 저장합니다. 언제 던지 일러스트레이터에서 편집이 가능하도록 하기 위해서 입니다. 그러나 체크를 해제하는 경우 용량이 줄어들어 관리가 편리하며 수정 편집에 제한적일 수 있기 때문에 PDF 파일을 공유할 때 유용합니다.

05 일러스트레이터에서 다시 불러올 때 편집이 불가능할 수 있다는 알림 메시지가 표시되면 〈OK〉 버튼을 클릭합니다.

06 Acrobat을 실행하고 메뉴에서 [파일] → 열기([Ctrl]+[O])를 실행하여 일러스트레이터에서 저장한 PDF 파일을 불러옵니다.

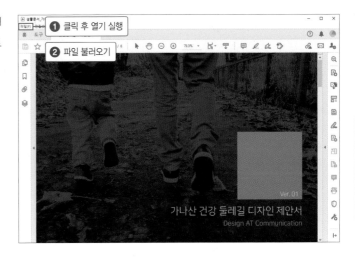

03 인디자인에서 PDF 파일 만들기
따라하기

Adobe에서 문서를 편집하고 다양한 포맷으로 출력할 수 있는 인디자인에서 PDF 문서로 저장이 가능합니다. 다른 프로그램들은 Save As 기능을 사용하지만 인디자인에서는 내보내기를 사용합니다. 인디자인에서 내보내기를 활용하여 PDF 문서를 만드는 방법을 알아보겠습니다.

● 예제파일 : 02\인디자인.indd ┃ ● 완성파일 : 02\인디자인.pdf

01 인디자인을 실행하고 메뉴에서 [파일] → 열기([Ctrl]+[O])를 실행하여 02 폴더에서 '인디자인.indd' 파일을 불러옵니다.

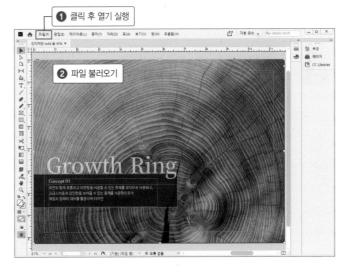

TIP
인디자인은 한글 사용이 많은 프로그램으로 기존 워드 프로그램들과의 사용자 경험을 유지하기 위해 한글판 설치를 추천하며, 한글 버전으로 예제를 진행합니다.

02 PDF 문서로 저장하기 위해 내보내기 기능을 사용해야 합니다. 메뉴에서 (파일) → 내보내기(Ctrl+E)를 실행합니다.

03 내보내기 대화상자가 표시되면 파일 이름을 지정하고 파일 형식을 'Adobe PDF(인쇄)'로 지정한 다음 〈저장〉 버튼을 클릭합니다.

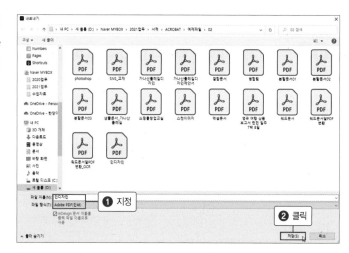

TIP

인디자인에서 PDF 문서를 만들 경우 Adobe PDF 사전 설정 기능을 활용할 수 있으며, 사전 설정에는 PDF 문서에 대한 형식을 선택하여 PDF 문서로 저장할 수 있습니다.
내보내기는 기본적으로 '고품질 인쇄'로 설정되어 있으며, 다양한 PDF 형식으로 저장할 수 있습니다.

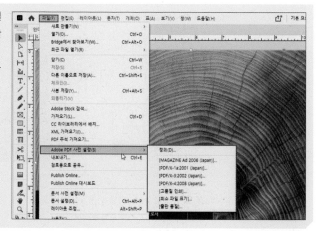

04 Adobe PDF 내보내기 대화상자가 표시되면 Adobe PDF 사전 설정이 '고품질 인쇄'로 지정된 것을 확인하고 〈내보내기〉 버튼을 클릭합니다.

05 Acrobat을 실행하고 메뉴에서 (파일) → 열기((Ctrl)+(O))를 실행하여 저장한 PDF 파일을 불러옵니다.

> **TIP**
>
> Adobe PDF 내보내기 대화상자의 Adobe PDF 사전 설정을 확인하면 메뉴에서 (파일) → Adobe PDF 사전 설정 기능과 동일한 옵션들이 존재하는 것을 확인할 수 있습니다. 내보내기 기능에서 동일한 사전 설정으로 원하는 형식으로 저장이 가능합니다.

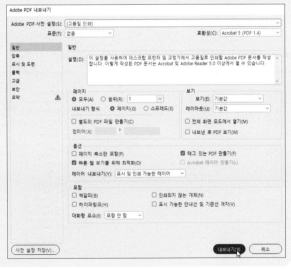

Acrobat 시작

문서 변환

관리 × 편집

인쇄 × 수정

서명 × 보안

문서 편집

문서 제작

양식 제작 × 활용

04 Acrobat에서 이미지를 PDF 문서로 만들기

Acrobat에서 이미지를 PDF로 저장하면 이미지에 포함된 문자를 인식하여 변환해 주기 때문에 편집 가능합니다. Acrobat에서 이미지를 PDF 문서로 변환하고 편집하는 방법을 알아보겠습니다.

◉ 예제파일 : 02\스캔이미지.jpg | ◉ 완성파일 : 02\스캔이미지.pdf

01 Acrobat을 실행하고 (도구) 탭을 클릭합니다. 이미지를 PDF 문서로 만들기 위해 만들기 및 편집에서 'PDF 만들기'를 클릭합니다.

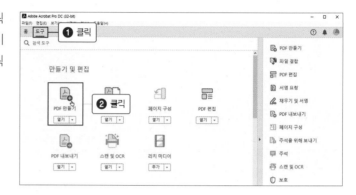

02 PDF 만들기에서 '단일 파일'을 선택한 다음 '파일 선택'을 클릭합니다.

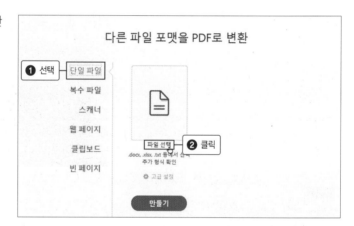

03 열기 대화상자가 표시되면 02 폴더에서 '스캔이미지.jpg' 파일을 선택하고 〈열기〉 버튼을 클릭합니다.

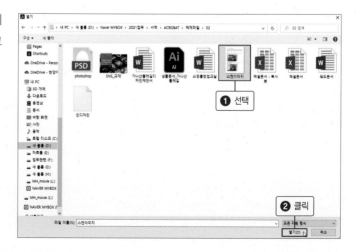

04 선택한 파일이 미리 보기에 표시됩니다. 불러온 이미지를 PDF 문서로 만들기 위해 〈만들기〉 버튼을 클릭합니다.

05 Acrobat에서 불러온 이미지를 확인할 수 있습니다. PDF 문서로 저장하기 위해 메뉴에서 (파일) → 저장([Ctrl]+[S])을 실행합니다.

06 PDF로 저장 대화상자가 표시되면 내 컴퓨터에 저장하기 위해 '내 컴퓨터'를 선택하고 폴더를 지정합니다.

> **TIP**
>
> 저장할 폴더가 표시되지 않는다면 〈다른 폴더 선택〉 버튼을 클릭하여 폴더를 직접 선택합니다.

Acrobat 시작

문서 변환

관리 × 편집

입출 × 수정

서명 × 보호

문서 편집

문서 제작

양식 제작 × 활용

07 PDF로 저장 대화상자가 표시되면 파일
이름을 지정하고 파일 형식을 'Adobe
PDF 파일'로 지정한 다음 〈저장〉 버튼을 클릭
합니다.

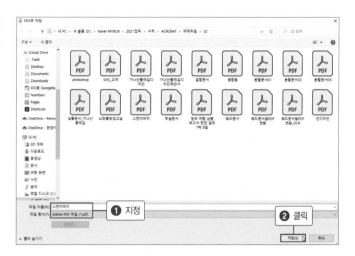

08 Acrobat에서는 이미지에 포함된 텍스
트를 자동으로 추출할 수 있는 OCR 기
능을 포함하고 있으며 이미지 부분도 자동으로
추출할 수 있습니다. 도구 막대에서 'PDF 편집'
아이콘(▤)을 클릭합니다.

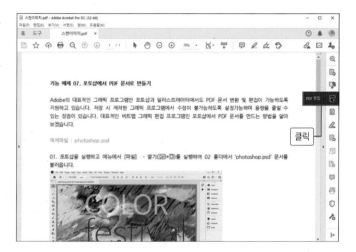

09 변환 작업이 끝나면 텍스트와 이미지 부
분이 각각 추출되며, 텍스트를 드래그하
여 블록으로 지정한 다음 오른쪽 형식에서 수정
가능합니다.

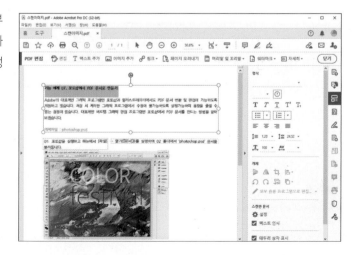

05 Adobe Scan 앱으로 촬영한 이미지를 PDF 문서 만들기
따라하기

Adobe Scan 앱은 스마트폰이나 태블릿으로 촬영한 이미지를 PDF 문서로 만들고, Document Cloud에 저장하여 Acrobat으로 불러올 수 있도록 기능을 제공하고 있습니다. Adobe Scan을 이용하여 PDF 문서를 만들고, Document Cloud를 이용하여 Acrobat에서 스캔한 문서를 수정하는 방법을 알아보겠습니다.

01 Adobe Scan 앱을 앱스토어에서 선택하고 설치합니다. 예제에서는 설치 과정은 생략합니다. Adobe Scan 앱을 실행하면 Adobe Scan에 대해서 기본적인 설명이 표시됩니다. 〈계속〉 버튼을 터치한 다음 Document Cloud에 저장하기 위해 Adobe 계정에 로그인합니다.

02 자동으로 촬영이 시작되면서 스캔할 문서를 인식합니다. 문서 인식이 완료되면 각 조절점을 이용하여 문서의 정확한 위치를 수동으로 보정합니다. 스캔할 문서를 정확하게 선택하였다면 〈계속〉 버튼을 터치합니다.

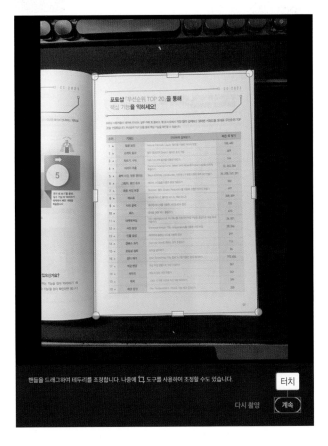

03 인식한 문서의 색상을 보정하거나 메뉴 정리
—— 및 페이지 추가 등을 할 수 있으며 문서로 인
식한 경우 색상 대비가 커서 스캔한 문서와 다르게
보일 수 있습니다.

하단 메뉴에서 '색상'을 터치한 다음 촬영된 원본 문
서의 색상을 사용하기 위해 '원래 색상'을 터치합니
다. 수정이 완료되었다면 오른쪽 상단에 PDF 저장을
터치합니다.

04 Acrobat을 실행하고 (홈) 탭에서 'Doc
—— ument Cloud'를 선택한 다음 'Adobe
Scan' 폴더를 더블클릭하여 폴더로 이동합니다.

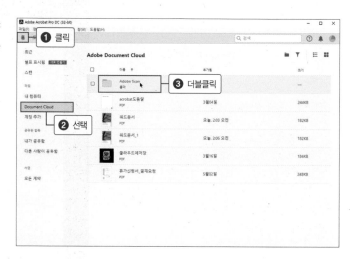

05 Adobe Scan에서 스캔한 문서가 표시됩니다. 스캔한 문서를 선택한 다음 편집이 가능하도록 문서를 변환하기 위해 오른쪽에서 'PDF 편집'을 선택합니다.

06 Acrobat에서 Adobe Scan으로 스캔한 문서가 편집 가능한 상태로 변경됩니다. 문서를 수정하거나 편집하고 저장할 수 있습니다.

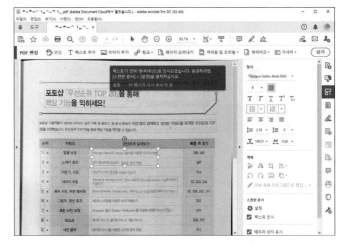

TIP

자동 저장 기능 설정하기

예기치 않게 프로그램이 중단되는 경우 문서의 손실을 방지하기 위해서 자동 저장 기능을 사용할 수 있으며, 사용자가 자동 저장 기능의 시간을 설정할 수 있습니다. 기본 설정 대화상자에서 '문서'를 선택한 다음 저장 설정에서 '다음 주기로 문서 변경 내용을 임시 파일에 자동 저장'을 체크 표시하여 시간을 1~99분 사이로 설정할 수 있습니다.

Acrobat 시작

문서 변환

관리 × 편집

공유 × 수정

서명 × 보호

문서 편집

문서 제작

임시 제작 × 촬영

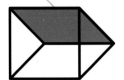

Acrobat Pro DC 기본 기능 익히기

Acrobat Pro DC에서 문서를 생성할 수 있지만 다른 프로그램에서 PDF 문서를 생성하고
Acrobat Pro DC에서 문서를 관리 및 편집하여 활용하는 것을 권장합니다.
Acrobat Pro DC에서는 PDF 문서를 관리할 수 있는 다양한 기능이 포함되어 있습니다.
문서를 편집하고 활용하기 위한 기본적인 기능을 살펴보겠습니다.

A C R O B A T   D C

PDF 문서를 결합하고 분리하기

CHAPTER 01

Acrobat은 여러 PDF 문서를 하나의 문서로 만들거나 분리할 수 있습니다. PDF 문서 간 페이지 편집 및 활용을 하기 위해 빈페이지를 삽입하거나, 복사하여 다른 PDF 문서의 내용을 붙여 넣을 수도 있습니다. 문서를 편집하기 위해 여러 PDF 문서를 관리하는 방법을 알아보겠습니다.

01 PDF 문서 페이지 추출하기
따라하기

PDF 문서에서 필요한 페이지를 추출하여 추출한 페이지를 PDF 문서로 만들 수 있습니다. 추출 시 설정에 따라서 페이지별로 PDF를 만들거나, 원본 문서에서 추출된 페이지를 삭제할 수도 있습니다. 문서 내에서 필요한 페이지를 추출하여 다른 PDF 문서로 만드는 방법을 알아보겠습니다.

◉ 예제파일 : 03\해외취업설명자료.pdf | ◉ 완성파일 : 03\페이지추출.pdf

01 Acrobat을 실행하고 메뉴에서 (파일) → 열기((Ctrl)+(O))를 실행하여 03 폴더에서 '해외취업설명자료.pdf' 파일을 불러옵니다.

02 문서에서 페이지 추출을 위해 (도구) 탭을 클릭한 다음 만들기 및 편집에서 '페이지 구성'을 클릭합니다.

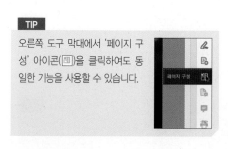

TIP

오른쪽 도구 막대에서 '페이지 구성' 아이콘(▤)을 클릭하여도 동일한 기능을 사용할 수 있습니다.

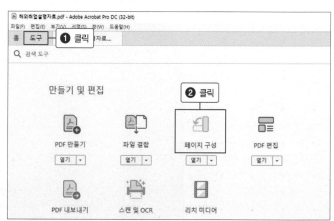

03 페이지 구성 도구 모음이 표시됩니다. PDF 문서는 페이지별로 확인할 수 있도록 섬네일 형태로 변경됩니다. 문서 중에서 4, 7페이지를 추출하기 위해 Ctrl을 누른 상태에서 '4'페이지와 '7'페이지를 클릭하여 선택한 다음 '추출(📤)'을 클릭합니다.

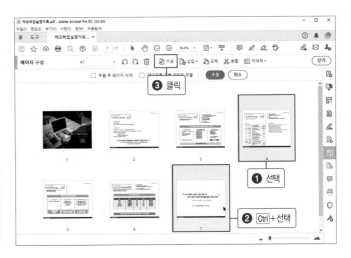

TIP

Ctrl을 누르면 클릭한 페이지만 선택되지만 Shift를 누르고 4페이지와 7페이지를 클릭하면 4페이지부터 7페이지까지 모두 선택되기 때문에 Ctrl을 누르고 클릭해야 각각의 페이지만 선택이 가능합니다.

TIP

페이지 구성 도구

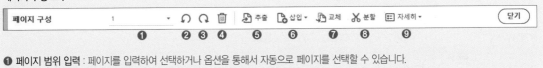

❶ **페이지 범위 입력** : 페이지를 입력하여 선택하거나 옵션을 통해서 자동으로 페이지를 선택할 수 있습니다.
❷ **시계 반대 방향으로 회전** : 왼쪽으로 문서를 회전하여 세로 문서로 만듭니다.
❸ **시계 방향으로 회전** : 오른쪽으로 문서를 회전하여 세로 문서로 만듭니다.
❹ **페이지 삭제** : 선택한 페이지를 삭제합니다.
❺ **페이지 추출** : 선택한 페이지를 추출합니다.
❻ **페이지 삽입** : 페이지를 추가 삽입할 수 있습니다.
❼ **페이지 교체** : 선택된 페이지를 다른 PDF 문서의 페이지로 교체할 수 있습니다.
❽ **문자를 여러 파일로 분할** : PDF 문서를 여러 문서로 지정된 페이지 단위로 분할합니다.
❾ **기타 페이지 조작 옵션** : 페이지 관련 추가 기능을 선택할 수 있습니다.

04 추출 뒤에 원본 문서에서 추출한 페이지가 삭제되도록 '추출 후 페이지 삭제'를 체크 표시한 다음 〈추출〉 버튼을 클릭합니다.

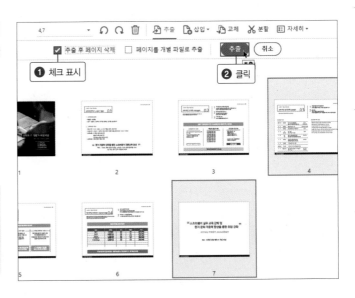

TIP

문서에서 페이지를 추출하는 경우 추출된 페이지가 기존 문서에서 사라지는 것이 자연스러운 동작일 수 있습니다. 이런 경우를 위해 선택한 페이지를 추출하고 기존 페이지는 문서에서 삭제하기 위해 추출 후 페이지 삭제를 체크 표시하였습니다.

05 선택된 페이지가 추출되어 새로운 문서로 추가됩니다. 왼쪽 탐색 창에서 '페이지 축소판' 아이콘(⬚)을 클릭하여 추출된 페이지를 확인합니다.

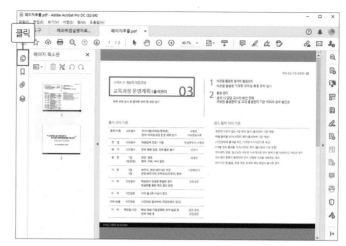

TIP

페이지 구성 도구 모음에서 페이지 범위를 직접 입력할 수 있으며, 5가지 옵션 중에서 선택하여 페이지를 자동 선택할 수 있습니다.

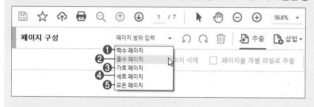

❶ 짝수 페이지 : 짝수 페이지만 자동으로 선택됩니다.
❷ 홀수 페이지 : 홀수 페이지만 자동으로 선택됩니다.
❸ 가로 페이지 : 문서 방향이 가로 방향인 문서만 선택됩니다.
❹ 세로 페이지 : 문서 방향이 세로 방향인 문서만 선택됩니다.
❺ 모든 페이지 : 모든 페이지가 선택됩니다.

06 추출된 문서는 저장해야 최종적으로 PDF 문서로 만들어집니다. 저장하기 위해 도구 모음에서 '파일 저장' 아이콘(💾)을 클릭합니다.

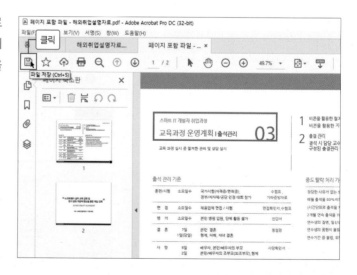

07 PDF로 저장 대화상자가 표시되면 최근 폴더에 저장에서 폴더를 선택하거나 〈다른 폴더 선택〉 버튼을 클릭하여 폴더를 지정합니다.

08 PDF로 저장 대화상자가 표시되면 파일 이름을 '페이지추출', 파일 형식을 'Adobe PDF 파일'로 지정한 다음 〈저장〉 버튼을 클릭합니다.

① 지정

② 클릭

TIP

문서 회전하기

페이지 구성 기능이 활성화된 경우 페이지를 선택한 다음 회전 아이콘([↺], [↻])을 클릭하면 문서를 회전할 수 있으며, 삭제 및 문서에 필요한 페이지 삽입도 가능합니다. 도구 모음에서도 동일하게 문서 회전, 삭제, 추가할 수 있습니다.

Acrobat 시작

문서 변환

관리 × 편집

양식 × 수정

서명 × 보안

문서 편집

문서 제작

양식 제작 × 활용

09 입력한 파일 이름으로 PDF 문서가 저장되었습니다.

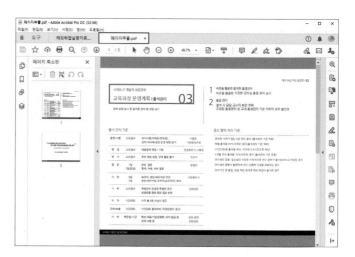

10 〔해외취업설명자료.pdf〕탭을 클릭합니다. 페이지 구성을 보면 선택한 페이지가 추출되어 삭제된 것을 확인할 수 있습니다. 추출된 상태로 저장되지 않았기 때문에 현재 추출된 상태로 저장하기 위해 도구 모음에서 '파일 저장' 아이콘(🖫)을 클릭합니다.

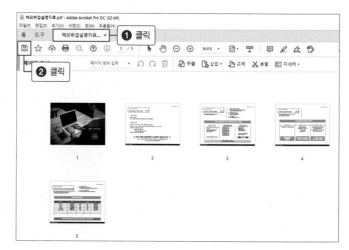

TIP

효율적인 검색을 위해 PDF 문서 색인 추가하기

PDF 문서에 색인이 포함되면 긴 PDF를 검색하는 데 시간을 줄일 수 있습니다. 색인을 포함하기 위해 〔도구〕 탭에서 '색인'을 클릭하여 색인 기능을 활성화하고 색인 도구 모음에서 '포함된 색인 관리'를 클릭합니다. 포함된 색인 관리 대화상자가 표시되면 〈색인 포함〉 버튼을 클릭하고 진행이 완료되면 〈확인〉 버튼을 클릭합니다.

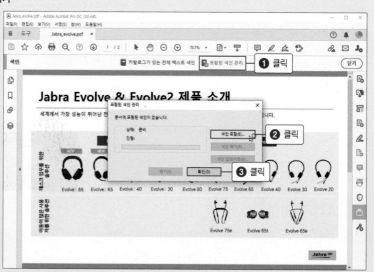

02 여러 PDF 문서를 하나로 결합하기
따라하기

여러 PDF 문서를 하나의 문서로 결합하거나 분할이 필요할 때가 있습니다. PDF 만들기 도구를 이용하여 간단하게 여러 PDF 문서를 하나의 PDF 문서로 결합하는 방법을 알아보겠습니다.

● **예제파일** : 03\분할문서01.pdf, 분할문서02.pdf, 분할문서03.pdf │ ● **완성파일** : 03\결합문서.pdf

01 Acrobat을 실행하고 〔도구〕 탭을 클릭합니다. PDF 문서를 결합하기 위해 만들기 및 편집에서 'PDF 만들기'를 클릭합니다.

> **TIP**
>
> '파일 결합'을 클릭하여 여러 문서를 결합하는 페이지로 바로 이동할 수 있습니다.

02 PDF 만들기에서 '복수 파일'을 선택합니다. 다수의 PDF 문서를 하나로 만들기 위해 '파일 결합'을 선택하고 〈다음〉 버튼을 클릭합니다.

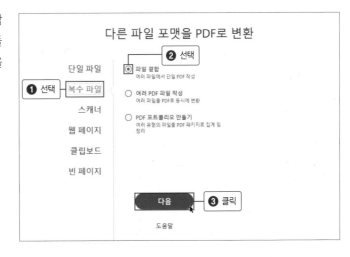

03 파일 결합에서 여러 파일을 드래그하여 불러올 수 있습니다. 또는 도구 모음에서 '파일 추가([圖])'를 클릭하여 파일을 불러올 수 있습니다.

04 03 폴더에서 '분할문서01.pdf'~'분할문서03.pdf' 파일을 드래그하여 Acrobat에 추가합니다. 3개의 문서를 하나로 만들기 위해 〈결합〉 버튼을 클릭합니다.

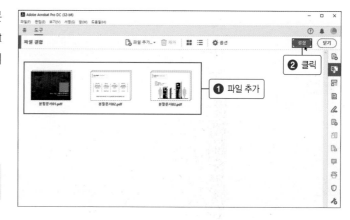

TIP

순서에 따라 차례대로 문서가 결합되므로 필요한 경우 드래그하여 순서를 변경할 수 있습니다.

TIP

파일 추가에서는 기본적으로 파일을 추가하거나 현재 Acrobat에 열려 있는 문서를 선택할 수 있습니다. 그 외에 다양한 방법으로 파일을 추가할 수 있습니다.

❶ **파일 추가** : 각각의 PDF 문서 및 지원되는 형식의 파일을 추가할 수 있습니다.
❷ **열린 파일 추가** : 현재 열려 있는 문서를 추가하여 결합할 수 있습니다.
❸ **폴더 추가** : 폴더에 있는 모든 파일을 추가할 수 있습니다.
❹ **스캐너에서 PDF 추가** : 스캐너로 스캔한 다음 PDF 문서로 변환하여 추가할 수 있습니다.
❺ **웹 페이지 추가** : 지정된 링크의 내용을 추가할 수 있습니다.
❻ **클립보드에서 추가** : 클립보드에 저장된 내용을 추가할 수 있습니다.
❼ **전자 메일 추가** : 전자 메일을 추가할 수 있습니다. 전자 메일 추가 기능을 실행하면 알림 메시지가 표시됩니다. Outlook이나 Notes 등에서 메일을 Acrobat으로 드래그하면 해당 메일 내용이 추가됩니다.

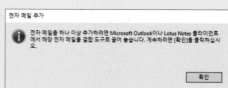

❽ **파일 다시 사용** : 결합에 사용했던 파일을 다시 사용할 수 있습니다.

05 탐색 창에서 '페이지 축소판' 아이콘()을 클릭하면 3개의 문서가 하나로 결합된 것을 확인할 수 있습니다.

06 결합된 문서들을 확인하기 위해 탐색 창에서 '레이어' 아이콘()을 클릭합니다. 레이어를 확인하면 분할 문서 3개가 표시되며 해당 문서별로 표시하거나 숨길 수 있습니다.

07 결합된 문서를 저장하기 위해 메뉴에서 (파일) → 저장((Ctrl)+(S))을 실행하거나 도구 모음에서 '파일 저장' 아이콘(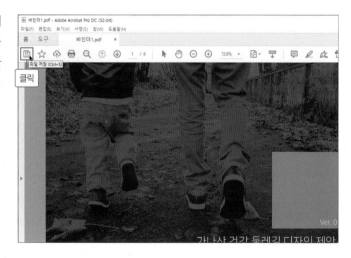)을 클릭합니다.

Acrobat 시작

문서 변환

관리 × 편집

양식 × 수정

서명 × 보호

문서 편집

문서 제작

양식 제작 × 활용

08 PDF로 저장 대화상자가 표시되면 '내 컴퓨터'를 선택하고 저장할 폴더를 지정하거나 〈다른 폴더 선택〉 버튼을 클릭하여 저장할 폴더를 지정합니다.

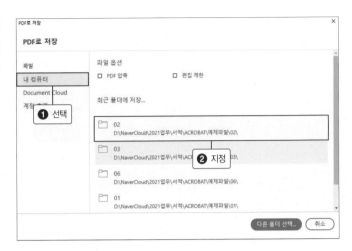

09 PDF로 저장 대화상자가 표시되면 파일 이름을 '결합문서'로 입력하고, 파일 형식을 'Adobe PDF 파일'로 지정한 다음 〈저장〉 버튼을 클릭합니다.

10 결합된 문서가 저장되었습니다.

TIP

무료로 사용할 수 있는 PDF 프로그램 이스트소프트 알PDF

PDF 문서는 공통 규격으로 만들어진 문서 형식으로 PDF 문서를 편집하거나 변환하는 기능을 제공하는 프로그램은 다양하게 있으며, 특히 무료로 제공되는 소프트웨어들도 다양하게 출시되어 있습니다. 이스트소프트 사의 알PDF는 PDF 문서 생성과 병합 및 변환까지 다양한 기능을 포함하고 있습니다.

03 따라하기 PDF 문서 간 페이지 복사하고 붙여넣기

PDF 문서를 편집할 때 필요한 경우 페이지를 이동하거나 새로운 문서를 구성할 수 있습니다. 문서 간 이동 및 복사도 가능하며, 두 PDF 문서 간 복사와 붙여넣기 기능으로 페이지를 이동하는 방법을 알아보겠습니다.

◎ 예제파일 : 03\페이지복사.pdf, 페이지붙여넣기.pdf　｜　◎ 완성파일 : 03\페이지붙여넣기_완성.pdf

01　Acrobat을 실행하고 메뉴에서 (파일)
→ 열기(Ctrl+O)를 실행하여 03 폴더
에서 '페이지복사.pdf', '페이지붙여넣기.pdf' 파
일을 불러옵니다.

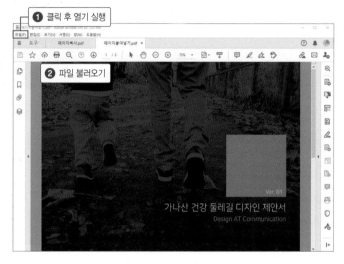

02　(페이지복사.pdf) 탭을 클릭한 다음 도
구 막대에서 '페이지 구성' 아이콘(🗔)
을 클릭하여 페이지 구성으로 이동합니다.

03 〔페이지붙여넣기.pdf〕 탭을 클릭한 다음 도구 막대에서 '페이지 구성' 아이콘(▦) 을 클릭하여 페이지 구성으로 이동합니다.

04 〔페이지복사.pdf〕 탭을 클릭한 다음 이 동할 페이지를 선택합니다. '3'페이지를 클릭하고 Shift를 누른 상태에서 '6'페이지를 클 릭합니다. 3페이지부터 6페이지까지 선택되었 습니다.

TIP

범위로 선택할 경우 Shift를 누른 상태에서 클릭하면 처음 클릭한 문서부터 마지막 클릭한 문서까지 모두 선택됩니다. Ctrl을 누른 상태에서는 클릭한 문서만 선택됩니다.

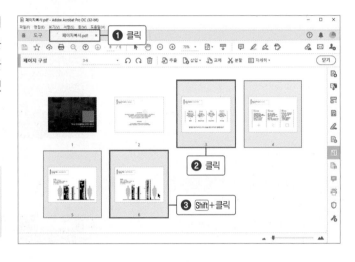

05 문서가 선택된 상태에서 마우스 오른쪽 버튼을 클릭한 다음 복사(Ctrl+C)를 실행합니다.

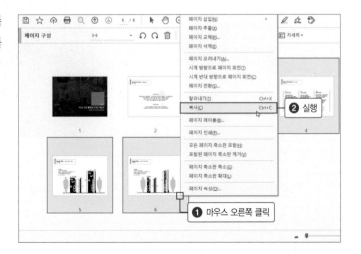

06 선택된 페이지가 복사되면 복사된 페이지에 각각 점선 및 아이콘이 표시됩니다.

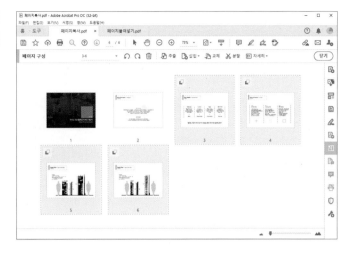

07 〔페이지붙여넣기.pdf〕 탭을 클릭하고 '2'페이지를 클릭하여 선택합니다. 마우스 오른쪽 버튼을 클릭한 다음 붙여넣기([Ctrl]+[V])를 실행합니다.

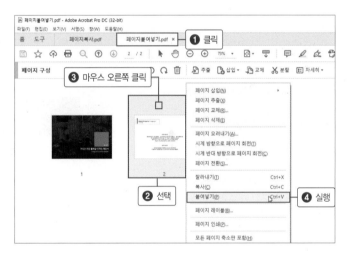

TIP

페이지를 선택하지 않고 붙여 넣을 페이지 사이 여백을 클릭하면 파란 선과 팝업 메뉴가 표시됩니다. 메뉴에서 붙여넣기([Ctrl]+[V])를 실행하면 복사한 페이지를 붙여 넣을 수 있습니다.

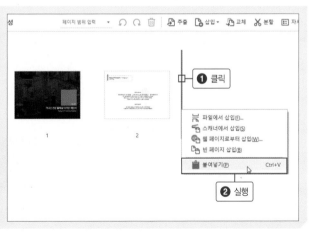

Acrobat 시작

문서 변환

관리 × 편집

편주 × 수정

서명 × 보안

문서 편집

문서 제작

양식 제작 × 활용

08 선택한 2페이지 뒤로 복사한 4개의 페이지가 붙여 넣어진 것을 확인할 수 있습니다.

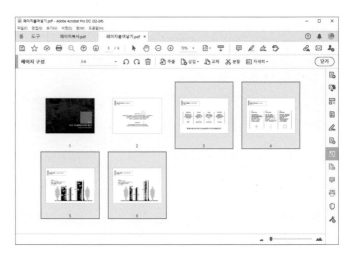

TIP

페이지 이동하기

페이지 구성에서 이동할 페이지를 선택한 다음 원하는 페이지 사이로 드래그하면 파란 선이 표시되면서 페이지를 이동할 수 있습니다.

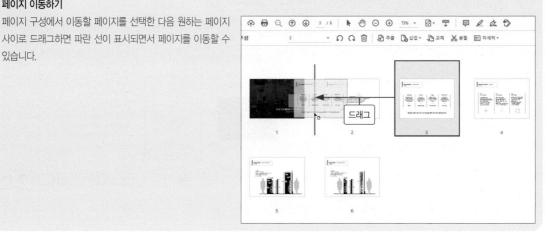

09 붙여 넣은 문서를 저장하기 위해 도구 모음에서 '파일 저장' 아이콘(🖫)을 클릭하여 저장합니다.

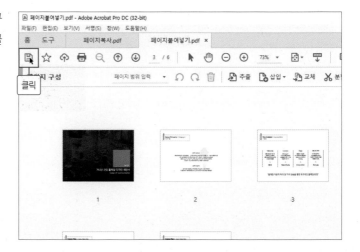

Acrobat 시작

문서 변환

관리 × 편집

입력 × 수정

서명 × 보안

문서 편집

문서 제작

양식 제작 × 활용

TIP

페이지 축소판에서 페이지 복사 및 붙여넣기

❶ 왼쪽 탐색 창에서 '페이지 축소판' 아이콘(⬚)을 클릭한 다음 복사할 페이지를 선택합니다. 페이지가 선택된 상태에서 마우스 오른쪽 버튼을 클릭한 다음 복사(Ctrl+C)를 실행합니다.

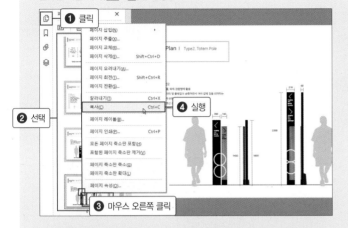

❷ 붙여 넣을 pdf 문서를 선택합니다. 페이지 축소판에서 붙여 넣을 페이지를 선택하고 마우스 오른쪽 버튼을 클릭한 다음 붙여넣기(Ctrl+V)를 실행하면 복사한 페이지를 붙여 넣을 수 있습니다.

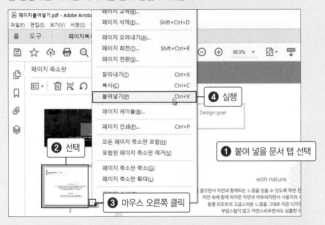

❸ 페이지 사이 여백을 클릭하면 파란 선과 팝업 메뉴가 표시됩니다. 메뉴에서 붙여넣기(Ctrl+V)를 실행하면 동일한 결과를 얻을 수 있습니다.

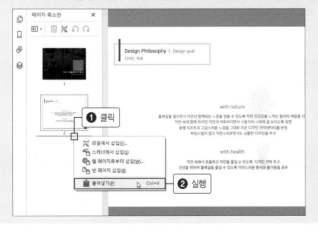

04 PDF 문서에 빈 페이지 삽입하기

PDF 문서를 편집할 때 페이지를 추가하여 편집해야 하는 경우가 있습니다. 빈 페이지는 페이지 구성 또는 페이지 축소판을 이용하여 추가할 수 있습니다. 페이지 구성 기능으로 빈 페이지를 추가하는 방법을 알아보겠습니다.

◉ 예제파일 : 03\페이지복사.pdf | ◉ 완성파일 : 03\페이지복사_빈페이지추가.pdf

01 Acrobat을 실행하고 메뉴에서 (파일) → 열기(Ctrl+O)를 실행하여 03 폴더에서 '페이지복사.pdf' 파일을 불러옵니다.

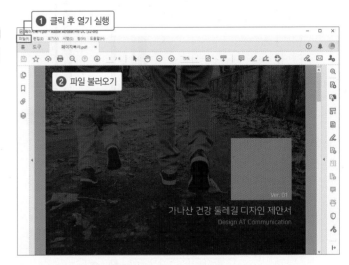

02 빈 페이지를 문서에 추가하기 위해 도구 막대에서 '페이지 구성' 아이콘(🗐)을 클릭하여 페이지 구성으로 이동합니다.

03 페이지 구성 도구 모음에서 페이지를 추가하기 위해 '삽입'을 클릭한 다음 빈 페이지(Shift+Ctrl+T)를 실행합니다.

04 페이지 삽입 대화상자가 표시되면 위치를 '이후', 페이지를 '2' 로 설정한 다음 〈확인〉 버튼을 클릭합니다.

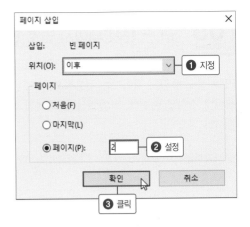

05 설정한 2페이지 이후에 빈 페이지가 추 가된 것을 확인할 수 있습니다.

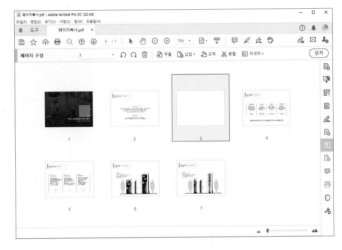

Acrobat 시작

문서 변환

편집 × 편집

공유 × 수정

서명 × 보호

문서 편집

문서 제작

양식 제작 × 활용

TIP

빈 페이지를 추가하는 방법

페이지 구성에서 페이지 사이 여백을 클릭하여 표시되는 팝업 메뉴에서 빈 페이지 삽입을 실행하면 지정된 위치에 빈 페이지가 추가됩니다.
또는 탐색 창에서 '페이지 축소판' 아이콘([회])을 클릭합니다. 빈 페이지를 추가할 페이지 사이 여백을 클릭한 다음 팝업 메뉴에서 빈 페이지 삽입 을 실행하면 지정된 위치에 빈 페이지가 추가됩니다.

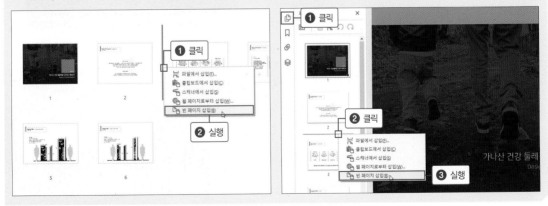

05 따라하기 PDF 문서 페이지 번호 변경하기

PDF 문서에 있는 페이지는 기본적으로 1부터 시작하여 순차적으로 자동 적용되지만 필요에 따라서 페이지 형식이나 순서를 변경할 수 있습니다. 페이지 레이블 기능을 활용하여 페이지 번호를 변경하는 방법을 알아보겠습니다.

◎ 예제파일 : 03\교육과정.pdf | ◎ 완성파일 : 03\교육과정_페이지수정.pdf

01 Acrobat을 실행하고 메뉴에서 (파일) → 열기((Ctrl)+(O))를 실행하여 03 폴더에서 '교육과정.pdf' 파일을 불러옵니다.

02 페이지 번호를 확인하기 위해 탐색 창에서 '페이지 축소판' 아이콘(⬚)을 클릭합니다. 페이지 축소판에서는 각 페이지의 내용과 번호를 확인할 수 있습니다.

03 페이지 번호를 변경하기 위해 페이지 축소판의 '옵션' 아이콘(⬚)을 클릭한 다음 페이지 레이블을 실행합니다.

04 페이지 번호 매기기 대화상자가 표시되면 2페이지부터 페이지 번호를 새롭게 변경하기 위해 시작을 '2', 끝을 '8'로 설정합니다. 번호 형식은 '새 단락 시작', 접두어를 '7-'로 설정한 다음 〈확인〉 버튼을 클릭합니다.

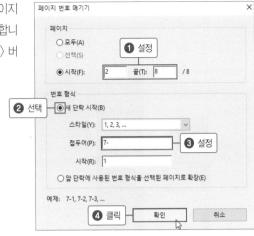

05 페이지 축소판을 보면 2페이지부터 7-1, 7-2 순으로 페이지 번호가 변경된 것을 확인할 수 있습니다. 도구 모음에서도 페이지 번호가 변경된 페이지 번호로 표시됩니다.

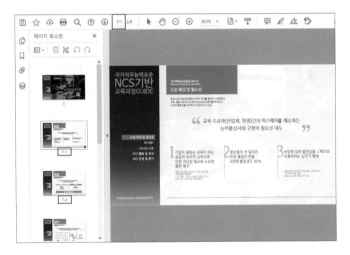

06 PDF 문서를 저장하기 위해 도구 모음에서 '파일 저장' 아이콘(🖫)을 클릭하면 원본 문서에 그대로 반영되어 저장되기 때문에 다른 이름으로 저장 기능을 사용해야 합니다. 메뉴에서 [파일] → 다른 이름으로 저장(Shift+Ctrl+S)을 실행합니다.

Acrobat 시작

문서 변환

관리×편집

공유×수정

서명×보호

문서 편집

문서 제작

양식 제작×활용

페이지를 선택한 상태에서 페이지 번호를 변경하는 방법

❶ 페이지 축소판에서 페이지를 선택한 경우 선택한 페이지가 기준이 되며 해당 페이지만 페이지 번호를 변경할 수 있습니다. 2페이지의 페이지 번호를 변경하기 위해 '2'페이지를 클릭하여 선택합니다.

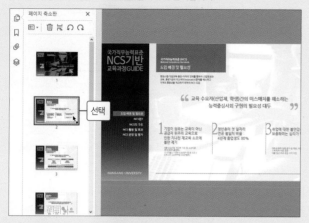

❷ 페이지 축소판의 '옵션' 아이콘(▤)을 클릭한 다음 페이지 레이블을 실행합니다.

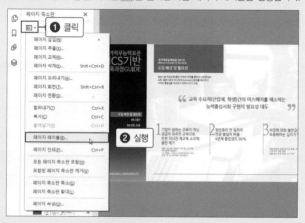

❸ 페이지 번호 매기기 대화상자가 표시되면 페이지가 선택된 상태에서 페이지 레이블 기능을 실행하였기 때문에 페이지가 '선택'으로 선택되어 있습니다. 번호 형식의 접두어를 '7-'로 설정한 다음 〈확인〉 버튼을 클릭합니다.

선택한 페이지만 페이지 번호가 변경되었으며, 3페이지는 2페이지로 변경된 것을 확인할 수 있습니다.

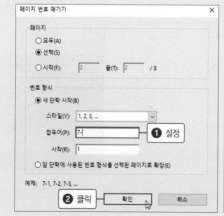
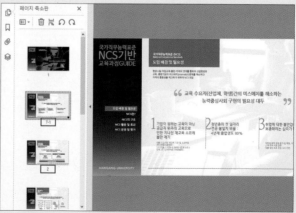

07 PDF로 저장 대화상자가 표시되면 '최근 폴더에 저장'에서 폴더를 선택하거나 〈다른 폴더 선택〉 버튼을 클릭하여 경로를 지정합니다.

08 PDF로 저장 대화상자가 표시되면 파일 이름을 '교육과정_페이지수정', 파일 형식을 'Adobe PDF 파일'로 지정한 다음 〈저장〉 버튼을 클릭합니다.

09 저장된 문서를 확인하면 페이지 번호가 변경되어 저장된 것을 확인할 수 있습니다.

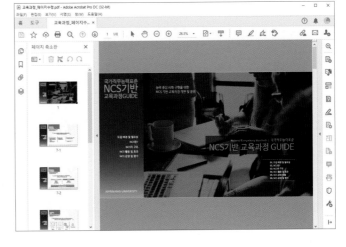

Acrobat 시작

문서 변환

관리 × 편집

양규 × 수정

서명 × 보호

문서 편집

문서 제작

양식 제작 × 활용

책갈피 기능으로 페이지 구분하기

Acrobat에는 문서의 목차나 내용을 구분하는 책갈피 기능이 포함되어 있습니다. 책갈피 기능을 이용하면 원하는 페이지로 빠르게 이동이 가능합니다. 책갈피를 PDF 문서에 추가하는 방법을 알아보겠습니다.

● 예제파일 : 03\교육과정.pdf ┃ ● 완성파일 : 03\교육과정_책갈피.pdf

01 Acrobat을 실행하고 메뉴에서 (파일)
→ 열기((Ctrl)+(O))를 실행하여 03 폴더에서 '교육과정.pdf' 파일을 불러옵니다.

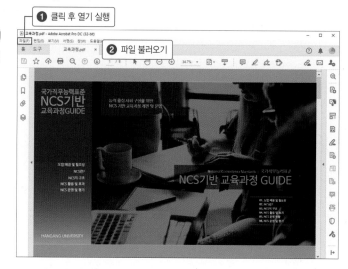

02 탐색 창에서 '책갈피' 아이콘(📑)을 클릭합니다.

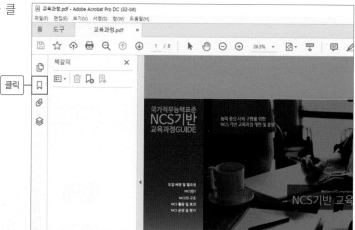

03 페이지를 선택하기 위해 도구 모음에서 선택 도구(▶)를 선택하여 1페이지의 문서 부분을 클릭하여 선택합니다.

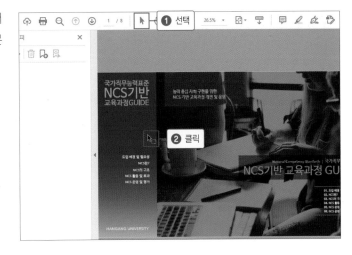

04 1페이지에 책갈피를 추가하기 위해 책갈피에서 '새 책갈피' 아이콘(🔖)을 클릭합니다.

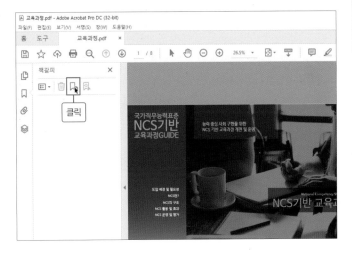

05 책갈피가 추가되며 추가된 책갈피의 이름을 '표지'로 변경합니다. 1페이지에 표지라는 책갈피가 삽입되었습니다.

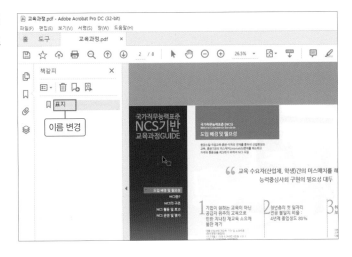

Acrobat 시작

문서 변환

관리 × 편집

용유 × 수정

서명 × 보호

문서 편집

문서 제작

양식 제작 × 활용

06 '2'페이지로 이동하고 문서를 클릭하여 선택합니다. 책갈피에서 '새 책갈피' 아이콘(📑)을 클릭한 다음 책갈피의 이름을 '도입 배경 및 필요성'으로 변경합니다.

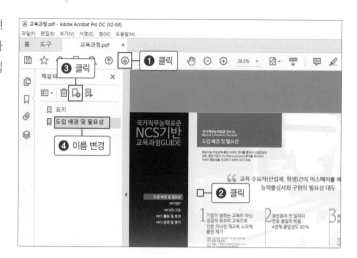

07 같은 방법으로 '4'페이지는 'NCS란', '5'페이지는 'NCS의 구조', '6'페이지는 'NCS 활용 및 효과', '8'페이지는 'NCS 운영 및 평가'로 책갈피를 추가한 다음 이름을 변경합니다.

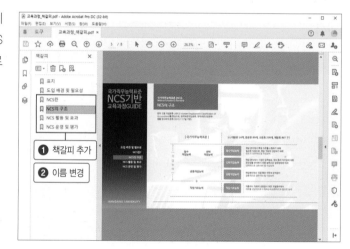

08 책갈피가 있는 문서로 저장하기 위해 메뉴에서 [파일] → 다른 이름으로 저장(Shift+Ctrl+S)을 실행합니다.

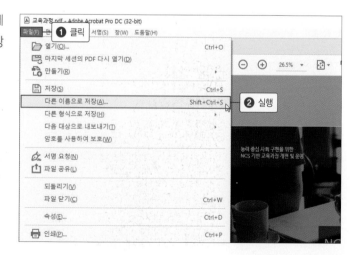

09 PDF로 저장 대화상자가 표시되면 '최근 폴더에 저장'에서 폴더를 선택하거나 〈다른 폴더 선택〉 버튼을 클릭하여 경로를 지정합니다.

10 PDF로 저장 대화상자가 표시되면 파일 이름을 '교육과정_책갈피', 파일 형식을 'Adobe PDF 파일'로 지정한 다음 〈저장〉 버튼을 클릭합니다.

11 책갈피가 있는 문서로 저장되었으며 책갈피를 클릭하면 해당 책갈피 페이지로 이동합니다.

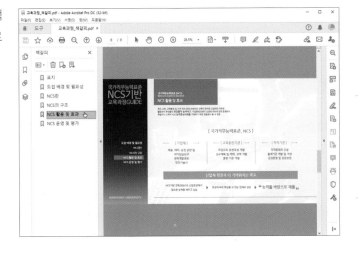

Acrobat 시작

문서 편환

편집 × 편리

배경 × 수정

서명 × 보호

문서 편집

문서 제작

양식 제작 × 활용

PDF 문서 편집을 위한 가이드 만들기

CHAPTER

PDF 문서를 편집하기 위해 각 요소들을 정렬하거나, 위치를 조정하기 위해 격자나 눈금자, 안내선 등을 활용해야 할 수 있습니다. 문서 편집을 위한 보조 도구 활용 방법을 알아보겠습니다.

01 따라하기 격자 활성화하고 설정 변경하기

포토샵이나 일러스트레이터 등에서 이미지를 편집할 때 그리드라고 하는 격자를 많이 사용합니다. 모눈종이 같은 곳에 그림을 그릴 때 크기나 위치 설정이 매우 편리한 것처럼 문서를 편집할 때 격자나 안내선을 활용하면 작업의 효율성을 높일 수 있습니다. 격자를 활성화하고 격자의 크기를 변경하는 방법을 알아보겠습니다.

◉ 예제파일 : 03\교육과정.pdf

01 Acrobat을 실행하고 메뉴에서 (파일) → 열기((Ctrl)+(O))를 실행하여 03 폴더에서 '교육과정.pdf' 파일을 불러옵니다.

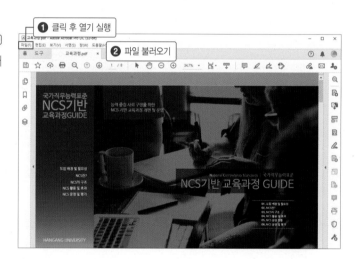

02 격자를 표시하기 위해 메뉴에서 (보기) → 표시/숨기기 → 눈금자 및 격자 → 격자((Ctrl)+(U))를 실행합니다.

03 격자는 가로, 세로 방향으로 문서에 표시되며, 가로 세로 3개의 격자선을 기준으로 파란색과 흰색으로 선이 표시됩니다.

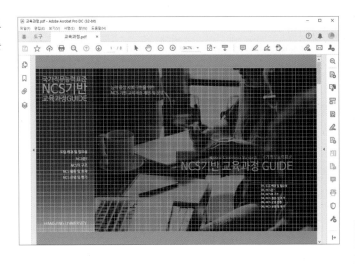

04 격자에 스냅 기능을 활성화하면 편리하게 배치할 수 있습니다. 스냅 기능을 활성화하기 위해 메뉴에서 (보기) → 표시/숨기기 → 눈금자 및 격자 → 격자에 스냅을 실행합니다.

TIP

필요에 따라서 스냅의 활성화 또는 비활성화가 필요합니다.

05 격자 간격을 변경하기 위해 메뉴에서 (편집) → 기본 설정((Ctrl)+(K))을 실행합니다.

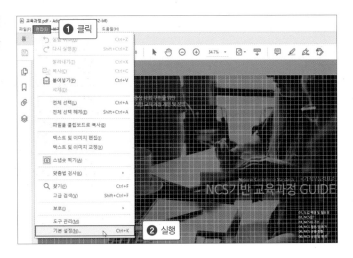

06 기본 설정 대화상자가 표시되면 범주에 서 '단위 및 안내선'을 선택합니다.

줄 간격 너비를 '50mm', 줄 간격 높이를 '50mm'로 설정합니다. 왼쪽 가장자리에서 격자 오프셋을 '10mm', 위쪽 가장자리에서 격자 오프셋을 '10mm'로 설정하여 왼쪽 상단을 기준으로 격자 파란색 선의 시작점을 조정합니다.

세분을 '5'로 설정하여 격자선의 안쪽 세분화된 흰색 선을 5등분하고 〈확인〉 버튼을 클릭합니다.

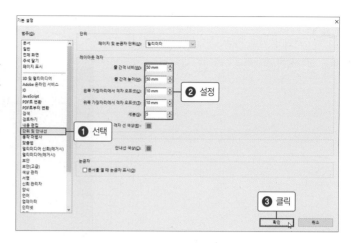

07 파란색 선 안쪽에 흰색 선이 5등분 되 며, 간격이 변경되었습니다.

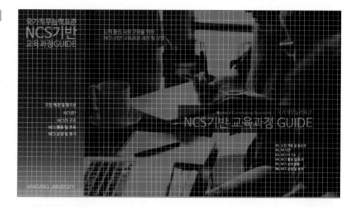

08 화면 비율을 '100%'로 지정하면 간격의 크기와 위치를 좀 더 명확하게 확인할 수 있습니다.

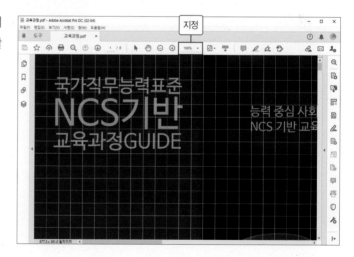

TIP

작업 중에 격자를 비활성화할 경우 다시 메뉴에서 (보기) → 표시/숨기기 → 눈금자 및 격자 → 격자([Ctrl]+[U])를 실행합니다.
메뉴에서 실행하는 것보다 단축키를 외워서 활용하는 것이 편리합니다.

02
따라하기

눈금자와 안내선 활용하기

안내선과 눈금자를 이용하면 이미지와 텍스트 등을 쉽게 배치할 수 있습니다. 안내선은 쉽게 이동 및 삭제가 가능하며, 눈금자를 이용하여 이미지 크기 등을 쉽게 구별할 수 있습니다. 눈금자와 안내선을 활용하는 방법을 알아보겠습니다.

◉ 예제파일 : 03\교육과정.pdf

01 Acrobat을 실행하고 메뉴에서 (파일) → 열기(Ctrl+O)를 실행하여 03 폴더 에서 '교육과정.pdf' 파일을 불러옵니다.

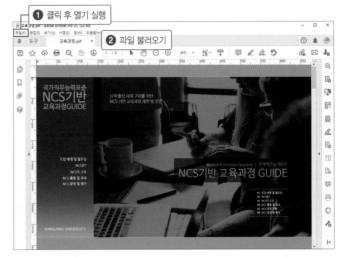

02 눈금자를 화면에 표시하기 위해 메뉴에 서 (보기) → 표시/숨기기 → 눈금자 및 격자 → 눈금자(Ctrl+R)를 실행합니다.

TIP

눈금자를 표시하는 단축키는 Ctrl+R입니다.

03 문서 왼쪽과 위쪽에 각각 눈금자가 표시됩니다.

TIP

눈금자 단위 변경하기

눈금자 위치로 마우스 커서를 이동한 다음 마우스 오른쪽 버튼을 클릭하면 눈금자의 단위를 변경할 수 있는 메뉴가 표시됩니다. 눈금자 단위 외에 안내선 표시와 숨기기, 지우기 등의 기능도 지원합니다.

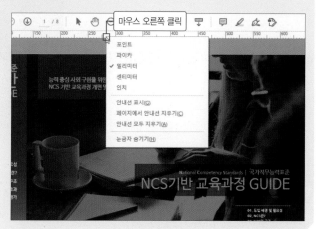

04 안내선을 표시하기 위해 위쪽에 있는 눈금자를 아래로 드래그합니다. 타이틀 박스 부분으로 드래그하여 가로 안내선을 만듭니다.

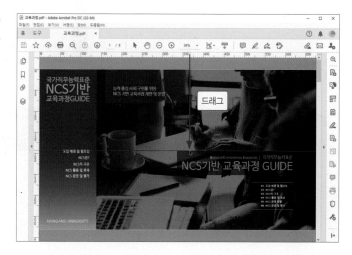

05 왼쪽에 있는 눈금자를 오른쪽으로 드래 그하여 타이틀 박스 부분에 세로 안내선 을 만듭니다.

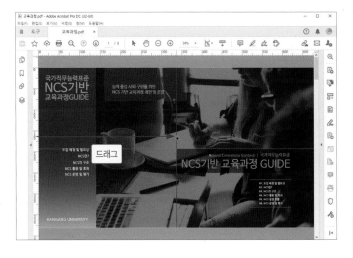

06 그림과 같이 타이틀 박스 부분에 가로, 세로 안내선을 만듭니다. 타이틀 왼쪽에 있는 안내선을 드래그하여 왼쪽으로 이동합니 다. 생성된 안내선은 드래그하여 쉽게 원하는 위 치로 이동할 수 있습니다.

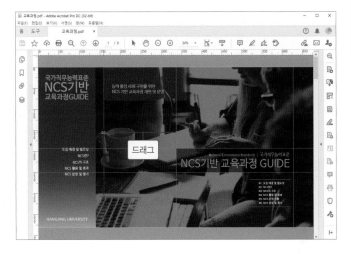

07 이동한 안내선을 클릭하여 선택하고 Delete를 누르면 삭제됩니다.

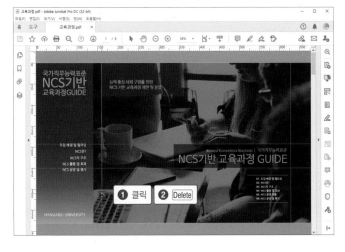

08 안내선도 격자와 같이 필요에 따라서 숨길 수 있습니다. 메뉴에서 〔보기〕 → 표시/숨기기 → 눈금자 및 격자 → 안내선을 실행합니다.

09 또는 눈금자에서 마우스 오른쪽 버튼을 클릭한 다음 안내선 표시를 실행하여 숨길 수 있습니다.

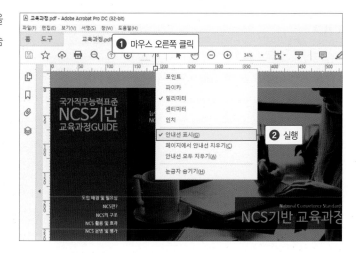

03 측정 도구를 이용하여 오브젝트 크기 측정하기

따라하기

건축이나 제품 설계를 위한 오토캐드 파일 같은 경우 dwg 파일로 전송 받으면 열어 보기 어렵기 때문에 PDF로 받아 확인하는 경우가 많습니다. 도면을 PDF로 받은 경우 길이를 측정하거나 면적 계산이 필요할 수 있습니다. Acrobat에서는 거리 및 둘레, 면적을 측정할 수 있는 측정 도구를 제공합니다. 측정 도구로 길이를 측정하는 방법을 알아보겠습니다.

◉ 예제파일 : 03\PDF측정.pdf | ◉ 완성파일 : 03\PDF측정_완료.pdf

01 Acrobat을 실행하고 메뉴에서 [파일]
→ 열기([Ctrl]+[O])를 실행하여 03 폴더
에서 'PDF측정.pdf' 파일을 불러옵니다.

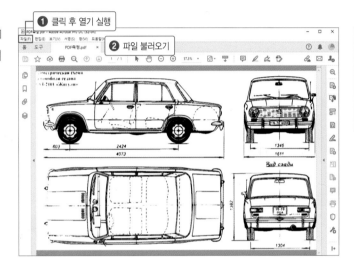

02 [도구] 탭을 클릭한 다음 공유 및 검토에
서 '측정'을 클릭합니다.

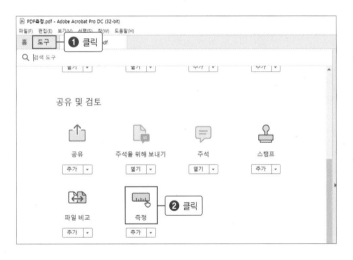

03 측정 도구 모음이 표시됩니다. 문서를 확대하기 위해 화면 비율을 '100%'로 지정합니다.

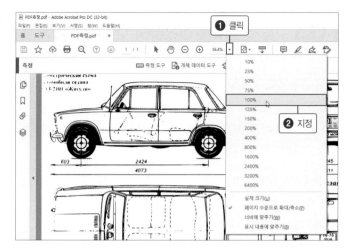

04 왼쪽에 있는 자동차 부분으로 화면을 이동하여 2424로 표시된 부분을 측정합니다.

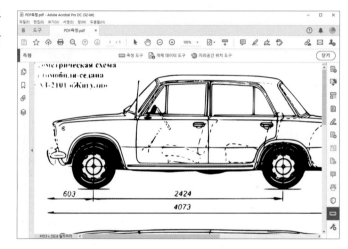

05 측정 도구 모음에서 '측정 도구'를 클릭합니다. 측정에 관련된 도구가 화면에 표시됩니다.
거리 도구에서 비율이나 측정된 데이터에 관련된 정보가 표시되며, 스냅 유형과 측정 유형에서 측정 방법을 선택할 수 있습니다.

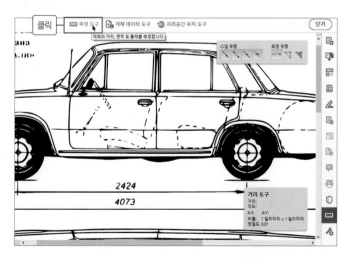

06 왼쪽 타이어 기준선을 클릭하고 오른쪽 타이어 기준선을 클릭하면 거리가 측정되어 표시됩니다.

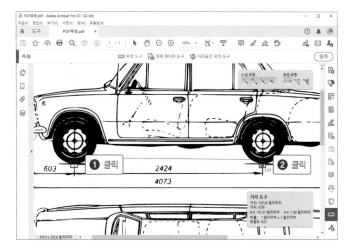

TIP

측정 도구 살펴보기

❶ **경로에 스냅** : 선 끝으로 측정하기 위해 자동으로 위치를 조정합니다.

❷ **끝점에 스냅** : 선의 끝점으로 측정하기 위해 자동으로 위치를 조정합니다.

❸ **중간점에 스냅** : 선의 중간점으로 측정하기 위해 자동으로 위치를 조정합니다.

❹ **교차점에 스냅** : 여러 선의 교차점으로 측정하기 위해 자동으로 위치를 조정합니다.

❺ **거리 도구** : 두 점 사이의 거리를 측정합니다.

❻ **둘레 도구** : 여러 점의 길이, 둘레를 측정합니다.

❼ **면적 도구** : 사용자가 점을 이용하여 만든 선 안의 면적을 측정합니다.

07 측정된 거리의 범례와 구분선이 표시되도록 위쪽으로 마우스 커서를 이동하고 위치를 고려하여 클릭하면 구분선 및 측정된 거리가 표시됩니다. 그러나 표시된 길이와 실제 도면의 길이가 맞지 않습니다. 도면의 비율을 조정하여 크기를 조정합니다.

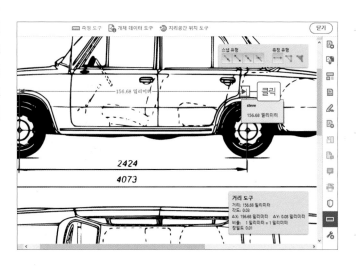

08 측정 도구가 선택된 상태에서 마우스 오
른쪽 버튼을 클릭한 다음 비율 및 정밀
도 변경을 실행합니다.

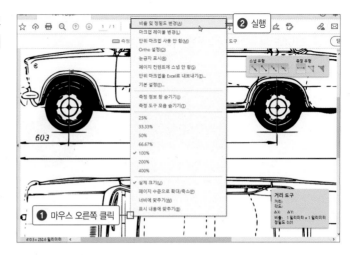

09 비율 및 정밀도 변경 대화상자가 표시되
면 비율을 '1', '밀리미터', '1.54', '밀리미
터'로 설정한 다음 〈확인〉 버튼을 클릭합니다.

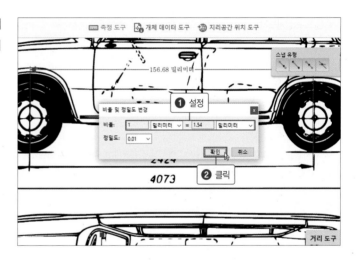

10 단위가 변경되어 거리 도구에 변경된 비
율이 표시됩니다. 동일한 방법으로 왼쪽
타이어 기준선을 클릭하고 오른쪽 타이어 기준
선을 클릭한 다음 아래로 마우스 커서를 이동하
여 클릭하면 2425로 비슷한 측정 값이 표시되어
측정된 것을 확인할 수 있습니다.

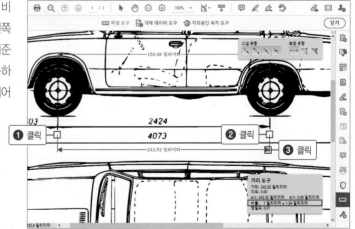

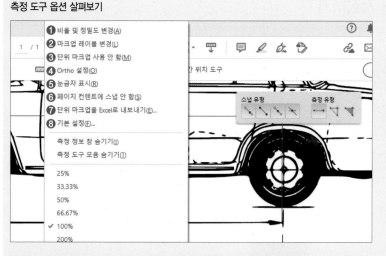

TIP

측정 도구 옵션 살펴보기

❶ **비율 및 정밀도 변경** : 측정 단위 및 비율을 변경합니다.

❷ **마크업 레이블 변경** : 측정과 함께 표시할 텍스트를 추가하거나 변경합니다.

❸ **단위 마크업 사용/사용 안 함** : 사용으로 설정하고 측정선을 그리면 PDF에 측정선이 추가되며, 사용 안 함으로 설정하면 측정선이 사라집니다.

❹ **Ortho 설정/해제** : 가로, 세로 즉 수평 또는 수직의 측정만 가능합니다.

❺ **눈금자 표시/숨기기** : 페이지에 세로 및 가로 눈금자를 표시하거나 숨깁니다.

❻ **페이지 컨텐트에 스냅/스냅 안 함** : 스냅 사용을 설정하거나 해제합니다.

❼ **단위 마크업을 Excel로 내보내기** : PDF에 포함된 모든 측정 정보를 CSV 파일에 저장합니다.

❽ **기본 설정** : 측정(2D) 기본 설정으로 측정에 관련된 옵션을 설정할 수 있습니다.

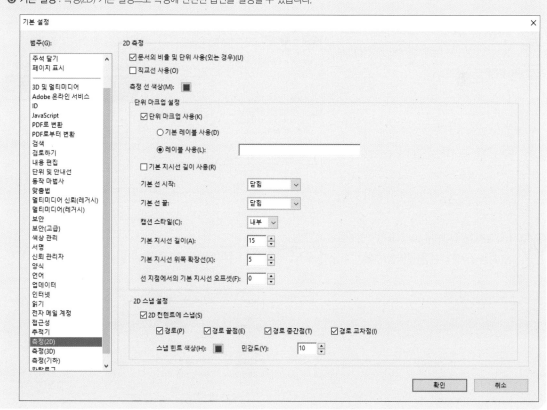

04 따라하기 | PDF 최적화하여 저장하기

Acrobat은 다양한 설정을 이용하여 문서의 용량을 줄일 수 있으며 필요한 속성에 따라서 저장도 가능합니다.
최적화된 PDF 문서로 저장하는 방법을 알아보겠습니다.

◉ 예제파일 : 03\교육과정.pdf　｜◉ 완성파일 : 03\교육과정_최적화.pdf

01 Acrobat을 실행하고 메뉴에서 (파일)
→ 열기((Ctrl)+(O))를 실행하여 03 폴더
에서 '교육과정.pdf' 파일을 불러옵니다.

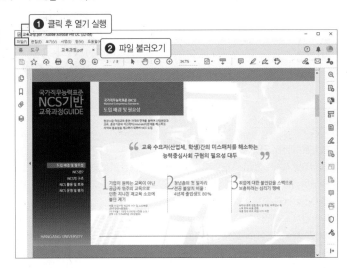

02 문서를 최적화하여 저장하기 위해 메뉴
에서 (파일) → 다른 형식으로 저장 →
최적화된 PDF를 실행합니다.

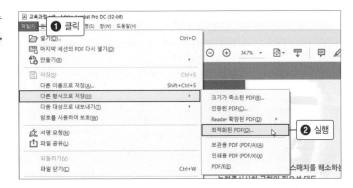

03 PDF 최적기 대화상자가 표시되면 〈공
간 사용 감사〉 버튼을 클릭합니다.

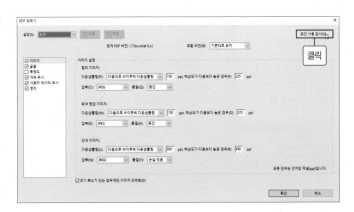

04 공간 사용 감사 대화상자가 표시되면 PDF 문서와 관련된 용량과 백분율을 확인하고 〈확인〉 버튼을 클릭합니다.

05 최적화된 PDF 문서를 저장하기 위해 PDF 최적기 대화상자에서 〈확인〉 버튼을 클릭합니다.

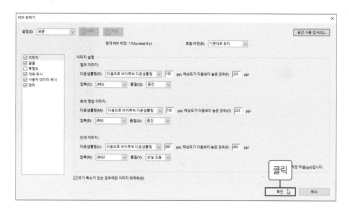

06 다른 이름으로 최적화 대화상자가 표시되면 파일 이름을 '교육과정_최적화', 파일 형식을 'Adobe PDF 파일'로 지정한 다음 〈저장〉 버튼을 클릭합니다.

원본 파일과 저장한 파일의 용량을 확인하면 4.54MB 용량인 원본에서 578KB 용량으로 축소되어 저장되었습니다.

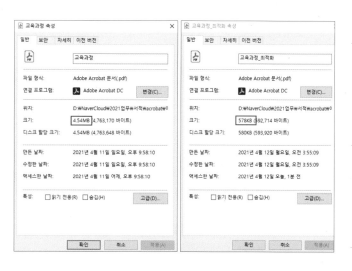

문서의 용량을 줄여 저장하기

Acrobat은 다양한 설정을 이용하여 문서의 용량을 줄여서 저장할 수 있는 기능을 제공합니다. Acrobat에서 지원하는 크기가 축소된 PDF 기능으로 저장하는 방법을 알아보겠습니다.

● 예제파일 : 03\교육과정.pdf | ● 완성파일 : 03\교육과정_크기축소.pdf

01 Acrobat을 실행하고 메뉴에서 (파일)
→ 열기((Ctrl)+(O))를 실행하여 03 폴더
에서 '교육과정.pdf' 파일을 불러옵니다.

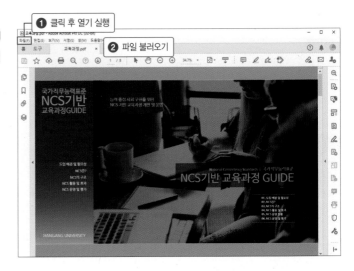

02 크기를 축소하여 저장하기 위해 메뉴에
서 (파일) → 다른 형식으로 저장 → 크
기가 축소된 PDF를 실행합니다.

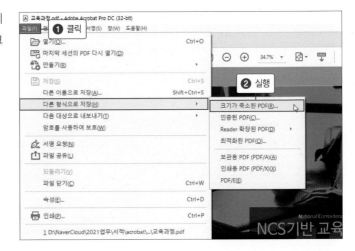

TIP

PDF 문서를 편집 또는 수정하던 중에 최종 저장 단계로
돌아갈 필요가 있는 경우 메뉴에서 (파일) → 되돌리기를
실행하면 최종 저장 단계로 돌아갑니다.

03 파일 크기 축소 대화상자가 표시되면 Acrobat 버전에 맞춰 PDF 문서를 저장할 수 있습니다. 호환 버전을 '기존대로 유지'로 지정한 다음 〈확인〉 버튼을 클릭합니다.

04 다른 이름으로 저장 대화상자가 표시되면 파일 이름을 '교육과정_크기축소', 파일 형식을 'Adobe PDF 파일'로 지정한 다음 〈저장〉 버튼을 클릭합니다.

05 저장된 문서를 확인하면 4.54MB 용량인 원본에서 625KB 용량으로 크게 축소되어 저장된 것을 확인할 수 있습니다.

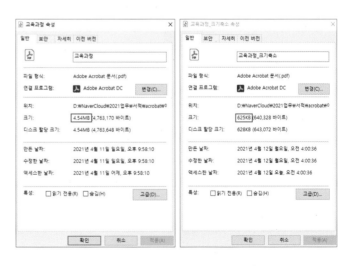

Acrobat 시작

문서 변환

관리 × 편집

열람 × 수정

서명 × 보호

문서 편집

문서 제작

양식 제작 × 활용

PDF 문서를 임의 형식으로 내보내기

❶ Acrobat은 다양한 형식의 문서를 불러와 PDF로 변환하는 기능을 제공하지만, PDF 문서를 다양한 문서 및 파일 형식으로 내보낼 수도 있습니다. 임의 형식으로 PDF 내보내기 기능을 활용하려면 PDF 문서가 선택된 상태에서 (도구) 탭을 클릭한 다음 만들기 및 편집에서 'PDF 내보내기'를 클릭합니다.

❷ **Microsoft Word** : 선택된 문서를 Microsoft Word 문서로 내보내기 할 수 있으며 최신 Word 문서와 2003 이전 버전 Word 문서로 내보내기가 가능합니다.

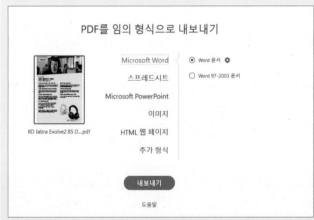

❸ **스프레드 시트** : 선택된 문서를 엑셀에서 활용 가능한 통합 문서 및 XML 스프레드시트 문서로 내보내기가 가능합니다.

❹ Microsoft PowerPoint : 선택된 문서를 파워포인트용 PPT 문서로 내보내기가 가능합니다.

❺ 이미지 : 선택된 문서를 이미지 형식으로 내보낼 수 있으며 JPEG, JPEG 2000, TIFF, PNG 형식으로 내보내기가 가능합니다. 모든 이미지 내보내기가 체크 표시의 경우 문서에 포함된 이미지별로 내보내기가 실행됩니다. 체크 해제된 경우 페이지별로 내보내기가 실행됩니다.

❻ HTML 웹 페이지 : 선택된 문서를 HTML 문서로 내보낼 수 있으며 단일 HTML 페이지인 경우 문서 전체가 한 개의 HTML 문서로 내보내기 되며, 복수 HTML 페이지가 선택된 경우 페이지별로 HTML 문서가 만들어집니다.

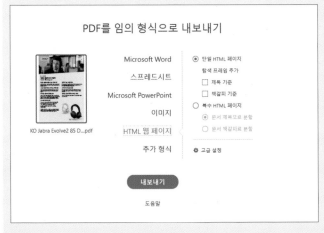

❼ 추가 형식 : 선택된 문서를 기본적으로 제공되는 형식이 아닌 기타 형식으로 저장이 가능합니다.

Acrobat 시작

문서 변환

편집 × 관리

공유 × 수정

보호 × 서명

문서 편집

문서 제작

양식 제작 × 활용

PART

4

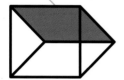

PDF 문서 공유 및 수정하기

Acrobat은 다양한 방법으로 PDF 문서를 공유하고 검토 및 수정을 요청하는 등 효율적으로
공동 작업을 수행할 수 있게 도와줍니다. 기본적으로 Document Cloud를 이용하며
수정할 때는 Adobe 계정 사용자가 아닌 게스트 계정으로도 가능합니다.
Acrobat으로 문서를 공유하고 수정 및 제안을 할 수 있는
다양한 도구 및 활용 방법을 살펴보겠습니다.

ACROBAT DC

PDF 문서를 다른 사용자와 공유하기

CHAPTER

PDF 문서는 다양한 환경에서도 공통적으로 사용할 수 있도록 개발된 규격 문서입니다. 다른 사용자와 문서를 활용하기 위해 Acrobat에서 공유하고 수정을 제안하는 다양한 방법을 알아보겠습니다.

01 따라하기 PDF 문서 링크로 공유하고 게스트로 수정 제안하기

Acrobat은 문서를 공유하고 공동 작업할 수 있는 기능을 지원하며, 필요에 따라서 문서를 공유만 할 수도 있습니다. 문서를 공유하고 게스트로 수정 제안을 받는 방법을 알아보겠습니다.

● 예제파일 : 04\반려견놀이터.pdf ┃ ● 완성파일 : 04\반려견놀이터_주석포함.pdf

01 Acrobat을 실행하고 메뉴에서 (파일) → 열기((Ctrl)+(O))를 실행하여 04 폴더에서 '반려견놀이터.pdf' 파일을 불러옵니다.

02 문서의 링크를 생성하여 다른 사람들과 공유하기 위해 도구 모음에서 '이 파일에 대한 링크 공유' 아이콘(🔗)을 클릭합니다.

03 링크 공유 대화상자가 표시되면 링크를 공유할 수 있는 주소를 드래그하여 Ctrl +C를 누르거나 '링크 복사'를 클릭합니다. 링크를 받은 사용자가 주석을 작성할 수 있도록 '주석 허용'을 활성화하고 〈주석 달기 시작〉 버튼을 클릭합니다.

TIP

링크는 자동으로 복사되어 '링크 복사됨' 표시가 표시될 수 있으며, 공유할 링크가 활성화되어도 실제로 Document Cloud에 업로드된 상태가 아니기 때문에 업로드 완료 후에 공유가 가능합니다. 업로드가 완료되지 않아도 링크 공유는 가능합니다.

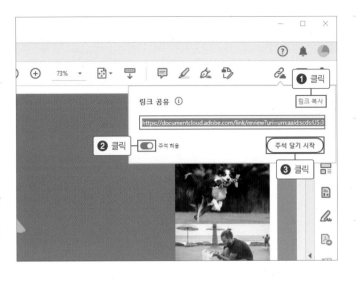

04 문서가 공유되면 현재 공유된 문서에 대한 내용을 확인할 수 있으며, 공유 링크를 복사하거나 공유 해제 및 삭제가 가능합니다.

05 복사된 링크를 다른 사람에게 메일, SNS 등으로 전달할 수 있으며, 전달 받은 링크를 주소 창에 입력하면 공유된 PDF 문서가 표시됩니다.
주석을 허용하였기 때문에 주석을 입력할 수 있도록 오른쪽에 주석 도구가 표시됩니다.

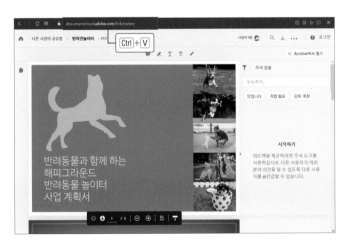

06 주석을 추가하기 위해 주석 추가 입력 창을 클릭하면 로그인이 필요하다는 메시지가 표시됩니다. 게스트로 주석을 달기 위해 게스트 이름 입력 창에 '자문위원'을 입력하고 〈게스트로 계속〉 버튼을 클릭합니다.

07 '1'페이지가 표시된 상태에서 주석 입력 창에 '사업 계획서 검토 완료하였습니다.'를 입력하고 '게시'를 클릭합니다.

08 주석이 입력되면 문서 오른쪽 상단에 주석 아이콘이 표시되며, 현재 1개의 주석이 있음을 오른쪽 창에서 확인할 수 있습니다.

09 문서 '3'페이지로 이동합니다. '반려견 용품 구매 증가'를 드래그한 다음 팝업 메뉴에서 '텍스트에 취소선 적용' 아이콘(🍂)을 클릭합니다.

10 취소선이 추가되면서 주석 입력 창이 표시됩니다. '사업 배경과 반려견 용품 내용은 어울리지 않습니다. 수정이 필요합니다.'를 입력하고 '게시'를 클릭합니다.

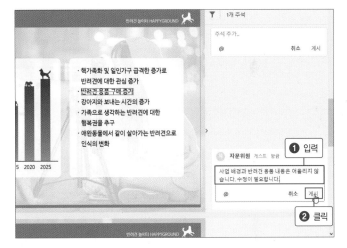

11 취소선 자체가 주석이 있다는 표시이므로 주석이 입력되어도 1페이지처럼 주석 아이콘이 표시되지 않습니다.

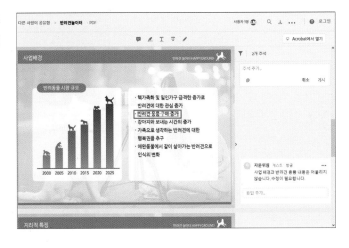

Acrobat 시작

문서 변환

관리 × 편집

공유 × 수정

서명 × 보호

문서 편집

문서 제작

양식 제작 × 활용

공유된 문서에 주석이 추가되면 Acrobat에서 알림 메시지로 표시되며, 알림을 통하여 해당 문서를 확인할 수 있습니다. 공유된 문서는 Document Cloud에 저장되며 저장된 문서를 확인하고 주석 내용을 검토하는 방법을 알아보겠습니다.

01 Acrobat을 실행하면 오른쪽 상단 알림 아이콘에 알림 메시지가 있다고 표시됩니다. 알림을 확인하기 위해 '알림' 아이콘(🔔)을 클릭합니다.

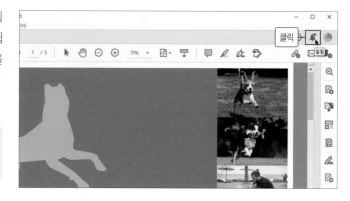

02 알림 창이 표시되면 알림 메시지를 클릭하여 주석이 추가된 공유 문서로 이동합니다.

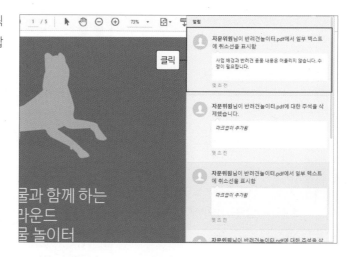

03 예제로 사용되는 원본 PDF 문서에 주석이 표시되는 것이 아니라 주석을 추가하기 위하여 공유된 문서를 Document Cloud에서 불러옵니다.

04 클릭한 주석의 위치로 자동 이동되어 표시되며, 취소선 및 주석 내용을 확인할 수 있습니다. 공유된 문서이기 때문에 문서 탭을 보면 문서명 앞에 공유된 아이콘이 표시됩니다.

05 주석 내용을 확인하였다면 문서를 닫기 위해 〈완료〉 버튼을 클릭합니다.

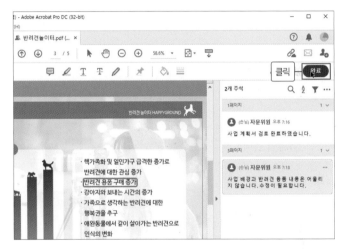

06 공유 파일 닫기 대화상자가 표시되면 〈확인〉 버튼을 클릭하여 문서를 닫습니다.

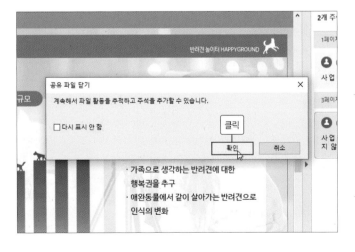

Acrobat 시작

문서 변환

관리×편집

공유×수정

서명×보호

문서 편집

문서 제작

양식 제작×활용

주석을 추가한 공유 문서는 내 컴퓨터가 아닌 Document Cloud에 저장됩니다. Acrobat의 Document Cloud 또는 내가 공유함에서 저장된 문서를 불러올 수 있습니다. 공유된 문서를 불러오고 주석이 있는 문서를 저장하는 방법을 알아보겠습니다.

01 Acrobat을 실행하고 공유된 문서를 열기 위해 'Document Cloud'를 선택하면 공유된 문서가 보이지 않습니다.

02 공유된 문서를 확인하기 위해 '내가 공유함'을 선택하면 공유된 문서를 확인할 수 있습니다.

> **TIP**
>
> 주석이 있는 경우 각 문서의 상태에 주석을 추가한 사람이 앞쪽에 표시됩니다. 기본적으로 문서 작성자도 인원으로 포함되므로 주석을 추가한 인원이 2명인 경우 1명이 주석을 추가할 수 있는 대상이며, 현재 문서들은 2명 중 1명이 주석을 추가한 상태입니다.

> **TIP**
>
> 공유된 문서는 Document Cloud에 저장되어 있지만 Acrobat의 Document Cloud에는 표시되지 않습니다. 하지만 Acrobat 웹 사이트의 Document Cloud에 접속하면 확인할 수 있습니다.

03 공유한 문서를 클릭하면 문서에 대한 미리 보기 및 설명이 오른쪽에 표시됩니다. 필요에 따라서 공유된 문서를 삭제하거나 공유를 해제할 수 있습니다.

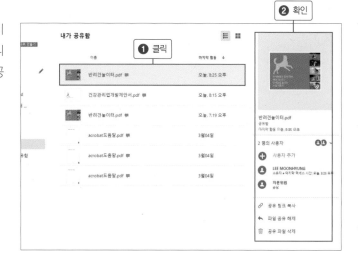

04 문서를 더블클릭하여 공유된 문서를 열면 주석을 작성한 사람과 주석 내용을 확인할 수 있습니다.

TIP

홈 화면의 최근에도 공유된 문서가 표시되며 공유된 문서는 문서명 아래에 '공유된 항목'이라고 표시됩니다.

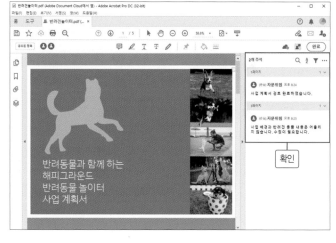

05 주석은 공유 문서에 포함되어 Document Cloud에 저장되어 있기 때문에 컴퓨터에 별도로 저장하기 위해 저장 기능을 사용해야 합니다. 도구 모음에서 '파일 저장' 아이콘(🖫)을 클릭하거나, 단축키 Ctrl+S를 누릅니다.

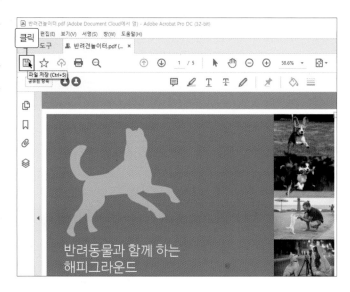

06 사본 저장 대화상자가 표시되면 〈사본 저장〉 버튼을 클릭
합니다.

07 PDF로 저장 대화상자가 표시되면 저장
할 위치를 지정하고 파일 이름을 '반려
견놀이터_주석포함', 파일 형식을 'Adobe PDF
파일'로 지정한 다음 〈저장〉 버튼을 클릭합니다.

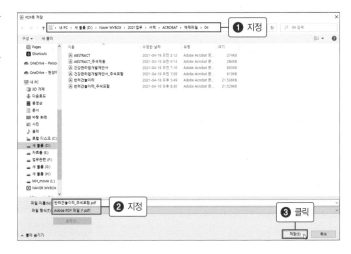

08 사본으로 컴퓨터에 저장되면 새로운 탭
으로 저장된 문서가 표시되며 공유된 문
서가 아니기 때문에 문서 탭의 문서명에 공유
아이콘이 표시되지 않습니다.

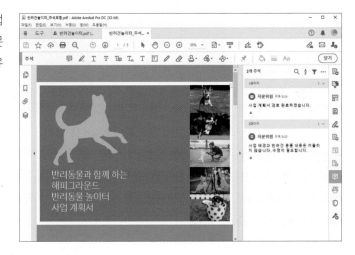

TIP

PDF에 주석이 있는 경우 주석 창을 자동으로 연다고 메시지
가 표시될 수 있습니다. 주석이 있는 문서의 경우 계속 주석이
표시되도록 설정하거나 주석을 숨긴 상태로 문서를 열 수 있
도록 설정할 수 있습니다.

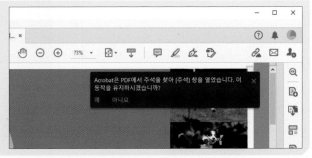

04 Document Cloud에 저장된 공유 PDF 문서 삭제하기

공유 문서는 필요에 따라서 삭제하거나 공유가 되지 않도록 해제할 수 있습니다. 공유가 해제된 경우는 저장이
되어 있지만, 삭제된 경우 Document Cloud에는 더 이상 존재하지 않습니다. Document Cloud에 저장된
공유 문서를 삭제하는 방법을 알아보겠습니다.

◉ 예제파일 : 04\건강관리앱개발제안서.pdf

01 Acrobat을 실행하고 홈 화면에서 '내가 공유함'을 선택합니다. 현재 공유된 문서를 확인할 수 있습니다.

TIP

예제 파일을 미리 공유하고 따라하기를 진행하세요.

02 공유된 문서 중 삭제할 '건강관리앱개발제안서.pdf' 파일을 클릭하여 선택하고 오른쪽에서 '공유 파일 삭제'를 선택합니다.

03 파일 삭제 대화상자가 표시되면 〈파일 삭제〉 버튼을 클릭합니다.

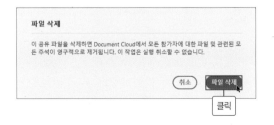

04 파일이 삭제되어 내가 공유함 항목에서
사라진 것을 확인할 수 있습니다.

TIP

Document Cloud 웹에서 공유 문서 주석 확인하기

❶ 공유된 문서는 Document Cloud에 저장되기 때문에 인
터넷이 연결된 곳이라면 쉽게 확인하고 주석을 추가하거나
주석에 답변할 수 있습니다. Document Cloud 웹을 접속
하면 공유된 문서를 확인할 수 있고 최근에 공유한 문서가
표시됩니다.

❷ '최근 항목'에서 공유된 문서를 더블클릭하거나 '공유됨'에
서 공유된 문서를 더블클릭합니다.

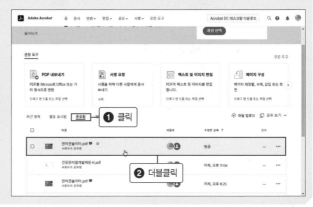

❸ 웹 브라우저에서 공유 문서가 표시되며 주석을 확인할 수 있습니다. 해당 주석을 클릭하고 답변할 수 있습니다.

❹ 공유 문서의 주석 확인과 답변을 하였다면 문서를 닫기 위해 〈완료〉 버튼을 클릭합니다.

❺ 공유 파일 닫기 대화상자가 표시되면 〈확인〉 버튼을 클릭합니다.

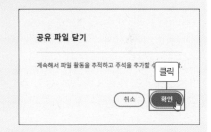

❻ 내가 공유함 페이지로 이동되어 저장한 공유 문서를 확인할 수 있습니다.

Acrobat 시작

문서 변환

관리 × 편집

공유 × 수정

사용 × 보호

문서 편집

문서 제작

양식 제작 × 활용

05 전자 메일로 PDF 문서 공유하기

따라하기

링크를 통하여 공유하는 방법 외에 이메일로 공유 링크를 발송할 수 있는 기능이 있습니다. 물론 링크를 복사하여 직접 이메일에 붙여 넣어 발송할 수 있지만 좀 더 쉽게 이메일로 공유할 수 있도록 지원합니다. 이메일을 발송하여 문서를 공유하는 방법을 알아보겠습니다.

◉ 예제파일 : 04\건강관리앱개발제안서.pdf

01 Acrobat을 실행하고 메뉴에서 [파일] → 열기([Ctrl]+[O])를 실행하여 04 폴더에서 '건강관리앱개발제안서.pdf' 파일을 불러옵니다.

02 전자 메일로 문서를 공유하기 위해 도구 모음에서 '전자 메일로 파일 보내기' 아이콘(✉)을 클릭합니다.

03 전자 메일로 보내기 창이 표시되면 전자 메일로 보낼 방법을 선택할 수 있습니다. 컴퓨터에 설정된 기본 전자 메일 응용 프로그램이 표시되어 있으며, 메일에 링크를 같이 보내도록 '링크 첨부'가 활성화되어 있습니다.

> **TIP**
> 사용자 OS 환경에 따라서 다른 문구로 표시될 수 있습니다.

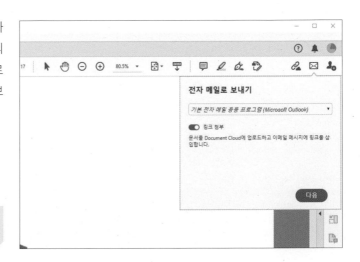

04 전자 메일을 '웹메일'로 지정하고 옵션을 'Gmail 추가'로 지정합니다.

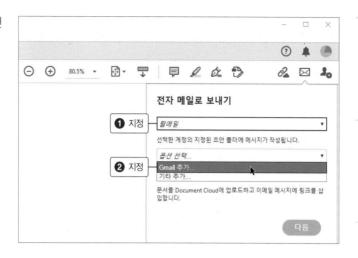

05 새 Gmail 계정 추가 대화상자가 표시되면 Gmail 주소를 입력하고 〈확인〉 버튼을 클릭합니다.

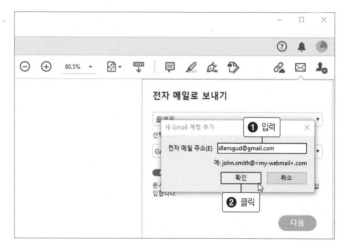

06 옵션에 입력한 Gmail 주소가 표시된 것을 확인하고 〈다음〉 버튼을 클릭합니다.

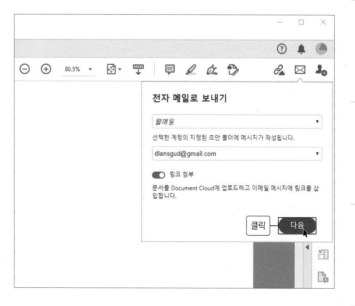

Acrobat 시작

문서 변환

관리 × 편집

양식 × 수정

서명 × 보호

문서 편집

문서 제작

양식 제작 × 활용

07 Google 계정으로 로그인 창이 표시되면 이메일 주소를 확인하고
〈다음〉 버튼을 클릭합니다.

08 비밀번호를 입력하고 〈다음〉 버튼을 클릭합니다.

TIP

2단계 인증을 설정한 경우 2단계 인증 창이 표시될 수 있습니다.

09 구글 계정 로그인 설정이 모두 완료되면 구글 계정에 액세스 된다
는 내용을 확인하고 〈허용〉 버튼을 클릭합니다.

10 전자 메일로 보내기 기능을 사용하였기 때문에 Gmail이 웹 브라우저에서 열리면서 임시보관함에 메일이 등록되어 발송 전 상태입니다. 이메일로 문서를 공유하기 위해 임시보관된 이메일의 제목을 클릭합니다.

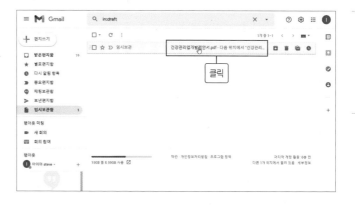

11 메일을 보낼 수 있는 창이 표시되면 문서명과 링크가 포함된 이메일 내용을 확인합니다.
받는 사람에 이메일 주소를 입력하고 〈보내기〉 버튼을 클릭합니다.

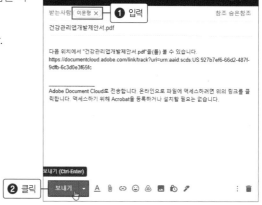

12 수신된 메일을 확인하면 메일 내용에 문서명과 링크가 활성화된 것을 확인할 수 있습니다. 링크를 클릭하면 웹 브라우저에서 공유된 문서가 표시됩니다.

13 웹 브라우저에서 공유된 문서를 확인할 수 있으며, 이메일로 공유된 문서는 기본적으로 주석을 추가할 수 없는 상태로 공유됩니다.

Acrobat 시작

문서 변환

관리 × 편집

양식 × 수정

서명 × 보호

문서 편집

문서 제작

양식 제작 × 활용

이메일 주소로 공유 기능은 주석을 작성할 수 없습니다. 주석을 추가할 수 있는 공유 문서를 이메일로 초대하여 공유하기 위해 다른 사용자와 이 파일 공유 기능을 이용하여 문서를 공유하는 방법을 알아보겠습니다.

● 예제파일 : 04\건강관리앱개발제안서.pdf

01 Acrobat을 실행하고 메뉴에서 [파일] → 열기([Ctrl]+[O])를 실행하여 04 폴더에서 '건강관리앱개발제안서.pdf' 파일을 불러옵니다.

02 문서를 공유하기 위해 도구 모음에서 '다른 사용자와 이 파일 공유' 아이콘 (🧑)을 클릭합니다.

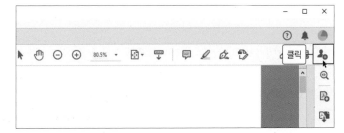

03 다른 사용자와 공유 창이 표시되면 문서를 공유할 사람의 이메일 주소를 입력하고 같이 보낼 메시지가 있다면 내용을 입력한 다음 〈보내기〉 버튼을 클릭합니다.

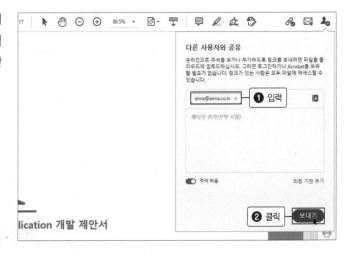

04 이메일로 문서를 공유하면 열려 있던 문서가 공유 문서로 변경되며, 문서 공유로 추가한 사용자가 등록되어 표시됩니다.

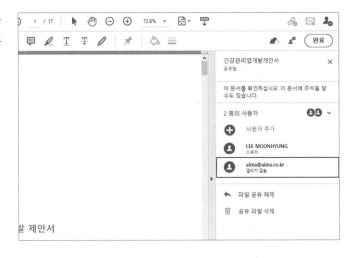

05 수신된 이메일을 확인하면 문서명이 포함된 상태로 전송됩니다. 〈열기〉 버튼을 클릭하면 공유 문서를 웹 브라우저에서 확인할 수 있습니다.

06 공유 문서를 확인하고 주석을 추가할 수 있습니다.

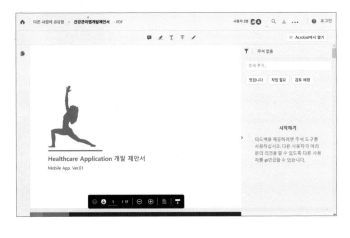

Acrobat 시작

문서 변환

관리 × 편집

공유 × 수정

서명 × 보안

문서 편집

문서 제작

양식 제작 × 활용

문서 교정 및 제안하기

협업을 위해 PDF 문서를 활용할 수 있습니다. 문서를 검토하여 의견을 남기거나 수정을 제안하기 위한 주석을 활용할 수 있습니다. 문서 교정을 위한 주석 활용 방법을 알아보겠습니다.

01 문서 교정을 위한 주석 기능 활용하기

Acrobat은 기본적으로 문서에 관련된 프로그램이고 문서 공유를 통해 공동 작업이 가능하도록 지원합니다. 공동 작업 시 서로 수정을 해야 하는 부분에 대해 의논하고 검토하기 위해 주석 기능을 이용하여 문서에 표시할 수 있습니다. 주석 기능으로 문서를 수정 보완하는 방법을 알아보겠습니다.

● 예제파일 : 04\ABSTRACT.pdf ● 완성파일 : 04\ABSTRACT_주석적용.pdf

01 Acrobat을 실행하고 메뉴에서 (파일)
→ 열기(Ctrl+O)를 실행하여 04 폴더
에서 'ABSTRACT.pdf' 파일을 불러옵니다.

02 주석 기능을 사용하기 위해 도구 막대에
서 '주석' 아이콘(📮)을 클릭합니다.

03 주석 기능이 활성화되면 주석 도구 모음이 화면 위쪽에 표시됩니다. 오른쪽에는 주석 내용이 표시되며 현재는 주석이 없기 때문에 비어 있습니다.

04 두 번째 문장에 world를 city로 수정하도록 주석을 추가하기 위해 'world' 단어를 드래그하여 선택합니다. 도구 모음에서 '교체 텍스트에 노트 추가' 아이콘(⊞)을 클릭합니다.

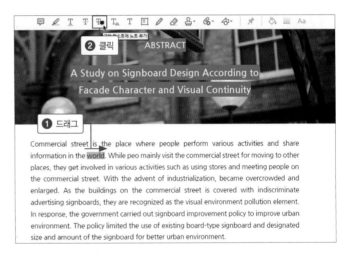

05 교체 텍스트를 입력할 수 있도록 입력 창이 화면에 표시됩니다. 만약 주석 목록이 화면에 표시되면 목록에 입력 창이 표시됩니다. 입력 창에 'city로 변경해주세요.'를 입력하고 〈게시〉 버튼을 클릭합니다.

06 잘못 입력된 단어에 취소선을 적용하기
위해 두 번째 문장의 'peo' 단어를 드래
그하여 선택하고 도구 모음에서 '텍스트에 취소
선 적용' 아이콘(⫧)을 클릭합니다.
주석 목록을 확인하기 위해 오른쪽에 '펼침' 아
이콘(◀)을 클릭합니다.

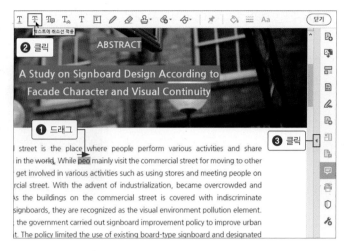

07 peo 단어에 빨간색으로 취소선이 적용
되며 주석에 '취소선이 적용된 텍스트'
라고 표시되어 있습니다. 취소선에 관련된 설명
을 입력할 수 있습니다.

08 취소선이 적용된 텍스트 입력 창에
'people로 수정해주세요.'를 입력하고
〈게시〉 버튼을 클릭합니다.

09 네 번째 문장의 'became' 단어 앞쪽에 커서를 위치하고 빠진 단어를 삽입하기 위해 도구 모음에서 '커서 위치에 텍스트 삽입' 아이콘(T▣)을 클릭합니다.

10 텍스트 입력 창에 'commercial street 가 빠졌습니다.'를 입력하고 〈게시〉 버튼을 클릭합니다.

11 문서의 중요한 부분을 형광펜으로 표시하듯이 블록화하여 강조 표시할 수 있습니다. 열 번째 문장 'However'부터 'characteristic'까지 드래그합니다. 텍스트를 강조하기 위해 도구 모음에서 '텍스트 강조' 아이콘(▨)을 클릭합니다.

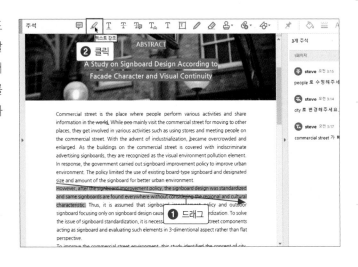

12 형광펜처럼 노란색이 표시되었습니다. 강조된 텍스트 부분에 의견을 추가하기 위해 '해당 문장 한 번 더 검토 부탁드립니다.'를 입력하고 〈게시〉 버튼을 클릭합니다.

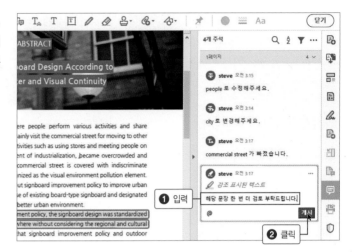

13 주석은 필요 없다면 삭제할 수 있습니다. 삭제할 주석이 적용된 부분을 클릭하고 마우스 오른쪽 버튼을 클릭한 다음 삭제를 실행합니다.

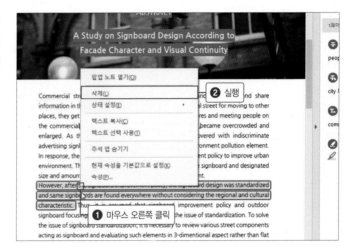

TIP

주석 목록에서 삭제할 주석 내용의 '메뉴' 아이콘(⋯)을 클릭한 다음 삭제를 실행하는 방법으로도 주석을 삭제할 수 있습니다.

14 주석 표시가 사라지고 주석 목록에서도 해당 주석이 삭제된 것을 확인할 수 있습니다.

15 스티커 노트를 원하는 위치에 추가하여 필요한 주석을 작성할 수 있습니다. 문서에 스티커 노트를 추가하기 위해 도구 모음에서 '스티커 노트 추가' 아이콘(📝)을 클릭합니다.

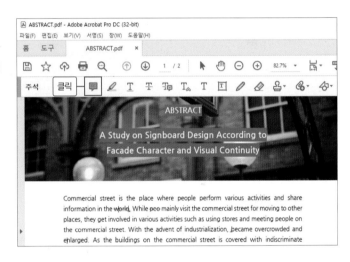

16 텍스트 강조를 적용했던 'However' 단어 앞을 클릭하면 노란색 말풍선 아이콘이 표시됩니다. 주석 목록에서 스티커 노트의 내용으로 '이 문장이 어색하니 한 번 더 검토해주세요.'를 입력하고 〈게시〉 버튼을 클릭합니다.

Acrobat 시작

문서 변환

편집 × 관리

수정 × 주석

보안 × 서명

편집 × 문서

제작 × 문서

활용 × 제작 × 양식

17 스티커 노트를 포함하여 네 가지 주석이 적용되며 문서에 주석 관련된 기호가 각 위치에 표시됩니다.

Commercial street is the place where people perform various activities and share information in the world. While peo mainly visit the commercial street for moving to other places, they get involved in various activities such as using stores and meeting people on the commercial street. With the advent of industrialization, became overcrowded and enlarged. As the buildings on the commercial street is covered with indiscriminate advertising signboards, they are recognized as the visual environment pollution element. In response, the government carried out signboard improvement policy to improve urban environment. The policy limited the use of existing board-type signboard and designated size and amount of the signboard for better urban environment.

However, after the signboard improvement policy, the signboard design was standardized and same signboards are found everywhere without considering the regional and cultural characteristic. Thus, it is assumed that signboard improvement policy and outdoor signboard focusing only on signboard design caused the issue of standardization. To solve the issue of signboard standardization, it is necessary to review various street components acting as signboard and evaluating such elements in 3-dimentional aspect rather than flat perspective.

18 각 기호가 표시된 부분에 마우스 커서를 가져가면 해당 주석 내용을 확인할 수 있습니다.

In response, the government carried out signboard improvement policy to improve urban environment. The policy limited the use of existing board-type signboard and designated size and amount of the signboard for better urban environment.
However, after the signboard improvement policy, the signboard design was standardized and...considering the regional and cultural

steve
이 문장이 어색하니 한번더 검토해주세요.

...improvement policy and outdoor signboard focusing only on signboard design caused the issue of standardization. To solve the issue of signboard standardization, it is necessary to review various street components acting as signboard and evaluating such elements in 3-dimentional aspect rather than flat perspective.

TIP

빠르게 텍스트 설정하기

텍스트를 선택하고 마우스 오른쪽 버튼을 클릭하여 다양한 기능을 실행할 수 있습니다.

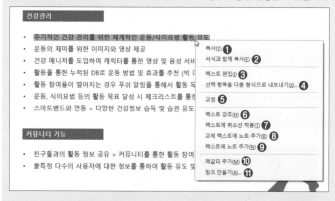

❶ **복사** : 선택한 내용을 복사합니다.

❷ **서식과 함께 복사** : 복사할 때 내용과 적용된 스타일, 서식도 같이 복사합니다.

❸ **텍스트 편집** : PDF 편집 모드로 이동하여 문서의 내용을 수정할 수 있습니다.

❹ **선택 항목을 다음 형식으로 내보내기** : 선택한 내용을 다른 형식의 문서로 저장합니다.

❺ **교정** : 문서에서 보이는 내용을 영구적으로 제거할 수 있으며 교정 표시를 하거나 공백으로 만들 수 있습니다.

❻ **텍스트 강조** : 텍스트를 강조하기 위해 형광펜처럼 밑줄을 긋습니다.

❼ **텍스트에 취소선 적용** : 텍스트에 취소선을 적용합니다.

❽ **교체 텍스트에 노트 추가** : 교체 텍스트에 관련한 내용을 노트로 적용할 수 있습니다.

❾ **텍스트에 노트 추가** : 텍스트에 관련한 내용을 노트로 적용할 수 있습니다.

❿ **책갈피 추가** : 선택한 내용에 책갈피를 적용합니다.

⓫ **링크 만들기** : 선택한 내용에 링크를 적용합니다.

02 주석이 적용된 문서 공유하고 응답하기
따라하기

주석을 적용한 문서를 공유하여 다른 사람이 주석을 확인하고 응답할 수 있습니다. 주석이 적용된 문서를 공유하고 주석에 대한 응답을 받는 방법을 알아보겠습니다.

● 예제파일 : 04\ABSTRACT_주석적용.pdf

01 Acrobat을 실행하고 메뉴에서 (파일) → 열기((Ctrl)+(O))를 실행하여 04 폴더에서 'ABSTRACT_주석적용.pdf' 파일을 불러옵니다.

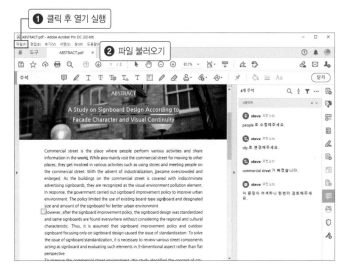

02 주석이 적용된 문서를 공유하기 위해 도구 모음에서 '이 파일에 대한 링크 공유' 아이콘(🔗)을 클릭하여 링크 공유 창에서 링크 주소를 복사합니다.

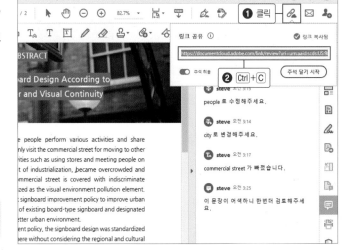

> **TIP**
>
> 파일이 첨부된 경우 링크 공유를 사용할 수 없습니다.

> **TIP**
>
> 인쇄 기능으로는 주석이 출력되지 않고 원본 PDF 문서가 출력됩니다. 문서에 적용된 주석의 내용을 출력하기 위해 주석에서 '옵션' 아이콘(🗐)을 클릭한 다음 주석 요약과 함께 인쇄를 실행해야만 주석과 함께 인쇄가 가능합니다.

03 링크를 웹 브라우저의 주소 창에 붙여
넣어 공유된 문서와 작성된 주석 내용을
확인할 수 있습니다.

04 주석을 추가하기 위해 주석을 클릭하면
Adobe 계정으로 로그인하거나 게스트
로 응답할 수 있습니다. 게스트로 응답하기 위해
게스트 이름을 '수정자'로 입력하고 〈게스트로
계속〉 버튼을 클릭합니다.

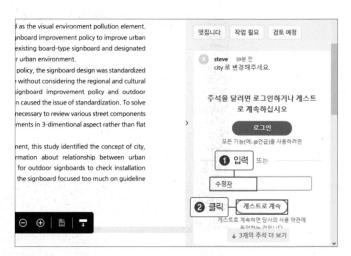

05 스티커 노트 주석 내용의 응답 추가 입력
창을 클릭하여 '이 문장은 한 번 더 검토
하겠습니다.'를 입력하고 '게시'를 클릭합니다.

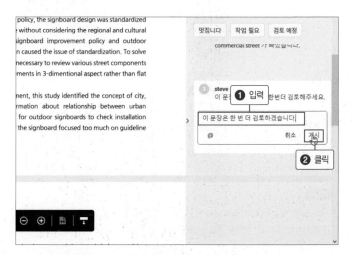

06 주석에 수정자의 이름으로 응답한 내용
이 표시된 것을 확인할 수 있습니다.

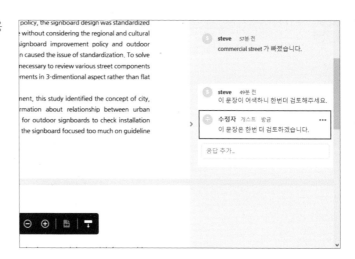

07 Acrobat에서는 컴퓨터에 저장된 문서
에 주석을 추가했기 때문에 공유 문서
에 적용된 주석은 자동으로 반영되지 않습니다.
Acrobat의 '알림' 아이콘(🔔)을 클릭하면 알림
메시지로 수정자님이 주석에 회신한 것을 확인
할 수 있습니다. 해당 메시지를 클릭하여 공유
문서로 이동합니다.

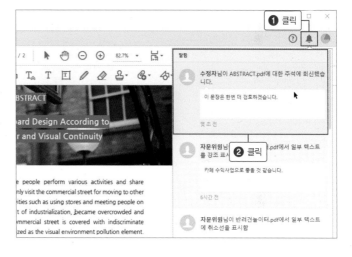

08 공유 문서가 열리면 해당 주석으로 이동
되어 응답 내용을 확인할 수 있습니다.

Acrobat 시작

문서 변환

관리 × 편집

공유 × 수정

서명 × 보안

문서 편집

문서 제작

인식 제작 × 활용

09 주석 및 응답 내용을 확인하였으면 도구
모음에서 〈완료〉 버튼을 클릭합니다.

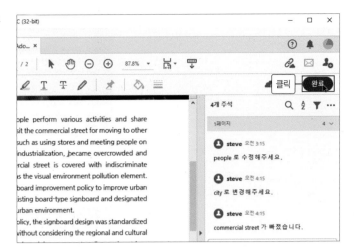

10 공유 파일 닫기 대화상자가 표시되면
〈확인〉 버튼을 클릭합니다.

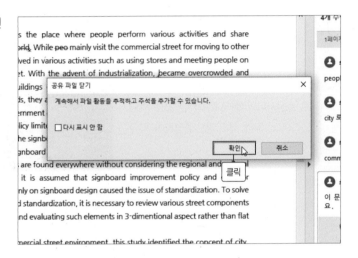

TIP

주석 속성 살펴보기

주석 목록에서 주석의 '메뉴' 아이콘(⋯)을 클릭한 다음 속성을 실행하면 색상, 형태 등의 설정을 변경할 수 있습니다. 일반, 검토 기록은 주석별로 대부분 동일하지만 일부 주석의 모양은 기본적으로 색상, 불투명도 외에 추가적인 기능을 제공합니다.

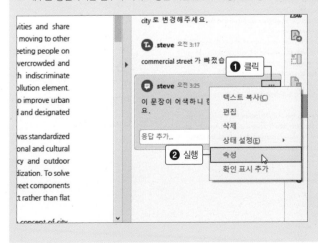

줄 긋기 속성 : 색상, 불투명도를 변경할 수 있으며 해당 속성을 기본값으로 설정할 수 있습니다.

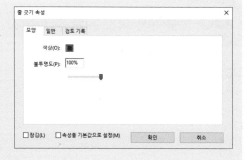

밑줄 속성 : 스타일을 지정할 수 있으며 직선과 자유선이 있습니다.

스티커 노트 속성 : 아이콘을 설정할 수 있으며 확인 표시 외 16가지를 지원하여 원하는 형태로 설정할 수 있습니다. 기본 설정은 말풍선 모양의 주석입니다.

[일반] 탭 : 주석 작성자와 주제를 입력할 수 있습니다. 필요에 따라서 변경도 가능합니다.

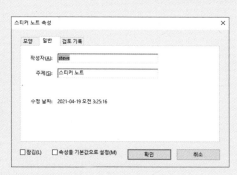

[검토 기록] 탭 : 검토 기록을 확인할 수 있습니다.

Acrobat 시작

문서 변환

관리 × 편집

주석 × 수정

서명 × 보호

문서 편집

문서 제작

양식 제작 × 활용

03 주석에 확인 기능 적용하기

따라하기

PDF 문서에 주석을 작성한 경우 주석 내용을 확인하거나 수정하고 수정 완료에 대한 체크를 하기 위하여 확인 기능을 사용할 수 있습니다. PDF 문서에 적용된 주석에 확인 기능을 적용하는 방법을 알아보겠습니다.

01 각각의 주석마다 확인 기능을 만들어 적용할 수 있습니다. 설정 변경을 위해 메뉴에서 (편집) → 기본 설정(Ctrl)+(K))을 실행합니다.

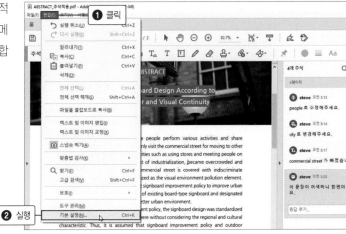

02 기본 설정 대화상자가 표시되면 '주석 달기'를 선택하고 주석 작성에서 '주석 메모에 확인란 표시'를 체크 표시한 다음 〈확인〉 버튼을 클릭합니다.

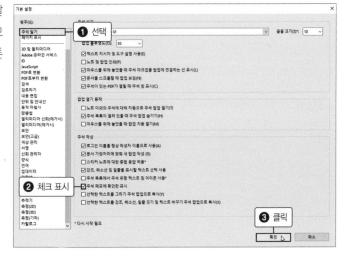

03 주석 목록을 확인하면 확인란이 표시된 것을 확인할 수 있습니다. 확인란을 클릭하여 주석을 확인했는지 표시할 수 있습니다.

TIP

환경 설정으로 적용한 확인란이기 때문에 모든 문서의 주석에 동일하게 적용됩니다.

04 따라하기 그리기 도구를 이용하여 주석 추가하기

기본적인 텍스트 관련된 도구 외에 그리기 도구의 다양한 도형과 화살표 등을 활용하여 주석을 문서에 추가할 수 있습니다. 그리기 도구를 활용하여 문서에 주석을 추가하는 방법을 알아보겠습니다.

● **예제파일** : 04\건강관리앱개발제안서.pdf ┃ ● **완성파일** : 04\건강관리앱개발제안서_주석포함.pdf

01 Acrobat을 실행하고 메뉴에서 (파일) → 열기((Ctrl)+(O))를 실행하여 04 폴더에서 '건강관리앱개발제안서.pdf' 파일을 불러옵니다.

02 주석 도구를 활성화하지 않아도 기본적인 주석은 간단하게 추가할 수 있습니다. 표지의 요가하는 모습의 이미지를 클릭한 다음 표시되는 팝업 메뉴에서 '스티커 노트 추가' 아이콘(💬)을 클릭합니다.

03 텍스트 입력 창에 '조금 더 역동적인 운동 모습 이미지로 수정 부탁드립니다'를 입력하고 〈게시〉 버튼을 클릭합니다.

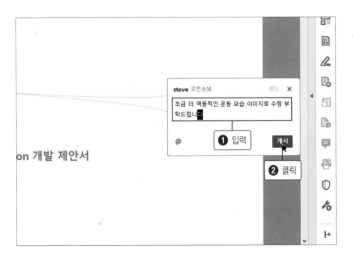

04 말풍선 아이콘과 함께 내용이 표시되며,
응답 추가 입력 창에 추가적으로 내용을
입력할 수 있습니다.

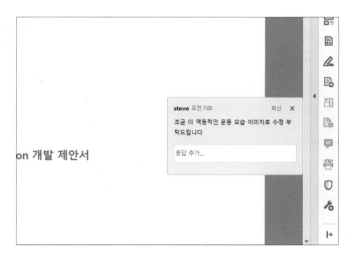

05 제목을 드래그하여 표시되는 팝업 메뉴
에서 '텍스트 강조' 아이콘(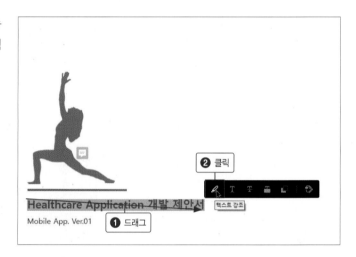)을 클릭
하면 텍스트를 강조할 수 있습니다.

06 '2'페이지로 이동한 다음 도구 막대에서
'주석' 아이콘()을 클릭합니다.

07 텍스트 박스에 화살표가 달린 주석을 추가하기 위해 주석 도구 모음에서 '그리기 도구' 아이콘(✐▾)을 클릭한 다음 텍스트 설명선을 실행합니다.

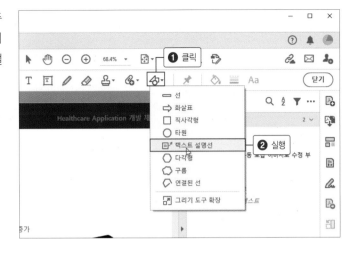

08 스마트폰 보급률 끝부분을 클릭하고 문서의 적당한 여백을 클릭하면 화살표와 텍스트 박스가 생성됩니다.

09 텍스트 박스에 '그래프 등 활용하여 보완 설명 부탁드립니다.'를 입력합니다. 텍스트의 색상이나 글꼴, 크기를 변경하려면 도구 모음의 텍스트 속성에서 설정할 수 있습니다.

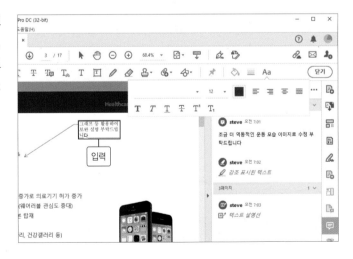

Acrobat 시작

문서 보험

관리 × 편집

공유 × 수정

서명 × 보호

문서 편집

문서 제작

양식 제작 × 활용

10 '6'페이지로 이동합니다. 주석 도구 모음에서 '그리기 도구' 아이콘(⬦·)을 클릭한 다음 직사각형을 실행합니다.

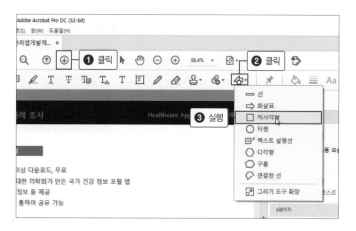

11 문서 아래쪽에 그림과 같이 드래그하여 사각형 박스를 그립니다. 직사각형 주석에 '그림 추가해주세요'를 입력하고 〈게시〉 버튼을 클릭합니다.

주석이 모두 추가된 것을 확인하고 문서를 저장하여 활용합니다.

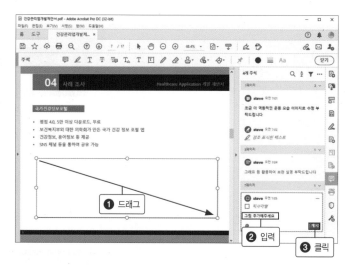

TIP

인터넷 익스플로러에서 PDF 문서 열기 설정하기

인터넷 익스플로러는 ActiveX 기반 플러그인을 사용하고 있으며 최신 HTML 규격을 준수하지 않기 때문에 사용이 추천되지 않는 브라우저이지만 아직 많은 사용자들이 있는 웹 브라우저로서 PDF 문서를 인터넷 익스플로러에서 PDF 문서를 열 수 있도록 설정하거나 열지 못하도록 제한할 수 있습니다.

인터넷 익스플로러를 실행하고 (도구) → 추가 기능 관리를 실행하고 추가 기능 관리 대화상자에서 표시를 모든 추가 기능으로 설정하고 Adobe Inc. 항목을 보면 Adobe PDF Reader가 있으며 현재 사용 가능 상태가 표시되어 있습니다. 설정을 변경하려면 Adobe PDF Reader을 선택하고 아래쪽에 있는 〈사용함〉 또는 〈사용 안 함〉 버튼을 클릭하여 기능을 설정할 수 있습니다.

출력 미리 보기

❶ PDF 문서가 어떻게 보이는지 확인하는 데 도움을 주는 도구 및 컨트롤이며 분판 미리 보기와 색상 경고 미리 보기를 전환할 수 있습니다. (도구) 탭을 클릭한 다음 보호 및 표준화에서 '인쇄물 제작'을 클릭합니다.

❷ 인쇄물 제작 도구 모음에서 '출력 미리 보기'를 선택합니다.

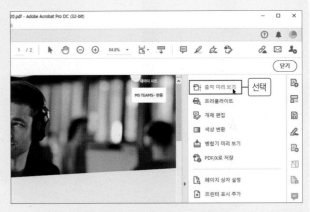

❸ 출력 미리 보기 대화상자가 표시되면 출력 시뮬레이트가 가능합니다. 시뮬레이션 프로파일 및 중복 인쇄, 용지 색상, 검정 잉크 시뮬레이션과 페이지 배경색 설정 등의 기능을 지원합니다. 미리 보기에서는 분판, 색상 경고, 개체 검사기를 지정하여 출력 정보를 확인할 수 있습니다.

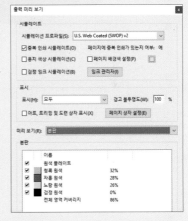

❹ 미리 보기를 '분판'으로 지정하고 특정 분판만 선택하는 경우 문서의 색상도 같이 변경되어 출력되는 결과물을 확인할 수 있습니다.

서명 및 보호 기능 활용하기

Acrobat은 업무에 활용하고 서로 공동 작업 및 검토 등에 아주 유용합니다.
스탬프와 서명, 이니셜 등을 사용할 수 있고 문서 공유를 통하여 서명을 요청하거나 관리할 수 있습니다.
공유와 서명 등으로 문서를 활용할 때 문서를 보호하기 위해 암호를 설정하거나 인증서 등으로
사용을 제한할 수 있습니다. 업무에 유용하게 활용할 수 있는 서명과 스탬프, 보호 기능을 살펴보겠습니다.

ACROBAT DC

PDF 문서에 서명하고 결재하기

CHAPTER

PDF 문서에는 필요한 경우 서명 또는 도장과 같은 스탬프 기능을 통하여 결재 또는 확인 등의 다양한 표시를 문서에 남길 수 있습니다. 문서를 승인하고 검토를 확인하기 위한 스탬프와 서명 기능을 알아보겠습니다.

01 따라하기 · 스탬프로 문서 승인하기

업무에는 수많은 문서가 오가며, 그 문서에 대해서 결재 및 검토가 필요합니다. 작성한 PDF 문서에 스탬프 기능으로 도장을 찍거나 다양한 기호를 추가할 수 있습니다. 작성한 문서를 검토하여 승인 스탬프로 표시하는 방법을 알아보겠습니다.

● 예제파일 : 05\Jabra_evolve.pdf | ● 완성파일 : 05\Jabra_evolve_스탬프.pdf

01 Acrobat을 실행하고 메뉴에서 (파일)
→ 열기((Ctrl)+(O))를 실행하여 05 폴더에서 'Jabra_evolve.pdf' 파일을 불러옵니다.

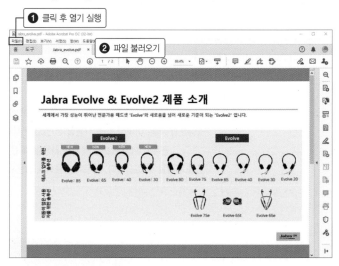

02 스탬프 기능을 사용하기 위해 (도구) 탭을 클릭한 다음 공유 및 검토에서 '스탬프'를 클릭합니다.

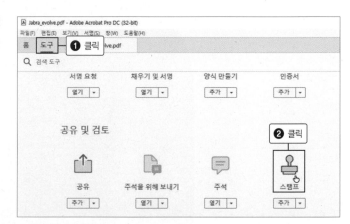

03 스탬프 기능이 활성화되면 스탬프 도구 모음이 위쪽에 표시됩니다. 스탬프 종류를 선택하기 위해 '스탬프 팔레트'를 클릭합니다.

04 스탬프 대화상자가 표시되면 '전자 도장'으로 지정한 다음 승인 스탬프를 선택합니다.

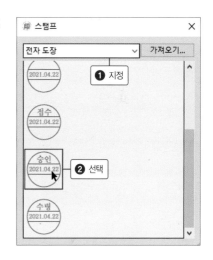

 TIP

스탬프는 기본적으로 4가지 타입을 지원합니다. 각각의 스탬프는 동일 ID로 관리되므로 스탬프의 내용을 변경하려면 ID 값을 수정해야 합니다.

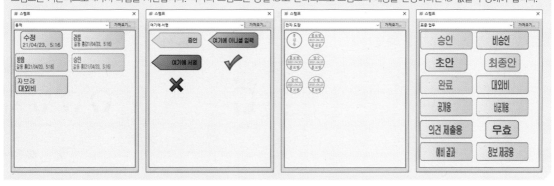

05 ID 설정 대화상자가 표시되면 성, 이름, 직함, 회사 등을 입력하고 전자 도장에 표시될 이름으로 조직 이름에 '홍보팀'을 입력합니다. 부서 및 전자 메일 주소도 입력한 다음 〈완료〉 버튼을 클릭합니다.

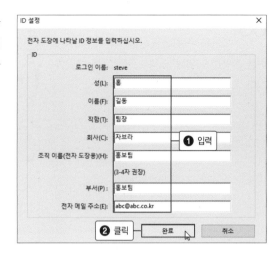

06 승인 스탬프 아래쪽에 '홍보팀'이 표시된 것을 확인할 수 있습니다.

07 문서의 원하는 위치를 클릭하면 해당 위치에 스탬프가 적용됩니다. 상단 제목의 오른쪽 여백을 클릭하여 스탬프를 적용합니다.

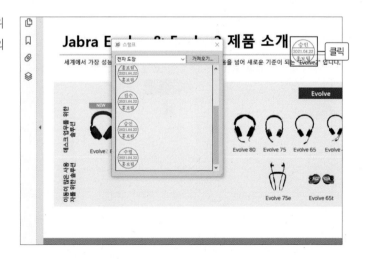

08 스탬프의 크기를 변경하기 위해 문서에 적용된 스탬프를 클릭하면 적용된 스탬프에 조절점이 표시됩니다. 조절점을 드래그하여 크기 및 회전이 가능합니다.

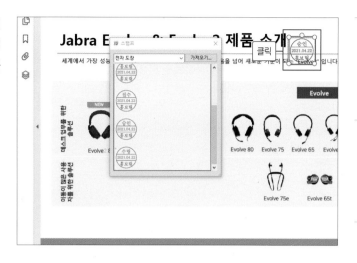

09 왼쪽 상단 조절점을 드래그하여 스탬프 크기를 키웁니다.

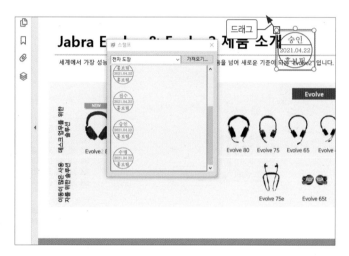

10 스탬프의 색상을 변경하기 위해 스탬프가 선택된 상태에서 마우스 오른쪽 버튼을 클릭한 다음 속성을 실행합니다.

Acrobat 시작

문서 변환

관리×편집

공유×수정

서명×보호

문서 편집

문서 제작

문서 제작×활용

11 스탬프 속성 대화상자가 표시되면 (모양) 탭에서 불투명도를 '70%'로 설정하여 투명도를 조절한 다음 〈확인〉 버튼을 클릭합니다.

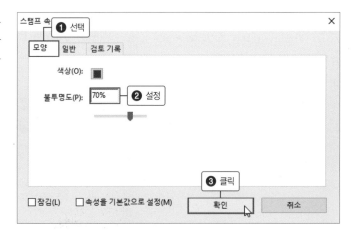

스탬프 색상 설정

색상을 클릭하면 기본 색 팔레트가 표시됩니다. 기본 색 외의 색상을 선택하기 위해 〈기타 색상〉 버튼을 클릭하여 다양한 색상을 선택할 수 있습니다. 색 대화상자가 표시되면 색상을 직접 선택하거나 색상, 명도, 채도 값 또는 빨강, 녹색, 파랑 값을 직접 입력하여 색을 지정할 수 있습니다. 색이 선택되면 사용자 지정 색에 등록됩니다.

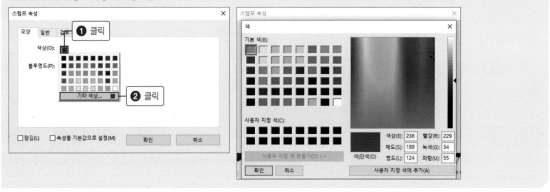

12 투명도가 적용되어 스탬프가 자연스럽게 보입니다.

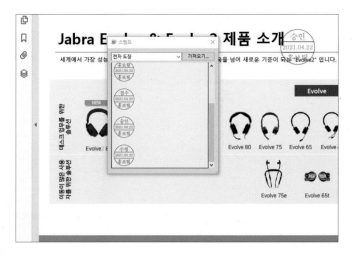

13 자주 사용하는 스탬프는 즐겨찾기에 등록할 수 있습니다. 등록된 스탬프는 다른 문서에서도 사용이 가능합니다. 스탬프를 선택하고 스탬프 도구 모음에서 '스탬프'를 클릭한 다음 즐겨찾기에 현재 스탬프 추가를 실행합니다.

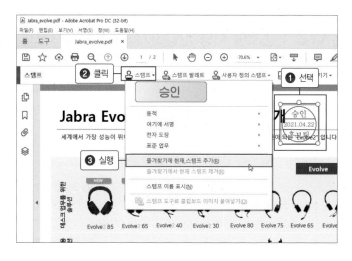

14 '스탬프'를 클릭하면 즐겨찾기로 등록한 스탬프가 상단에 표시되는 것을 확인할 수 있습니다.

TIP

주석에서 즐겨찾기에 스탬프 추가하기

주석 도구 모음에서 스탬프 기능을 확인할 수 있습니다. '스탬프 추가' 아이콘(🖾)을 클릭한 다음 즐겨찾기에 현재 스탬프 추가를 실행하면 즐겨찾기에 스탬프를 추가할 수 있고 적용할 수도 있습니다.

02 문서에 서명 삽입하기

따라하기

문서는 서명을 통하여 결재나 검토 등 진행 과정을 확인할 수 있습니다. 디지털 서명은 등록하여 수시로 활용할 수 있고 서명과 이니셜을 만들어 활용할 수 있습니다. 서명을 등록하고 PDF 문서에 서명을 만드는 방법을 알아보겠습니다.

◉ **예제파일** : 05\Jabra_evolve_스탬프.pdf ┃ ◉ **완성파일** : 05\Jabra_evolve_스탬프_서명.pdf

01 Acrobat을 실행하고 메뉴에서 [파일] → 열기([Ctrl]+[O])를 실행하여 05 폴더에서 'Jabra_evolve_스탬프.pdf' 파일을 불러옵니다.

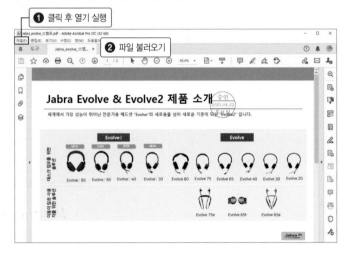

02 서명 기능을 사용하기 위해 [도구] 탭을 클릭한 다음 양식 및 서명에서 '채우기 및 서명'을 클릭합니다.

03 서명을 등록하고 사용하기 위해 채우기 및 서명 도구 모음에서 '직접 서명'을 클릭한 다음 서명 추가를 실행합니다.

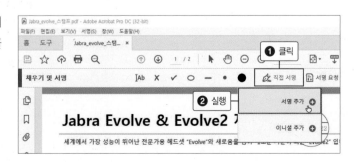

04 서명 대화상자가 표시되면 자동으로 필기체의 서명이 생성됩니다. 입력된 문자를 변경할 수 있고 스타일 변경을 활용하여 다른 서체로 지정할 수도 있습니다.

TIP

기본적으로 4가지 서명 스타일을 제공하여 선택할 수 있으며 필기 형태의 서체로 설정됩니다.

05 '그리기'를 선택하면 직접 서명을 작성할 수 있습니다. 직접 서명을 만들고 〈적용〉 버튼을 클릭합니다.

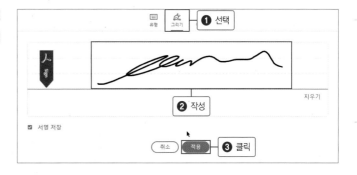

06 서명이 적용되면 현재 서명을 사용할 수 있는 상태로 설정됩니다. 승인 스탬프 오른쪽을 클릭하면 서명이 적용됩니다.

TIP

서명이 적용되지 않는 경우 '직접 서명'을 클릭한 다음 등록한 서명을 선택하여 문서에 적용합니다.

07 문서에 적용된 서명의 크기를 조절하기 위해 서명의 오른쪽 하단 조절점을 드래그하여 크기를 조절합니다.

TIP

팝업 메뉴에서 아이콘을 클릭하여 서명의 크기를 조절할 수 있으며 삭제도 가능합니다.

A A 🗑 …

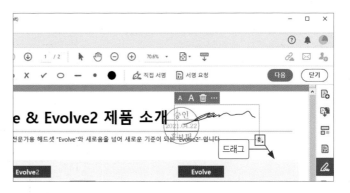

03 따라하기 문서 결재란에 서명 작성하기

문서의 양식이 있는 경우 자동으로 문서의 양식을 인식하여 입력란에 서명을 입력할 수 있도록 기능을 지원합니다. 문서 양식을 고려하여 서명을 입력하는 방법을 알아보겠습니다.

● **예제파일** : 05\휴가신청서.pdf ┃ ● **완성파일** : 05\휴가신청서_서명.pdf

01 Acrobat을 실행하고 메뉴에서 (파일) → 열기(Ctrl+O)를 실행하여 05 폴더에서 '휴가신청서.pdf' 파일을 불러옵니다.

02 서명 기능을 사용하기 위해 도구 모음에서 '서명' 아이콘(△)을 클릭합니다.

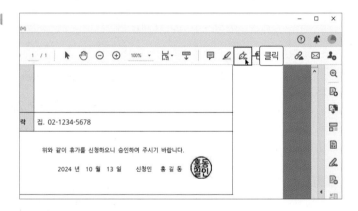

03 채우기 및 서명 도구 모음이 표시되면 직접 서명이 선택된 상태로 표시됩니다. 문서 하단에 소속 부서의 첫 번째 셀을 클릭합니다.

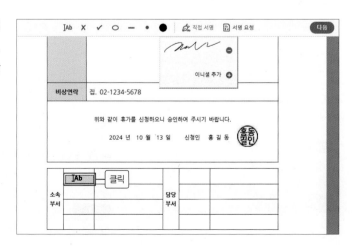

04 클릭한 영역에 직책인 '팀장'을 입력합니다. 두 번째 셀을 클릭하여 '김철수'를 입력합니다.

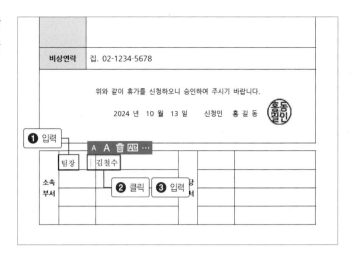

05 미리 만든 서명을 입력하기 위해 '직접 서명'을 클릭한 다음 등록한 서명을 선택합니다.

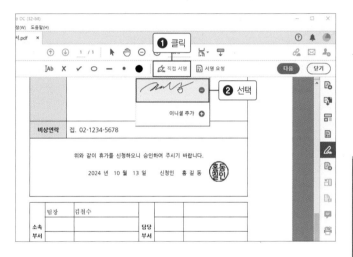

06 미리 입력한 이름의 오른쪽 여백을 클릭하여 등록된 서명을 적용합니다.

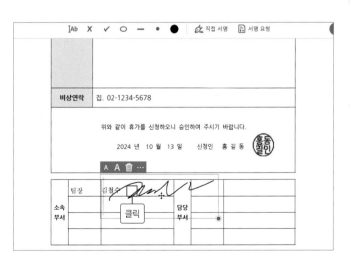

07 입력된 서명의 조절점을 드래그하여 크기를 조절하거나 팝업 메뉴에서 '크기 축소' 아이콘()을 클릭하여 크기를 줄입니다.

08 서명 적용을 완료하기 위해 채우기 및 서명 도구 모음에서 〈닫기〉 버튼을 클릭합니다.

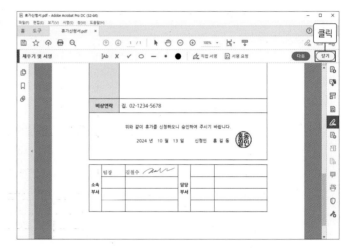

09 서명이 적용된 문서를 저장하기 위해 다른 이름으로 저장 기능을 사용합니다. 메뉴에서 (파일) → 다른 이름으로 저장(Shift+Ctrl+S)을 실행합니다.

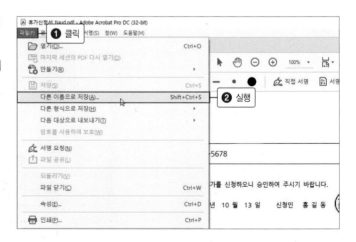

10 PDF로 저장 대화상자가 표시되면 최근 폴더에 저장에서 폴더를 선택하거나 〈다른 폴더 선택〉 버튼을 클릭하여 경로를 지정합니다.

11 PDF로 저장 대화상자가 표시되면 파일 이름을 '휴가신청서_서명', 파일 형식을 'Adobe PDF 파일'로 지정한 다음 〈저장〉 버튼을 클릭합니다.

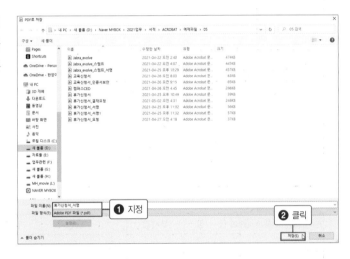

12 문서 저장이 완료되어 문서 탭을 확인하면 지정한 문서 이름으로 변경되어 표시됩니다.

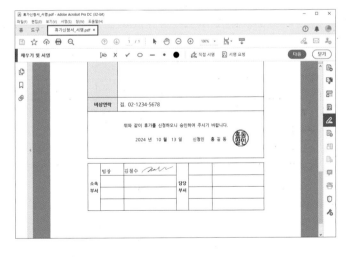

Acrobat 시작

문서 변환

관리×편집

공유×수정

서명×보호

문서 편집

문서 제작

양식 제작×활용

서명 기능에는 자동으로 서명란을 인식하는 기능이 있습니다. 만약 서명란이 3단으로 되어 있는 경우라면 영역이 자동으로 선택되어 표시됩니다.

소속 부서	부서담당자	팀 장	부서장	담당 부서	담당자	팀장	부서장
	IAb						

텍스트 추가 기능으로 영역을 클릭하면 자동으로 영역을 3개로 구분하여 표시됩니다.

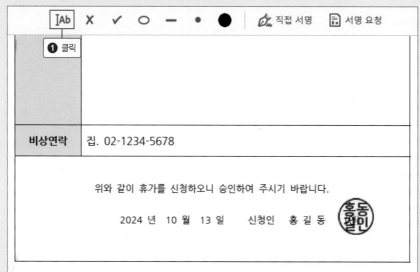

각각의 서명 입력란에 글자를 입력할 수 있습니다.

소속 부서	A A 🗑 IAb ···	팀 장	부서장	담당 부서	담당자	팀장	부서장
	아	이 마					

입력

04 문서 공유하여 서명 요청하기

작성된 문서를 공유하여 서명을 요청할 수 있습니다. 서명할 곳이나 성명 등을 자동으로 입력하도록 설정할 수도 있습니다. 서명 요청한 문서에 서명이 되었다면 문서는 잠기게 되어 더 이상 수정은 불가능합니다. 계약서나 결재 서류 등에 서명을 받기 위해 공유하는 방법을 알아보겠습니다.

◉ 예제파일 : 05\휴가신청서_요청.pdf

01 Acrobat을 실행하고 메뉴에서 [파일] → 열기([Ctrl]+[O])를 실행하여 05 폴더에서 '휴가신청서_요청.pdf' 파일을 불러옵니다.

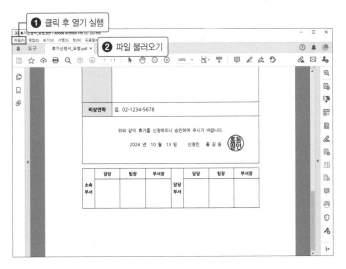

02 서명을 요청하기 위해 도구 모음에서 '서명' 아이콘([✍])을 클릭합니다.

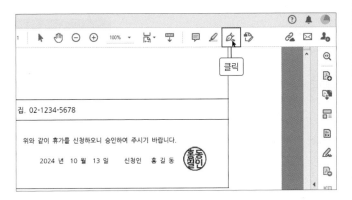

03 서명을 요청하기 위해 채우기 및 서명 도구 모음에서 '서명 요청'을 클릭합니다.

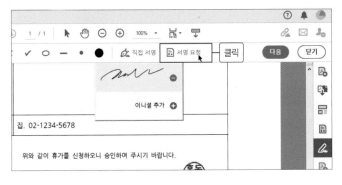

04 Adobe Sign 대화상자가 표시되면 서명자 추가에 서명을 요청할 사
람의 이메일 주소, 이메일 제목, 내용을 입력한 다음 〈서명할 위치 지
정〉 버튼을 클릭합니다.

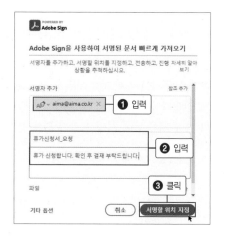

05 자동으로 서명 영역이 지정되어 있을 수
있습니다. 원하는 서명 형태를 받기 위
해 Delete 를 눌러 해당 영역을 모두 삭제합니다.

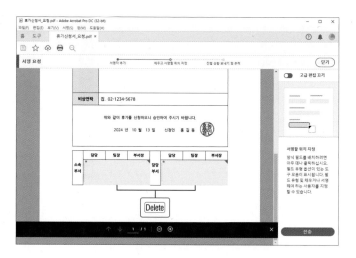

06 담당자 서명을 받기 위해 담당 영역의
상단 부분을 클릭합니다.

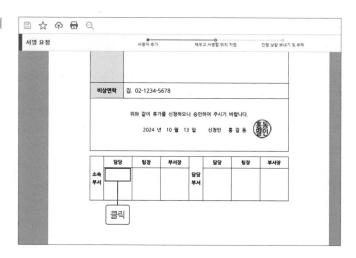

07 클릭하면 생성되는 입력 필드에 사용자 이름이 적용되도록 '추가 필드 유형 보기' 아이콘(**⋯**)을 클릭한 다음 서명자의 이름 필드로 설정을 실행합니다. 필드에 성명이라고 표시되며 필드의 크기를 영역에 맞게 조절합니다.

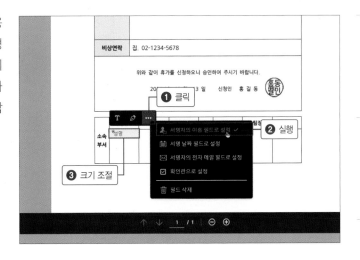

08 서명 필드를 만들기 위해 성명 필드 아래쪽을 클릭합니다.

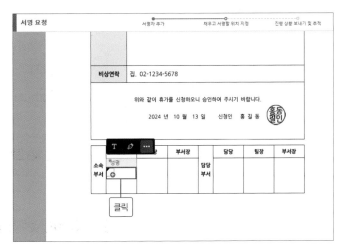

09 입력 필드가 생성되면 팝업 메뉴에서 '서명 필드로 설정' 아이콘(**✐**)을 클릭합니다.

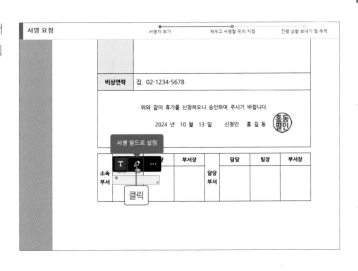

Acrobat 시작

문서 변환

관리 × 편집

공유 × 수정

서명 × 보호

문서 편집

문서 제작

양식 제작 × 활용

10 입력 필드가 서명으로 변경된 것을 확인할 수 있습니다. 영역에 맞게 서명 필드의 크기를 조절합니다.

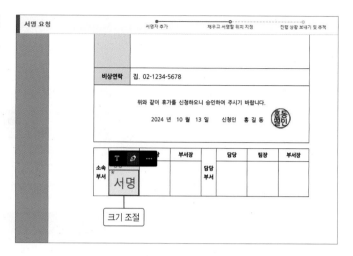

11 서명 요청을 전송하기 위해 〈전송〉 버튼을 클릭합니다.

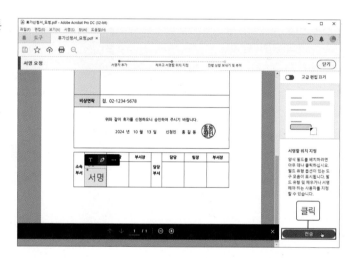

12 서명 요청이 전송되면 전송이 완료었다는 내용이 표시됩니다. 전송된 내용을 확인하고 〈닫기〉 버튼을 클릭하여 완료합니다.

13 전송된 이메일에서 서명 요청 내용을 확인할 수 있습니다. 'Review and sign'을 클릭하여 서명 문서로 이동합니다. 내용은 한글로 표시될 수 있습니다.

14 Adobe Sign이 웹 브라우저에서 활성화되며 문서가 화면에 표시됩니다. 성명란에 자동으로 이름이 입력되며 서명란은 노란색으로 별 표시와 함께 표시됩니다. 서명란을 클릭하면 등록된 서명이 있는 경우 자동으로 서명이 입력됩니다.

TIP

서명해야 하는 위치에는 Start 문구가 포함된 화살표가 표시됩니다.

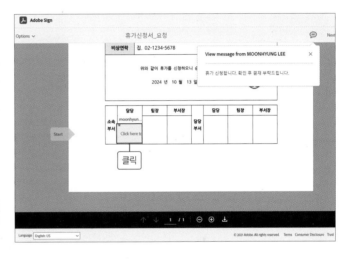

15 서명이 입력된 것을 확인할 수 있습니다. 웹 브라우저 하단에서 서명을 완료하기 위해 〈Click to Sign〉 버튼을 클릭합니다.

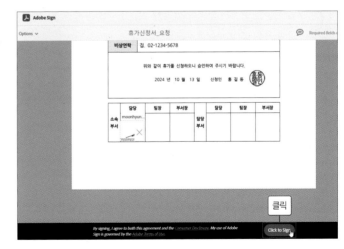

Acrobat 시작

문서 변환

편집 × 페이지

추출 × 수정

서명 × 보호

문서 편집

문서 제작

양식 제작 × 활용

서명이 등록되어 있지 않은 경우 서명 등록하기

서명란을 지정하지 않고 메일을 보내는 경우 문서 상단에 서명란이 표시되어 전송됩니다. 만약, 서명이 등록되어 있지 않은 경우 서명란을 클릭하면 서명을 등록할 수 있도록 서명 대화상자가 표시됩니다.

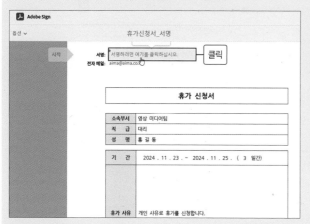

입력에 자동으로 서체를 활용한 서명이 등록되며 '그리기'를 선택하면 직접 서명을 할 수 있습니다. 서명을 등록하고 〈적용〉 버튼을 클릭합니다.

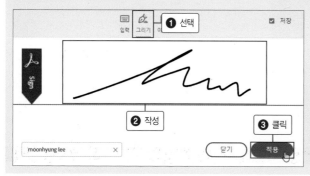

16 Adobe Sign에서 서명한 문서를 확인할 수 있는 Acrobat으로 이동합니다. 먼저 로그인하기 위해 〈Sign In〉 버튼을 클릭합니다.

17 로그인 과정을 완료하면 Acrobat으로 이동되며 공유된 문서를 확인할 수 있습니다.

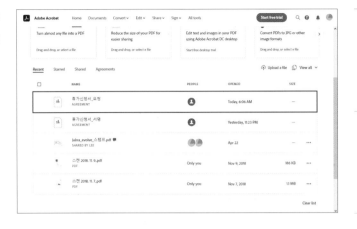

18 문서 작성자의 경우는 서명 요청을 받은 사용자가 메일을 열고, 서명하는 과정을 Acrobat에서 알림 메시지로 확인할 수 있습니다.

TIP

윈도우즈 탐색기에서 PDF 섬네일 보기 설정하기

윈도우즈 탐색기에서는 PDF 미리보기를 설정하면 윈도우 탐색기에 아이콘 형태로 보였던 PDF 파일이 섬네일 형태로 변경됩니다.
설정 방법은 기본 설정으로 이동하고 범주에서 '일반'을 선택한 다음 'Windows 탐색에서 PDF 섬네일 미리보기 사용'을 체크 표시합니다.

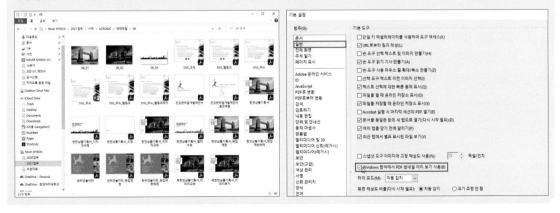

Acrobat 시작

문서 변환

관리 × 편집

양식 × 수정

서명 × 보호

문서 편집

문서 제작

양식 제작 × 활용

PDF 문서 보호를 위한
문서 보안 설정하기

CHAPTER

PDF 문서를 보호하기 위해 인증서 및 암호를 이용할 수 있습니다. 가장 기본적인 방법인 암호 설정과 인증서를 활용하여 문서를 보호하는 방법을 알아보겠습니다.

01 디지털 ID로 인증서 만들기
따라하기

PDF 문서는 보안 관련 기능을 다양하게 제공하고 있습니다. 암호로 보호할 수 있는 기본적인 동작 외에 인증서를 이용하여 문서를 보호할 수 있습니다. 인증서를 위해 개인 디지털 ID를 등록하는 방법을 알아보겠습니다.

01 디지털 ID를 등록하기 위해 Acrobat을 실행하고 메뉴에서 (편집) → 기본 설정 (Ctrl+K)을 실행합니다.

02 기본 설정 대화상자가 표시되면 범주에서 '서명'을 선택합니다. ID 및 신뢰할 수 있는 인증서에서 〈자세히〉 버튼을 클릭합니다.

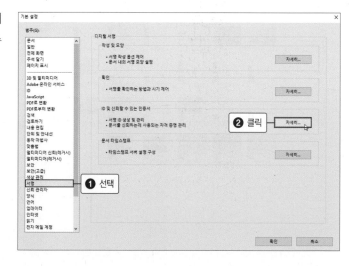

03 디지털 ID 및 신뢰할 수 있는 인증서 설정 대화상자가 표시되면 '디지털 ID 추가' 아이콘(📇)을 클릭합니다.

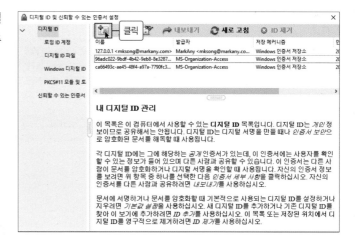

04 디지털 ID 추가 대화상자가 표시되면 새로운 디지털 ID를 만들기 위해 '지금 만들려는 새 디지털 ID'를 선택하고 〈다음〉 버튼을 클릭합니다.

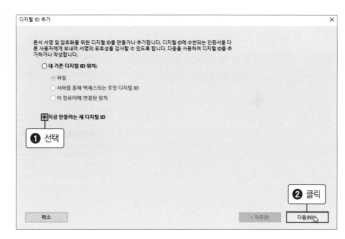

05 디지털 ID를 표준 PKCS#12 형식으로 만들기 위해 '새 PKCS#12 디지털 ID 파일'을 선택하고 〈다음〉 버튼을 클릭합니다.

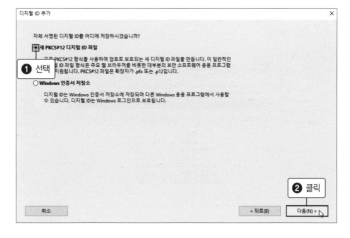

Acrobat 시작

문서 변환

관리 × 편집

확인 × 수정

사용 × 보호

문서 편집

문서 제작

양식 제작 × 활용

06 디지털 ID 추가 대화상자가 표시되면 이
름과 전자 메일 주소 등 내용을 입력하
고 〈다음〉 버튼을 클릭합니다.

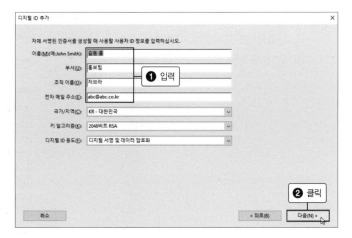

07 인증서에 사용할 암호를 입력합니다. 암
호의 보안 정도에 따라서 4단계로 나뉘
며 특수 문자 및 문자와 숫자 등을 활용하여 암
호를 만들고 〈마침〉 버튼을 클릭합니다.

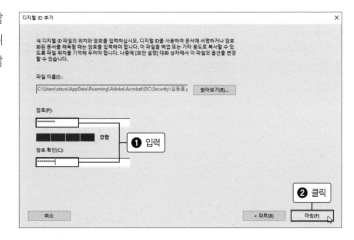

08 디지털 ID 항목에 인증서가 등록된 것을 확인할 수 있습니다. 디지털 ID 파일에서 등록된 인증서를 별도로 확인할 수
있습니다.

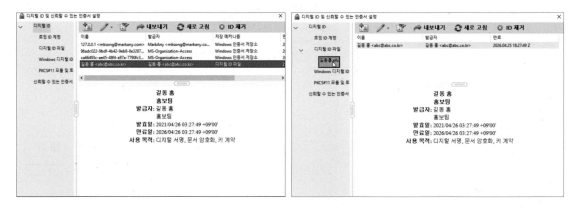

02 암호를 사용하여 PDF 문서 보호하기
따라하기

PDF 문서를 공유할 때 문서의 유출이나 기타 목적으로 암호를 사용하여 문서를 보호해야 할 때가 있습니다. 기본적으로 암호를 설정하여 문서를 보호하는 방법은 가장 일반적인 문서 보호 방법이며, 설정도 쉽습니다. 암호로 문서를 보호하는 방법을 알아보겠습니다.

🔵 예제파일 : 05\캠퍼스CEO.pdf

01 Acrobat을 실행하고 메뉴에서 [파일] → 열기([Ctrl]+[O])를 실행하여 05 폴더에서 '캠퍼스CEO.pdf' 파일을 불러옵니다.

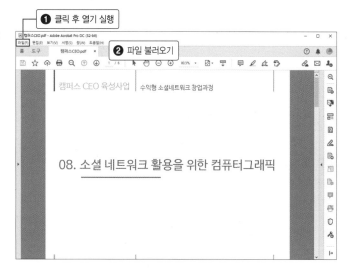

02 [도구] 탭을 클릭한 다음 보호 및 표준화에서 '보호'를 클릭합니다.

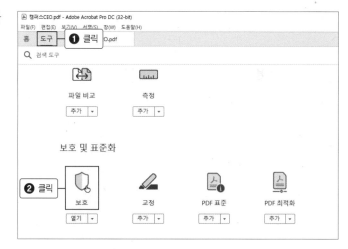

TIP

민감 정보 숨기기

문서 중에 개인 정보와 같이 숨겨야 할 정보가 있는 경우 교정 도구를 이용하여 문서의 내용이 보이지 않도록 할 수 있습니다. 문서의 숨겨야 할 부분을 사각형 형태로 만들고 교정 도구에서 〈적용〉 버튼을 클릭하면 검은색 블록이 표시되면서 민간 정보를 숨길 수 있습니다.

03 보호 도구 모음에서 암호를 설정하기 위해 '암호를 사용하여 보호'를 클릭합니다.

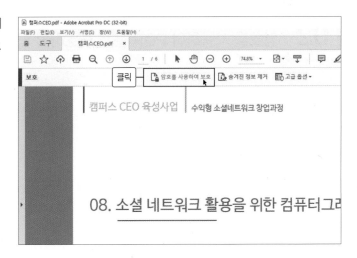

04 암호를 사용하여 보호 대화상자가 표시되면 문서를 열때 암호를 입력하거나 볼 수는 있으나 편집을 제한할 수있습니다. '편집'을 선택하고 암호를 입력합니다. 암호는 암호의 형태에 따라서 어려운 정도가 표시됩니다. 암호 입력이 완료되면 〈적용〉 버튼을 클릭합니다.

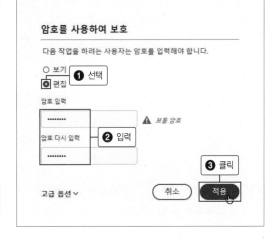

TIP

문서를 보는 단계부터 암호를 입력하도록 하려면 '보기'를 선택하고 압호 입력 및 적용합니다.

05 문서 오른쪽 하단에 '암호를 사용하여 파일이 편집하지 못하도록 보호됨'이 표시되며 문서 탭을 보면 문서명에 '보안'이 표시됩니다. 문서를 저장하기 위해 도구 모음에서 '파일 저장' 아이콘(圖)을 클릭하고 문서를 닫습니다.

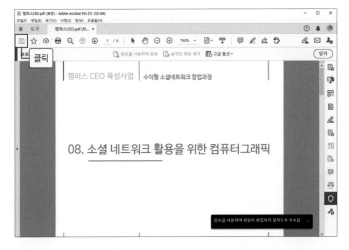

06 메뉴에서 (파일) → 열기((Ctrl)+(O))를 실행하여 저장한 폴더에서 암호가 설정된 '캠퍼스CEO.pdf' 파일을 불러옵니다. 문서를 편집하기 위해 도구 막대에서 'PDF 편집' 아이콘(圖)을 클릭합니다.

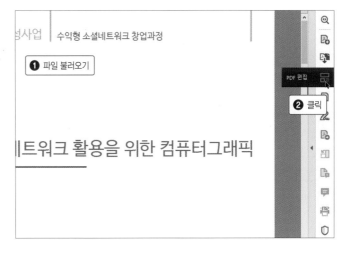

07 편집을 제한하기 위해 암호를 걸어두었기 때문에 암호 대화상자가 표시되며 암호를 입력해야 합니다. 암호를 입력하고 〈확인〉버튼을 클릭합니다.

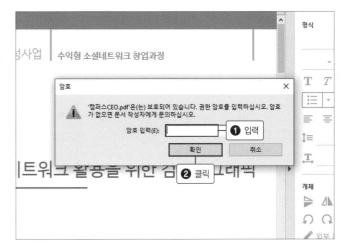

08 문서가 편집 가능한 상태로 변경되었습니다. 입력된 암호를 제거하기 위해 도구 막대에서 '보호' 아이콘(◘)을 클릭합니다. 보호 도구 모음에서 '고급 옵션'을 클릭한 다음 보안 제거를 실행합니다.

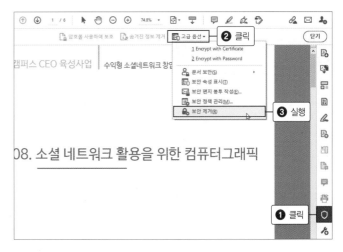

Acrobat 시작

문서 변환

관리 × 편집

양식 × 수정

서명 × 보호

문서 편집

문서 제작

양식 제작 × 활용

09 적용된 암호를 제거하기 위해 암호를 다시 입력해야 합니다. 암호 대화상자가 표시되면 암호를 입력하고 〈확인〉 버튼을 클릭합니다.

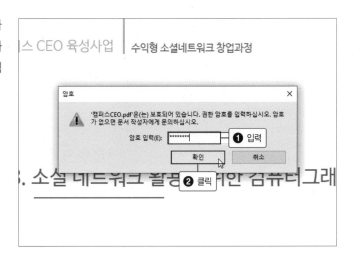

10 보안을 제거한다는 내용을 한 번 더 확인하고 〈확인〉 버튼을 클릭합니다.

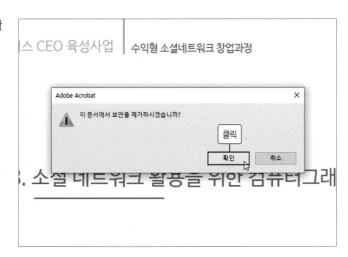

11 암호가 제거된 문서를 저장하기 위해 도구 모음에서 '파일 저장' 아이콘(📄)을 클릭합니다.

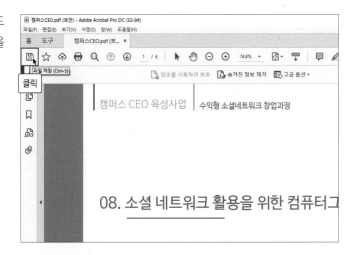

03 인증서를 사용하여 PDF 문서 보호하기
따라하기

가장 기본적으로 사용하는 암호는 쉽게 설정할 수 있고 효과적으로 관리할 수 있지만, 좀 더 강력한 보안을 해야 하는 경우 별도의 인증서와 암호가 있어야만 문서를 보거나 편집할 수 있도록 설정할 수 있습니다. 디지털 ID로 만든 개인 인증서를 이용하여 문서를 보호하는 방법을 알아보겠습니다.

● 예제파일 : 05\캠퍼스CEO.pdf

01 Acrobat을 실행하고 메뉴에서 [파일] → 열기([Ctrl]+[O])를 실행하여 05 폴더에서 '캠퍼스CEO.pdf' 파일을 불러옵니다. 인증서를 사용하여 문서를 보호하기 위해 도구 막대에서 '보호' 아이콘([O])을 클릭합니다.

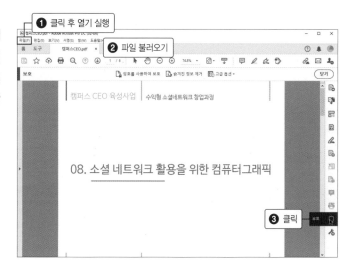

02 인증서 설정도 암호와 동일하게 보호 도구 모음에서 '암호를 사용하여 보호'를 클릭합니다.

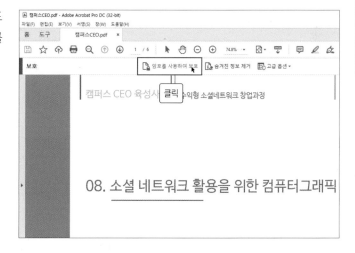

03 암호를 사용하여 보호 대화상자가 표시되면 인증서로 문
―― 서를 보호하고 문서를 열 때 암호를 이용해야만 볼 수 있
도록 '보기'를 선택하고 고급 옵션을 '인증서로 암호화'로 지정합
니다.

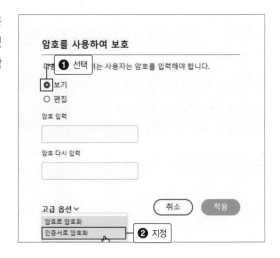

04 문서 속성 대화상자가 표시되면 [보안]
―― 탭에서 보안 방법을 '인증서 보안'으로
지정합니다.

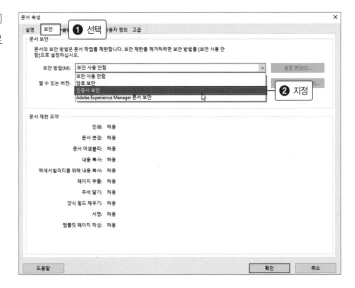

05 인증서 보안 설정 대화상자가 표시되면
―― '이 설정을 정책으로 저장'을 선택하고
인증서에 사용할 정책 이름과 설명을 입력한 다
음 〈다음〉 버튼을 클릭합니다.

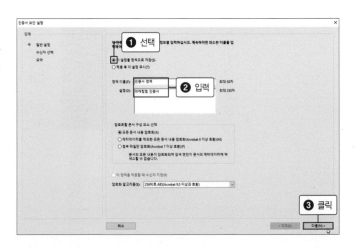

06 문서 보안 – 디지털 ID 선택 사항 대화
상자가 표시되면 인증서로 사용할 개인
적인 디지털 ID를 선택하고 〈확인〉 버튼을 클릭
합니다.

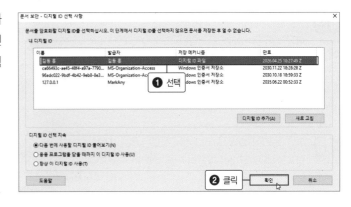

07 수신자 선택 단계로 이동되면 선택한 인
증서가 선택된 상태에서 〈다음〉 버튼을
클릭합니다.

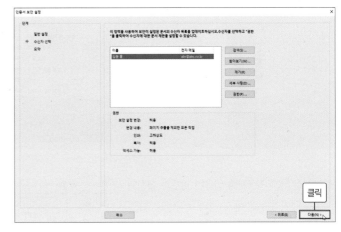

08 요약 단계로 이동되면 정책 세부 사항을
확인하고 인증서 설정을 마무리하기 위
해 〈마침〉 버튼을 클릭합니다.

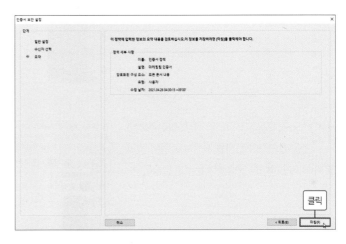

Acrobat 시작

문서 변환

관리 × 편집

공유 × 수정

서명 × 보호

문서 편집

문서 제작

문서 제작 × 활용

09 보안 설정은 문서를 저장해야 적용된다는 내용을 확인하고 〈확인〉 버튼을 클릭합니다.

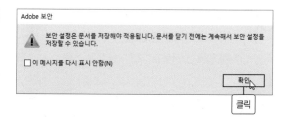

클릭

10 보안 방법이 인증서 보안으로 지정되고 모든 인증서 설정이 완료된 것을 확인한 다음 〈확인〉 버튼을 클릭합니다.

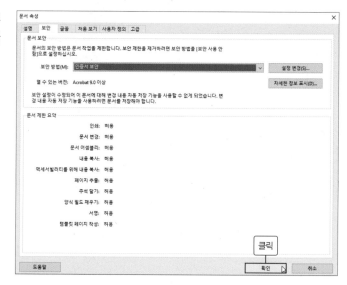

클릭

11 문서에 인증서를 이용한 암호가 설정되었기 때문에 문서 탭의 문서명에 '보안'이 표시된 것을 확인할 수 있습니다.

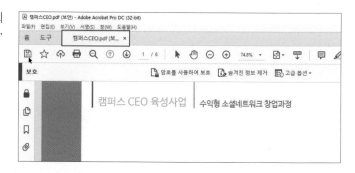

12 도구 모음에서 '파일 저장' 아이콘(🖫)을 클릭하여 문서를 저장하고 문서 탭의 '닫기' 아이콘(❎)을 클릭하여 문서를 닫습니다.

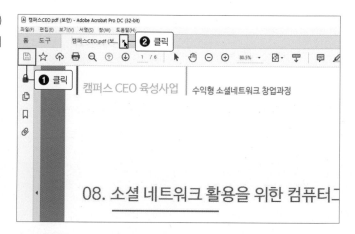

13 메뉴에서 (파일) → 열기((Ctrl)+(O))를 실행하여 저장한 '캠퍼스CEO.pdf' 파일을 불러옵니다.
디지털 ID 인증 대화상자가 표시되면 디지털 ID에 사용한 인증서가 표시됩니다. 인증서를 확인하고 인증서에 해당하는 암호를 입력한 다음 〈확인〉 버튼을 클릭합니다.

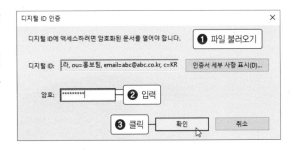

14 인증서 암호가 올바르게 입력되면 문서가 열립니다. 만약 인증서가 없거나 암호를 잘못 입력하였다면 문서를 확인할 수 없습니다.

> **TIP**
> 인증서가 없는 경우 문서를 불러올 수 없고 웹 브라우저, Acrobat, PDF 뷰어 프로그램 등에서도 문서를 불러올 수 없는 오류가 발생합니다.

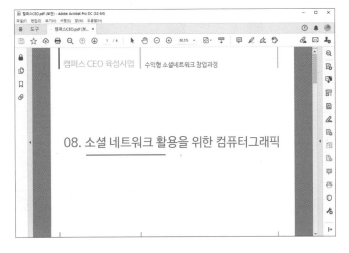

15 문서에 적용된 보호 기능을 제거하기 위해 보호 도구 모음에서 '고급 옵션'을 클릭한 다음 보안 제거를 실행합니다.

> **TIP**
> 보호 도구 모음이 활성화되어 있지 않다면 도구 막대에서 '보호' 아이콘((O))을 클릭합니다.

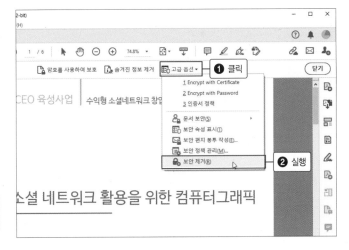

16 보안을 제거한다는 내용이 표시되면 〈확인〉 버튼을 클릭합니다.

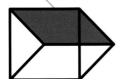

PART

6

PDF 문서 수정 및 편집하기

Acrobat은 기본적으로 문서 편집에 관련된 기능을 지원하고 있습니다.
Adobe 사에서는 기본적으로 다른 프로그램을 활용하여 기본적인 PDF 문서를
만들고 Acrobat에서 필요한 부분을 수정 편집하도록 권장하고 있지만 필요에 따라서
Acrobat에서 직접 PDF 문서를 생성하고 문서 작성도 가능합니다.
문서를 작성하고 편집하기 위한 도구 및 기능을 살펴보겠습니다.

ACROBAT DC

이미지를 활용한 PDF 문서 편집하기

CHAPTER

PDF 문서에서는 텍스트 외에 이미지도 활용할 수 있습니다. 이미지는 문서를 편집하는 데 중요한 요소로 활용될 수 있으며 다양한 방법으로 수정 편집이 가능합니다. 이미지를 PDF 문서에서 활용하는 방법을 알아보겠습니다.

01 이미지 추가 기능으로 이미지 바꾸기
따라하기

PDF 문서에 적용된 이미지를 자동으로 추출하여 수정 편집할 수 있지만 일반적인 PDF 문서는 이미지와 텍스트 등의 레이어가 구분된 상태로 저장되어 있을 수 있습니다. 이렇게 구분된 PDF 문서의 경우 쉽게 수정 편집이 가능하며 이미지 교체가 가능합니다. 문서를 편집하기 위해 이미지를 교체하는 방법을 알아보겠습니다.

◉ 예제파일 : 06\런던상품기획서.pdf, 06_02.jpg | ◉ 완성파일 : 06\런던상품기획서_이미지추가.pdf

01 Acrobat을 실행하고 메뉴에서 (파일) → 열기(Ctrl+O)를 실행하여 06 폴더에서 '런던상품기획서.pdf' 파일을 불러옵니다.

02 문서를 편집하기 위해 도구 막대에서 'PDF 편집' 아이콘(▤)을 클릭합니다.

03 PDF 편집 상태로 전환되며 텍스트와 이미지를 선택할 수 있도록 변경됩니다. 이미지를 클릭하여 선택합니다.

04 Delete를 눌러 선택한 이미지를 문서에서 삭제합니다.

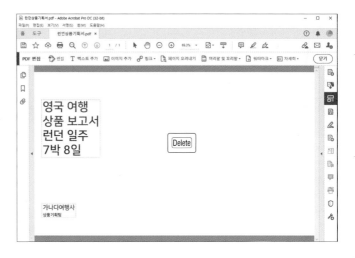

05 삭제된 이미지 영역에 이미지를 추가하기 위해 PDF 편집 도구 모음에서 '이미지 추가'를 클릭합니다.

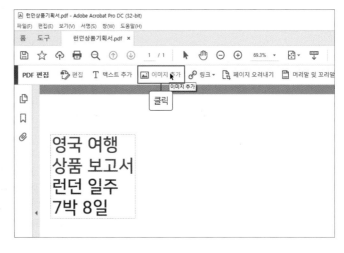

Acrobat 시작

문서 변환

관리 × 편집

보기 × 수정

서명 × 보호

문서 편집

문서 제작

양식 제작 × 활용

06 열기 대화상자가 표시되면 06 폴더에서 '06_02.jpg' 파일을 선택한 다음 〈열기〉 버튼을 클릭합니다.

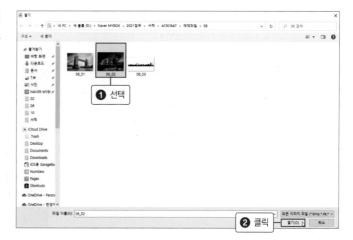

07 마우스 커서 옆에 불러올 이미지의 섬네일이 표시됩니다.

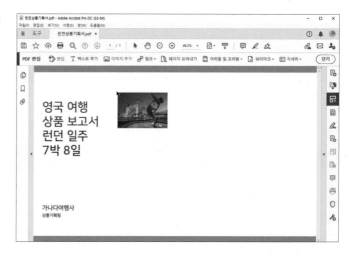

08 적용할 부분을 클릭하여 문서에 이미지를 추가합니다.

09 이미지 크기를 조절하기 위해 이미지 모서리의 조절점을 드래그하여 문서 크기에 맞춥니다.

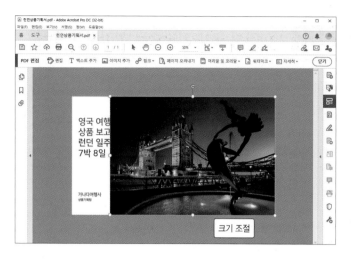

10 이미지를 맨 뒤에 배치하기 위해 이미지가 선택된 상태로 마우스 오른쪽 버튼을 클릭한 다음 배치 → 맨 뒤로 보내기를 실행합니다.

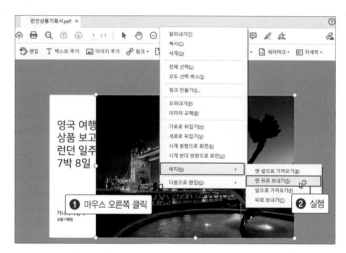

11 이미지가 맨 뒤로 이동되면서 이미지에 가려졌던 영문과 문서 제목이 표시됩니다.

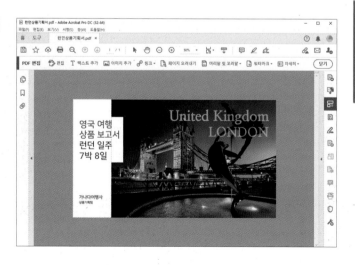

02 이미지 교체 기능으로 이미지 바꾸기

따라하기

이미지 추가 기능으로 이미지를 교체할 경우 이미지 크기를 변경하는 작업을 추가로 진행해야 합니다. 이미지 교체 기능을 사용하는 경우 자동으로 이미지 크기를 맞춰 교체할 수 있습니다. 이미지의 크기나 비율이 다른 경우 왼쪽 상단을 기준으로 이미지가 맞춰지면서 크기가 조정되기 때문에 추가로 수정이 필요할 수 있습니다. 이미지 교체 기능을 이용하여 이미지를 교체하는 방법을 알아보겠습니다.

⊙ **예제파일** : 06\런던상품기획서.pdf, 06_02.jpg | ⊙ **완성파일** : 06\런던상품기획서_이미지교체.pdf

01 Acrobat을 실행하고 메뉴에서 (파일)
→ 열기((Ctrl)+(O))를 실행하여 06 폴더에서 '런던상품기획서.pdf' 파일을 불러옵니다.

02 이미지를 클릭하여 선택합니다. 이미지를 선택하면 팝업 메뉴가 위쪽으로 표시되며, 스티커 노트 및 기타 기능과 편집 기능을 사용할 수 있습니다.

03 이미지가 선택된 상태에서 마우스 오른 쪽 버튼을 클릭한 다음 이미지 편집을 실행하여 PDF 편집으로 이동합니다.

04 PDF 편집 도구 모음은 위쪽에, 편집 에 관련된 패널은 오른쪽에 표시됩니다. '숨김' 아이콘(▶)을 클릭하여 오른쪽 패널을 숨 깁니다.

05 이미지를 교체하기 위해 이미지를 클릭 하여 선택하고 마우스 오른쪽 버튼을 클 릭한 다음 이미지 교체를 실행합니다.

Acrobat 시작

문서 변환

관리×편집

공유×수정

서명×보호

문서 편집

문서 제작

양식 제작×활용

06 열기 대화상자가 표시되면 06 폴더에서 '06_02.jpg' 파일을 선택한 다음 〈열기〉 버튼을 클릭합니다.

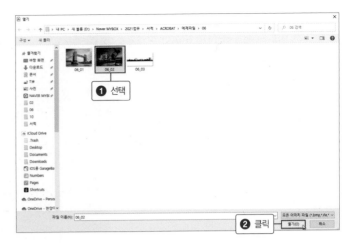

07 선택한 이미지로 교체되어 적용된 것을 확인할 수 있습니다. 이미지가 적용되었지만 비율이 다르기 때문에 이미지의 오른쪽이 비어 있습니다.
이미지의 오른쪽 여백을 없애기 위해 이미지의 위치를 오른쪽으로 이동해야 합니다.

08 이미지를 오른쪽으로 드래그하여 문서 테두리에 일치하도록 이동합니다.

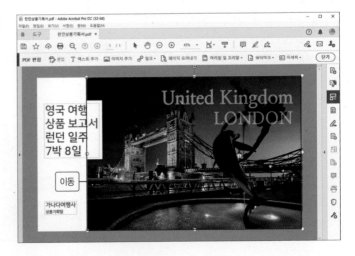

03 편집 기능으로 문서 표지 디자인 변경하기
따라하기

PDF 문서를 편집하는 경우 이미지 외에 텍스트도 변경해야 할 수 있습니다. 텍스트와 이미지를 편집하여 문서의 표지를 디자인하는 방법을 알아보겠습니다.

◎ 예제파일 : 06\런던상품기획서.pdf, 06_03.png | ◎ 완성파일 : 06\런던상품기획서_디자인수정.pdf

01 Acrobat을 실행하고 메뉴에서 (파일) → 열기(Ctrl+O)를 실행하여 06 폴더에서 '런던상품기획서.pdf' 파일을 불러옵니다.

02 문서를 편집하기 위해 도구 막대에서 'PDF 편집' 아이콘(📝)을 클릭합니다.

TIP

필요한 부분 캡처하여 사용하기

Acrobat에서 PDF 문서의 일부분을 캡처하여 PDF 문서에 사용하거나 외부 프로그램 등에서 사용할 수 있습니다. 메뉴에서 (편집) → 스냅숏 찍기를 실행하고 문서에서 캡처할 영역을 드래그하면 클립보드에 캡처되기 때문에 PDF문서의 필요한 부분 또는 다른 프로그램에서 Ctrl+V를 누르면 캡처된 부분이 붙여넣기 됩니다.

03 오른쪽에 편집을 위한 패널이 표시되었습니다. 이미지를 삭제하기 위해 이미지를 선택하고 Delete를 눌러 삭제합니다.

04 왼쪽에 문서 제목의 텍스트 상자를 선택합니다. 오른쪽 패널에서 글꼴을 '나눔바른고딕', 글꼴 크기를 '40', 글꼴 색상을 '보라색'으로 지정합니다.

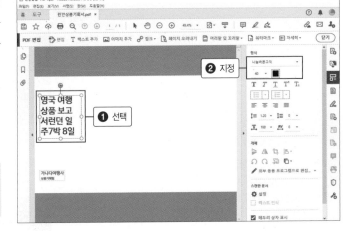

TIP

예제와 동일한 글꼴이 없다면 원하는 글꼴로 설정해도 됩니다. 그러나 나눔바른고딕 글꼴은 누구나 사용할 수 있는 글꼴이므로 설치를 추천합니다.

TIP

이미지는 필요한 경우 '외부 응용 프로그램으로 편집 기능' 메뉴를 통해 포토샵이나 기타 그래픽 프로그램을 활용하여 수정할 수 있습니다.

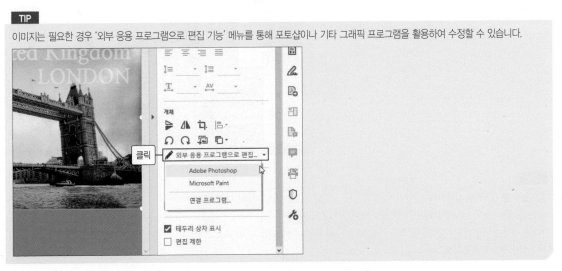

05 텍스트의 형태를 변경하기 위해 오른쪽
조절점을 오른쪽으로 드래그하여 텍스
트 상자를 늘입니다.

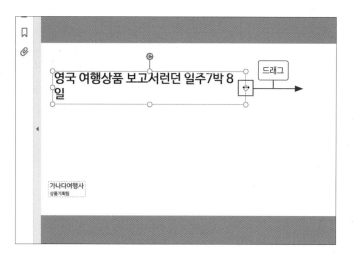

06 '보고서' 단어 뒤쪽을 클릭한 다음 Enter
를 눌러 줄을 바꿉니다.

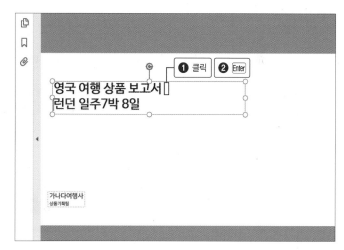

07 이미지를 문서에 추가하기 위해 PDF
편집 도구 모음에서 '이미지 추가'를 클
릭합니다.

Acrobat 시작

문서 변환

관리 × 편집

입무 × 수정

서명 × 보호

문서 편집

문서 제작

양식 제작 × 활용

08 열기 대화상자가 표시되면 06 폴더에서 '06_03.png' 파일을 선택한 다음 〈열기〉 버튼을 클릭합니다.

09 문서의 아래쪽을 클릭하여 이미지를 추가합니다. 배경이 투명한 PNG 이미지가 적용된 것을 확인할 수 있습니다.

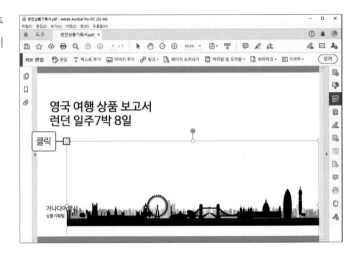

10 이미지의 크기와 위치를 문서 아래쪽에 좌우로 꽉 차도록 조절합니다.

> **TIP**
>
> 크기를 조절할 때는 비율을 유지한 상태에서 조절하기 위해 네 모서리에 있는 조절점을 드래그하여 크기를 변경합니다.

11 이미지에 텍스트가 가려진 상태입니다. 이미지를 맨 뒤로 배치하기 위해 이미지를 선택하고 마우스 오른쪽 버튼을 클릭한 다음 배치 → 맨 뒤로 보내기를 실행합니다.

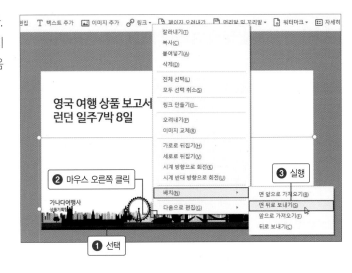

12 이미지 수정 중에는 텍스트 선택이 불가능합니다. 텍스트 수정을 위해 PDF 편집 도구 모음에서 '편집'을 클릭합니다.

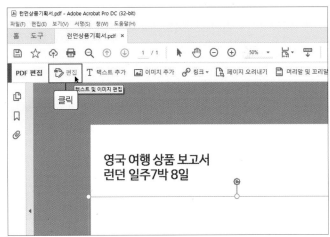

13 그림과 같이 문서 제목과 부서 이름의 위치를 조절하여 완성합니다.

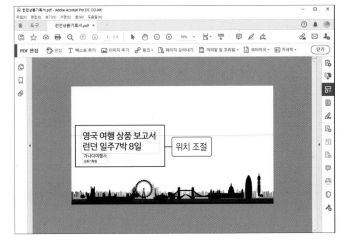

Acrobat 시작

문서 변환

편집×편집

응용×수정

서명×보호

문서 편집

문서 제작

양식 제작×활용

04 포토샵을 이용하여 PDF 문서 이미지 수정하기

문서에 있는 이미지를 포토샵에서 수정하고 저장하면 자동으로 문서에 적용됩니다. 포토샵을 활용하여 이미지를 수정하는 방법을 알아보겠습니다.

◉ 예제파일 : 06\런던상품기획서_디자인수정.pdf ┃ ◉ 완성파일 : 06\런던상품기획서_컬러수정.pdf

01 Acrobat을 실행하고 메뉴에서 (파일) → 열기((Ctrl)+(O))를 실행하여 06 폴더에서 '런던상품기획서_디자인수정.pdf' 파일을 불러옵니다.

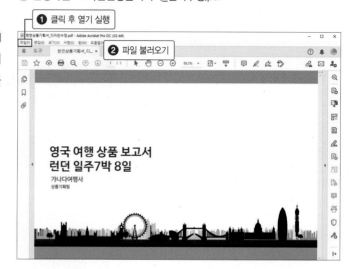

02 도구 막대에서 'PDF 편집' 아이콘(📋)을 클릭합니다. 포토샵에서 수정할 이미지를 선택하고 마우스 오른쪽 버튼을 클릭한 다음 다음으로 편집 → Adobe Photoshop을 실행합니다.

TIP

Microsoft Paint를 선택하면 그림판에서 수정이 가능하며 연결 프로그램을 활용하여 지정되지 않은 이미지 편집 프로그램을 선택하여 수정 가능합니다.

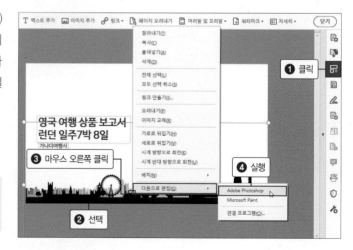

03 현재 이미지는 배경이 투명한 PNG 이미지이므로 다르게 보일 수 있다는 주의 대화상자가 표시됩니다. 내용을 확인하고 〈예〉 버튼을 클릭합니다.

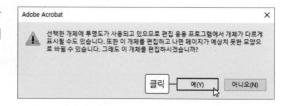

04 포토샵이 설치되어 있다면 포토샵에서 해당 이미지가 열린 것을 확인할 수 있습니다.

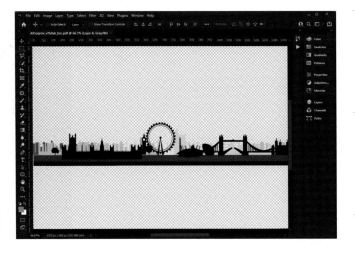

TIP

예제에서 사용한 포토샵은 CC 2021 버전입니다.

05 현재 이미지는 흑백(Grayscale) 모드의 이미지이기 때문에 색상 변경을 위해 우선 RGB 모드로 변경해야 합니다. 메뉴에서 (Image) → Mode → RGB Color를 실행합니다.

06 흑백 이미지를 컬러로 변경하기 위해 메뉴에서 (Image) → Adjustments → Hue/Saturation(Ctrl+U)을 실행합니다.

Acrobat 시작

문서 변환

관리×편집

양식×수정

서명×보호

문서 편집

문서 제작

양식 제작×활용

07 Hue/Saturation 대화상자가 표시되면 'Colorize'
를 체크 표시합니다. Hue를 '190', Saturation을
'25', Lightness를 '30'으로 설정한 다음 〈OK〉 버튼을 클
릭합니다.

08 이미지의 색상이 흑백에서 채도가 낮은
파란색으로 변경된 것을 확인할 수 있습
니다.

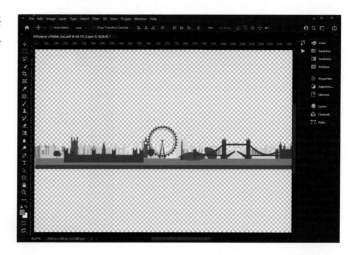

09 Acrobat의 문서에 수정한 이미지가 적
용되려면 포토샵에서 이미지를 저장해
야 합니다. 메뉴에서 (File) → Save(Ctrl+S)를
실행합니다.

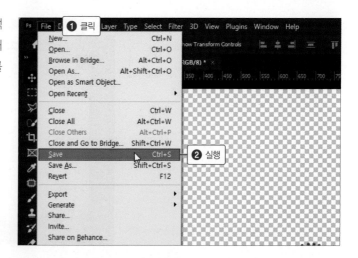

10 포토샵에서 수정한 이미지가 적용되어 색상이 변경된 것을 확인할 수 있습니다. 예제 문서에 적용되었던 불필요한 상자가 문서에 남아 있기 때문에 삭제해야 합니다.

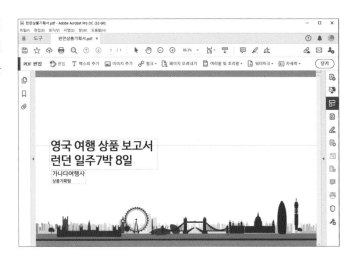

11 [Ctrl]+[A]를 누르면 불필요한 상자와 문서에 적용된 텍스트, 이미지가 모두 선택되어 불필요한 요소를 확인할 수 있습니다.

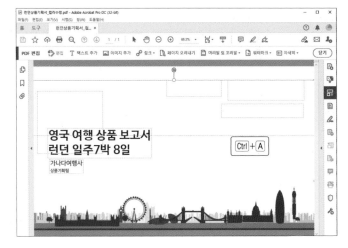

Acrobat 시작

문서 변환

관리 × 편집

편집 × 수정

서명 × 보호

문서 편집

문서 제작

양식 제작 × 활용

TIP

가는 선 출력 수정하기

가는 선의 경우 인쇄 시 출력이 안 되어 문제가 발생할 수 있습니다. 따라서 가는 선 수정 도구로 가는 선을 찾아 인쇄가 될 수 있는 굵은 선으로 교체할 수 있습니다. (도구) 탭에서 '인쇄물 제작'을 클릭하면 인쇄물 제작 도구가 활성화되며, 오른쪽에서 '가는 선 수정'을 클릭하면 가는 선 수정 대화상자가 표시됩니다. 일정 크기 이하의 가는 선을 출력 가능한 설정으로 변경하기 위해 선 너비가 다음 이하일 경우에 선의 굵기를 지정하고 다음으로 바꾸기에 출력이 가능한 굵기를 지정한 다음 〈확인〉 버튼을 클릭하면 출력할 때 가는 선이 인쇄 가능한 굵은 선으로 변경됩니다. 가는 선을 출력할 수 있는 최소 크기는 프린터마다 다르므로 프린터에 맞춰 설정해야 합니다.

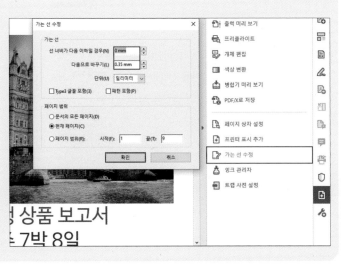

12 불필요한 상자를 선택하고 Delete를 눌러 삭제하여 정리합니다.

13 다시 Ctrl+A를 눌러 문서에 적용된 불필요한 상자가 있는지 확인합니다.

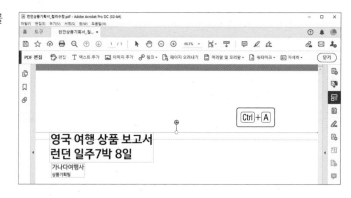

14 문서를 저장해야 최종적으로 이미지 수정이 완료됩니다. 다른 이름으로 저장하기 위해 메뉴에서 (파일) → 다른 이름으로 저장 (Shift+Ctrl+S)을 실행합니다.

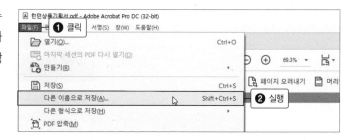

15 PDF로 저장 대화상자가 표시되면 최근 폴더에 저장에서 폴더를 선택하거나 〈다른 폴더 선택〉 버튼을 클릭하여 경로를 지정합니다.

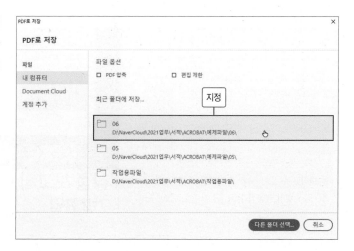

16 PDF로 저장 대화상자가 표시되면 파일 이름을 '런던상품기획서_컬러수정', 파일 형식을 'Adobe PDF 파일'로 지정한 다음 〈저장〉 버튼을 클릭합니다.

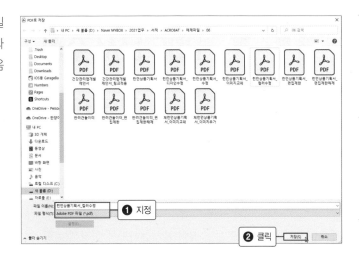

17 문서가 저장되면 포토샵에서 수정한 이미지가 최종적으로 적용됩니다. 문서 표지가 완성되었습니다.

Acrobat 시작

문서 변환

편집 × 관리

수정 × 연결

보안 × 서명

문서 편집

문서 제작

양식 제작 × 활용

TIP

RGB 색상 CMYK 변환 시 검은색 설정 방법

RGB 회색 또는 검은색은 CMYK로 변환되면서 혼합된 검은색으로 지정되어 출력 시 색상에 차이가 나는 경우가 있습니다. 이런 경우 색상 변환에서 변환 옵션으로 보정할 수 있습니다. (도구) 탭에서 '인쇄물 제작'을 클릭하면 인쇄물 제작 도구가 활성화되며, 오른쪽에서 '색상 변환'을 클릭합니다. 색상 변환 대화상자가 표시되면 변환 옵션에서 세 가지 기능을 설정할 수 있습니다.

① 검정 보존 : RGB 검정 텍스트가 CMYK로 변환될 때 혼합된 검은색으로 변환되는 것을 방지합니다.
② 회색을 CMYK 검정으로 변환 : 회색을 CMYK로 변환합니다.
③ CMYK 기본 설정 유지 : 인쇄 프로파일에 맞춰 CMYK 기본 색상을 유지합니다.

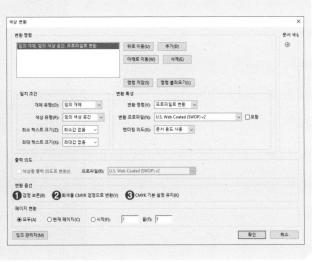

PDF 문서 수정 제한하기

CHAPTER

문서에 필요한 경우 비밀번호를 이용하여 간단하게 편집 제한 기능을 설정할 수 있고 편집 제한을 해제할 수 있습니다. 비밀번호를 이용한 편집 제한 기능을 활용하는 방법을 알아보겠습니다.

01 편집 제한 기능으로 문서 수정 제한하기
따라하기

필요에 따라서 PDF 문서 수정이 불가능하도록 설정해야 할 수 있습니다. 문서 수정을 제한하기 위해 편집 제한 기능을 사용할 수 있으며, 암호를 이용하여 제한하므로 암호를 아는 경우 문서를 수정할 수 있습니다. 문서 수정을 제한하기 위하여 편집 제한 도구를 활용하는 방법을 알아보겠습니다.

◉ 예제파일 : 06\반려견놀이터.pdf | ◉ 완성파일 : 06\반려견놀이터_편집제한.pdf

01 Acrobat을 실행하고 메뉴에서 (파일) → 열기(Ctrl+O)를 실행하여 06 폴더에서 '반려견놀이터.pdf' 파일을 불러옵니다.

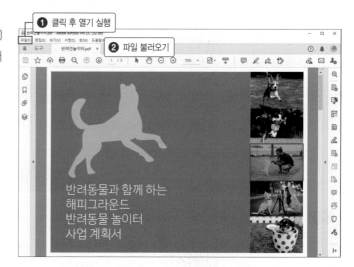

02 문서를 편집하기 위해 도구 막대에서 'PDF 편집' 아이콘(🖽)을 클릭합니다.

03 이미지를 수정하기 위해 오른쪽에 있는 5개 이미지 중 세 번째 이미지를 선택하고 Delete를 눌러 삭제합니다.

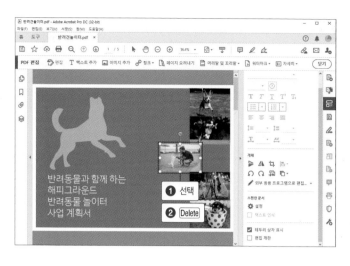

04 해당 이미지가 삭제된 것을 확인할 수 있습니다.

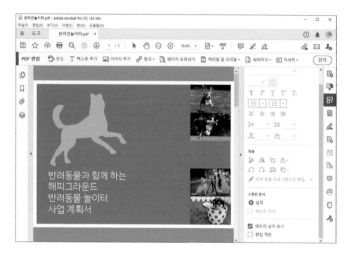

05 Shift를 누른 상태에서 아래쪽 두 개의 이미지를 클릭하여 선택합니다. 선택한 이미지를 위로 드래그하여 위의 이미지와 연결되도록 합니다.

Acrobat 시작

문서 변환

관리×편집

공유×수정

서명×보호

문서 편집

문서 제작

양식 제작×활용

06 Shift를 누른 상태에서 위에 2개의 이미지도 선택하여 4개의 이미지를 모두 선택합니다. 조절점을 드래그하여 문서의 영역에 맞춰서 확대합니다.

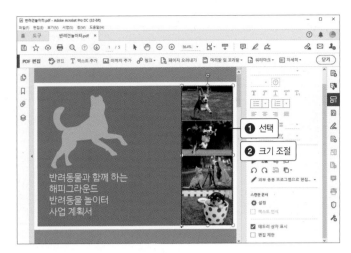

07 문서 수정이 불가능하도록 하기 위해 오른쪽 패널에서 '편집 제한'을 체크 표시합니다.

개체 맞춤

여러 이미지와 텍스트를 선택한 경우 개체 맞춤 기능이 활성화되며 기본적으로 6가지 개체 맞춤을 지원합니다. 개체 맞춤 기능은 유용하게 활용되므로 알아 두는 것이 좋습니다.

08 문서 수정에 관한 권한을 설정하기 위해 암호 대화상자가 표시되면 암호를 입력하고 〈확인〉 버튼을 클릭합니다.

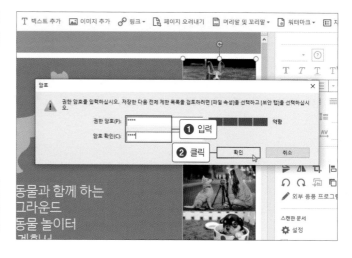

TIP

예제는 비밀번호를 '1234'로 설정하였습니다. '1234'는 보안에 취약한 암호이기 때문에 영문과 숫자를 혼용한 긴 암호를 설정해야 합니다.

09 편집 제한 기능은 암호 설정 후 문서를 저장해야 적용된다는 내용을 확인하고 〈확인〉 버튼을 클릭합니다.

10 원본과 다른 파일명으로 저장하기 위해 메뉴에서 [파일] → 다른 이름으로 저장 (Shift)+(Ctrl)+(S)을 실행합니다.

11 PDF로 저장 대화상자가 표시되면 최근 폴더에 저장에서 폴더를 선택하거나 〈다른 폴더 선택〉 버튼을 클릭하여 경로를 지정합니다.

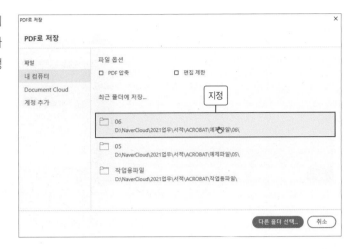

12 PDF로 저장 대화상자가 표시되면 파일 이름을 '반려견놀이터_편집제한', 파일 형식을 'Adobe PDF 파일'로 지정한 다음 〈저장〉 버튼을 클릭합니다.

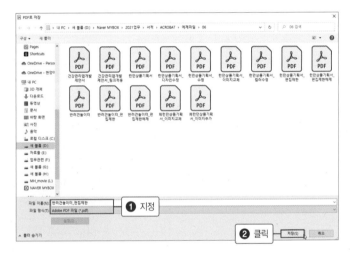

13 문서에 편집 제한이 설정되어 있기 때문에 이미지를 드래그해도 영역 이동은 되지만, 실제로 이미지가 이동되지 않는 것을 확인할 수 있습니다.

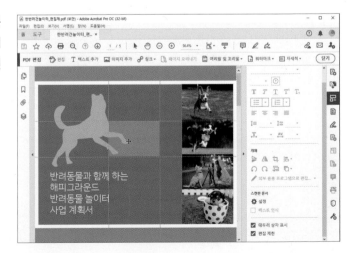

14 텍스트도 드래그하면 선택되지만 변경은 불가능한 것을 확인할 수 있습니다.

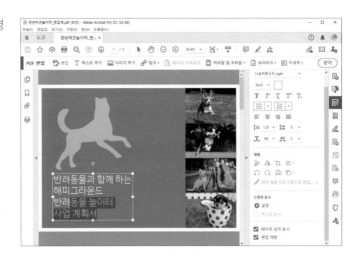

15 문서 편집 제한을 해제하기 위해 문서를 닫고 다시 열어야 합니다. 문서가 열려 있는 상태에서는 암호의 추가 입력 없이 설정과 해제가 가능합니다.

문서를 닫기 위해 문서 탭의 '닫기' 아이콘(×)을 클릭합니다.

TIP

❶ 문서를 저장하였지만 문서가 열려 있는 상태에서는 비밀번호를 입력하지 않고 편집 제한을 해제 또는 재설정이 가능합니다. 편집 제한을 해제하기 위해 오른쪽 패널에서 '편집 제한'을 체크 해제합니다.

❷ 편집이 가능하도록 제한이 해제된다는 내용을 확인하고 〈확인〉 버튼을 클릭합니다. 비밀번호가 등록된 상태이기 때문에 편집 제한이 해제됩니다.

Acrobat 시작

문서 변환

관리×편집

공유×수정

서명×보호

문서 편집

문서 제작

양식 제작×활용

02 PDF 문서에 설정된 편집 제한 해제하기

따라하기

편집 제한이 설정된 PDF 문서는 비밀번호만 알고 있다면 쉽게 편집 제한을 해제할 수 있습니다. 편집 제한을 해제하는 방법을 알아보겠습니다.

● 예제파일 : 06\반려견놀이터_편집제한.pdf | ● 완성파일 : 06\반려견놀이터_편집제한해제.pdf

01 편집이 제한된 문서를 열기 위해 메뉴에서 (파일) → 열기(Ctrl+O)를 실행하여 저장한 폴더에서 '반려견놀이터_편집제한.pdf' 파일을 불러옵니다.

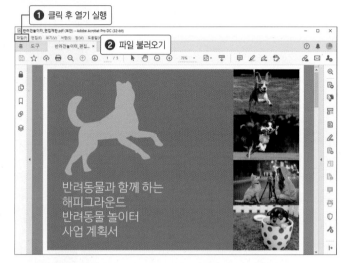

02 문서를 편집하기 위해 도구 막대에서 'PDF 편집' 아이콘(🖵)을 클릭합니다.

03 현재 문서는 편집 제한 상태이기 때문에 편집하려면 암호를 입력해야 합니다. 암호 대화상자가 표시되면 설정한 암호를 입력하고 〈확인〉 버튼을 클릭합니다.

TIP
예제 비밀번호는 1234로 설정되어 있습니다.

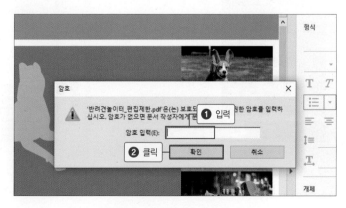

04 편집 제한이 해제되어 문서가 수정이 가능한 상태로 설정됩니다.

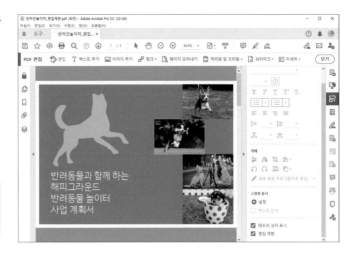

05 암호를 해제한 상태이기 때문에 편집 제한을 클릭하여 편집 제한을 다시 설정하여도 문서를 닫고 새로 열기 전까지는 암호를 물어보지 않습니다.

체크 해제

06 보안을 제거한다는 내용을 확인하고 〈확인〉 버튼을 클릭하면 편집 제한이 해제됩니다.

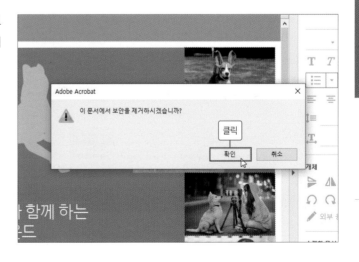

클릭

Acrobat 시작

문서 변환

관리 × 편집

공유 × 수정

서명 × 보안

문서 편집

문서 제작

양식 제작 × 활용

07 편집 제한이 해제된 문서를 다른 이름으로 저장하기 위해 메뉴에서 (파일) → 다른 이름으로 저장(Shift+Ctrl+S)을 실행합니다.

08 PDF로 저장 대화상자가 표시되면 최근 폴더에 저장에서 폴더를 선택하거나 〈다른 폴더 선택〉 버튼을 클릭하여 경로를 지정합니다.

09 PDF로 저장 대화상자가 표시되면 파일 이름을 '반려견놀이터_편집제한해제', 파일 형식을 'Adobe PDF 파일'로 지정한 다음 〈저장〉 버튼을 클릭합니다.

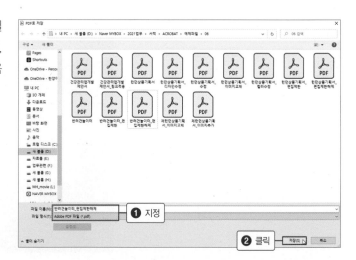

10 편집 제한이 해제된 문서를 확인하기 위해 현재 문서 탭에서 '닫기' 아이콘(×)을 클릭합니다.

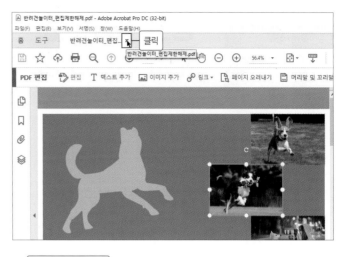

11 편집 제한이 해제된 문서를 열기 위해 메뉴에서 (파일) → 열기((Ctrl)+(O))를 실행하여 저장한 폴더에 '반려견놀이터_편집제한 해제.pdf' 파일을 불러옵니다.

12 문서를 편집하기 위해 도구 막대에서 'PDF 편집' 아이콘()을 클릭합니다. 문서에 암호 입력 없이 수정 가능한 것을 확인할 수 있습니다.

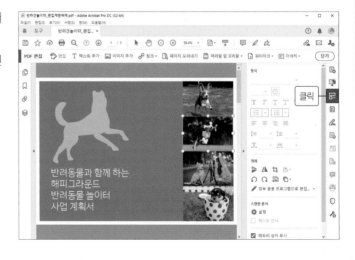

링크 기능으로
문서 연결과 정보 검색하기

CHAPTER

PDF 문서에는 필요한 경우 문서 내부 또는 문서 외부로 링크를 만들어서 쉽게 정보를 검색하거나, 다른 문서 또는 정보를 연결할 수 있습니다. 링크를 이용하여 다양한 정보를 활용하고 이동하는 방법을 알아보겠습니다.

01 · 링크 기능으로 문서 페이지 이동하기
따라하기

페이지가 많은 문서는 책갈피 기능을 이용하여 페이지를 구분하고 이동이 가능하지만, 링크를 이용하면 문서 내에서 이동을 편리하게 할 수 있으며 필요에 따라서 외부 파일이나 웹 사이트 등으로 이동할 수 있습니다. 문서 내에서 링크 기능으로 페이지를 이동하는 방법을 알아보겠습니다.

● 예제파일 : 06\건강관리앱개발제안서.pdf　|　● 완성파일 : 06\건강관리앱개발제안서_링크적용.pdf

01 Acrobat을 실행하고 메뉴에서 (파일) → 열기(Ctrl+O)를 실행하여 06 폴더에서 '건강관리앱개발제안서.pdf' 파일을 불러 옵니다.

02 문서를 편집하기 위해 도구 막대에서 'PDF 편집' 아이콘(🗐)을 클릭합니다.

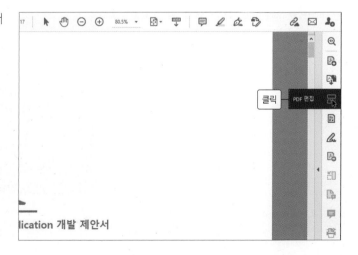

03 텍스트를 추가하기 위해 PDF 편집 도구
모음에서 '텍스트 추가'를 클릭합니다.
문서의 오른쪽 여백 부분을 클릭합니다.

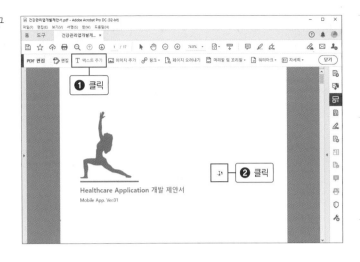

04 그림과 같이 '01. 제안 개요' ～ '09. 개발
인력/총괄'을 입력합니다.

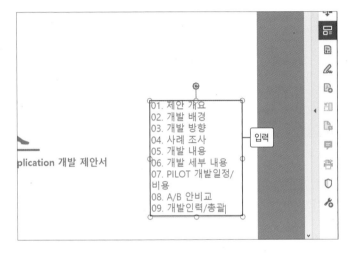

05 입력한 텍스트를 드래그하여 선택합니
다. 오른쪽 패널에서 글꼴 크기를 '14',
글꼴 색상을 '회색'으로 지정합니다. 줄 간격을
'1.50'으로 지정합니다.

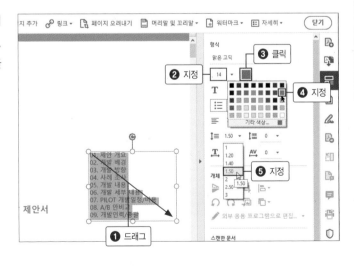

Acrobat 시작

문서 보안

관리×편집

공유×수정

서명×보호

문서 편집

문서 제작

양식 제작×활용

06 이미지 및 제목을 수정하기 위해 PDF 편집 도구 모음에서 '편집'을 클릭합니다.

07 이미지와 텍스트를 그림과 같이 배치합니다.

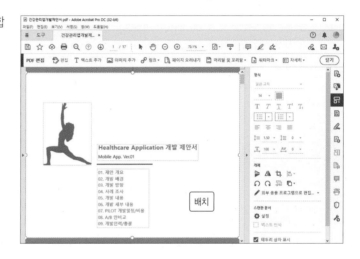

08 문서 제목을 드래그하여 선택합니다. 오른쪽 패널에서 글꼴 크기를 '24'로 지정합니다.

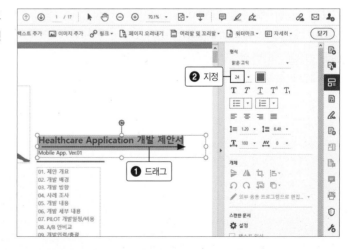

09 문서에 링크를 적용하기 위해 PDF 편 집 도구 모음에서 '링크'를 클릭한 다음 웹 또는 문서 링크 추가/편집을 실행합니다.

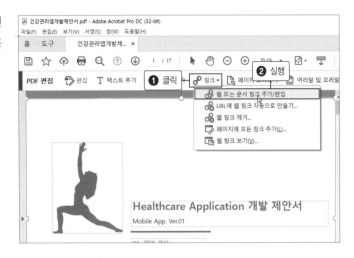

10 '01. 제안 개요' 텍스트 부분을 드래그하 여 링크 영역을 지정합니다.

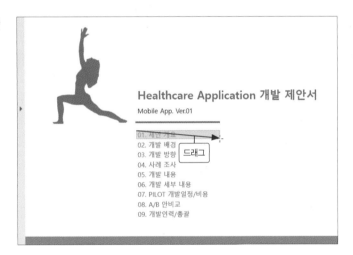

11 링크 만들기 대화상자가 표시되면 링크 유형을 '보 이지 않는 사각형'으로 지정하고 링크 동작을 '페 이지 보기로 이동'으로 선택한 다음 〈다음〉 버튼을 클릭합 니다.

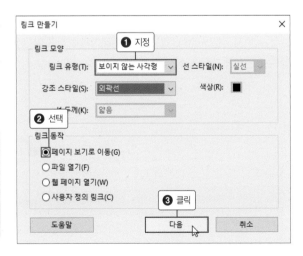

> **TIP**
>
> 링크 유형을 '보이지 않는 사각형'으로 지정하면 평상시에 링크가 보이지 않다가 마우스 커서를 가져가면 마우스 커서가 손가락 모 양으로 변경됩니다.
> '보이는 사각형'으로 지정하면 실선, 점선, 밑줄 형태로 설정이 가 능하며, 강조 스타일을 지정하여 클릭했을 때의 변화를 설정할 수 있습니다.

12 대상 보기 작성 대화상자가 표시되면 '2'페이지로 이동하고 〈링크 설정〉 버튼을 클릭합니다. 링크가 설정되어 '01. 제안 개요'를 클릭하면 2페이지로 이동합니다.

13 두 번째 링크 영역을 지정하기 위해 '02. 개발 배경' 텍스트 부분을 드래그합니다.

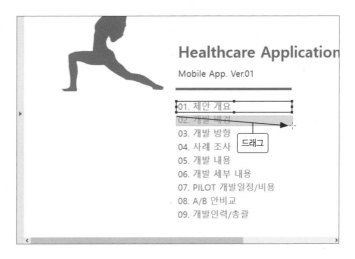

14 링크 만들기 대화상자가 표시되면 링크 유형을 '보이지 않는 사각형', 링크 동작을 '페이지 보기로 이동'으로 선택한 다음 〈다음〉 버튼을 클릭합니다.

15 '3'페이지로 이동한 다음 대상 보기 작
성 대화상자에서 〈링크 설정〉 버튼을 클
릭합니다.

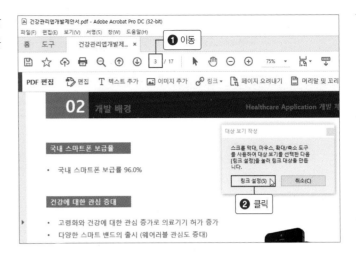

TIP

링크 동작

링크 동작은 해당 링크가 작동될 때의 결과로 총 4가지 기능이 있습니다.

❶ **페이지 보기로 이동** : 해당 페이지로 이동되며 스크롤 또는 축소판 등에서 페이지를 지정합니다.

❷ **파일 열기** : 열 파일 선택 대화상자가 표시되며 파일을 선택하면 해당 파일이 문서에 포함되어 문서를 열 수 있도록 링크가 설정됩니다.

❸ **웹 페이지 열기** : 웹 사이트 또는 웹 링크로 이동할 수 있으며 직접 URL을 입력합니다.

❹ **사용자 정의 링크** : 링크 속성 대화상자가 표시되며 (동작) 탭을 선택하면 다양한 링크 동작을 설정할 수 있습니다.

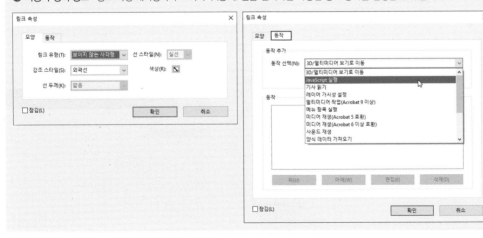

16 13번~14번 과정을 반복하여 'A/B안 비교'까지 해당 페이지에 링크를 지정합니다. 마지막 '09. 개발인력/총괄' 텍스트 영역을 드래그하여 링크 영역으로 지정합니다.

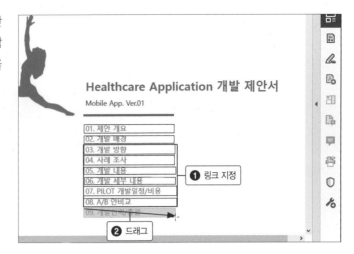

17 링크 만들기 대화상자가 표시되면 링크 유형을 '보이지 않는 사각형', 링크 동작을 '페이지 보기로 이동'으로 선택한 다음 〈다음〉 버튼을 클릭합니다.

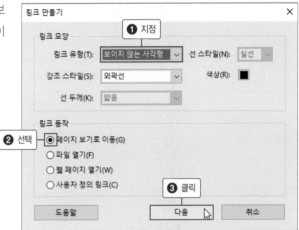

18 탐색창에서 '페이지 축소판' 아이콘(🗐)을 클릭하여 페이지 축소판을 표시합니다. '17'페이지를 선택하고 대상 보기 작성 대화상자에서 〈링크 설정〉 버튼을 클릭합니다.

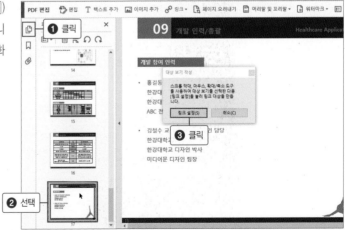

19 링크가 적용되면 사각형 상자가 표시됩니다. 링크가 적용된 사각형을 클릭하여 조절점을 드래그하면 크기를 변경하거나 위치를 이동할 수 있습니다. 링크 설정을 변경하기 위해 첫 번째 링크 영역을 더블클릭합니다.

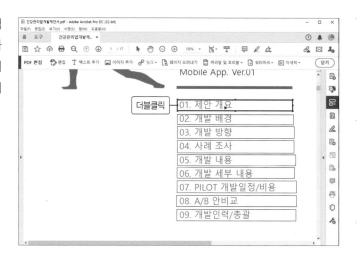

20 링크 속성 대화상자가 표시되면 링크 유형과 강조 스타일 등 모양을 변경할 수 있습니다.

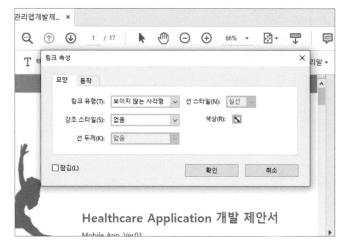

21 [동작] 탭을 선택하면 동작에 대한 설정을 변경할 수 있습니다. 동작에서 '이 문서의 페이지로 이동'을 선택하고 〈편집〉 버튼을 클릭합니다.

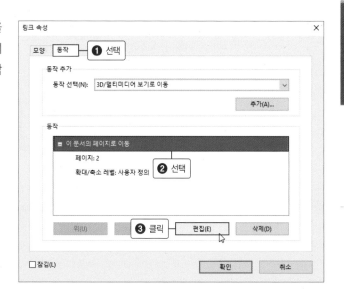

Acrobat 시작

문서 변환

관리 × 편집

영후 × 수정

서명 × 보호

문서 편집

문서 제작

양식 제작 × 활용

22 이 문서의 페이지로 이동 대화상자가 표시되면 '페이지 번호 사용'이 선택된 상태에서 페이지를 직접 입력하여 변경할 수 있고, Acrobat에서 보이는 크기도 확대/축소에서 지정할 수 있습니다. 확대/축소를 '페이지에 맞추기'로 지정하고 〈확인〉 버튼을 클릭합니다.

변경한 링크 속성을 적용하기 위해 링크 속성 대화상자에서 〈확인〉 버튼을 클릭합니다.

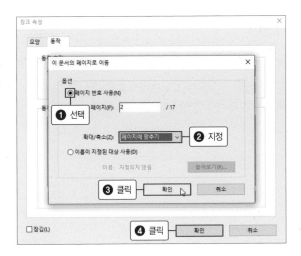

23 링크가 적용된 문서에는 링크가 사각형 상자로 표시됩니다. 그러나 실제 문서에서 보이는 모습은 다릅니다. PDF 편집 도구 모음에서 〈닫기〉 버튼을 클릭합니다.

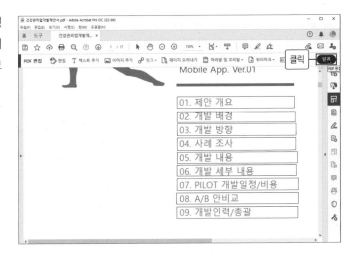

24 문서에서 링크를 적용한 영역으로 마우스 커서를 가져가면 커서가 손가락 모양으로 바뀌는 것을 확인할 수 있으며, 클릭하면 해당 페이지로 이동합니다.

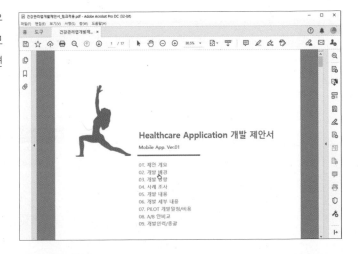

02 PDF 문서에 웹 링크 추가하기
따라하기

PDF 문서 내에 이동할 수 있는 링크 외에도 웹 사이트로 연결할 수 있는 웹 링크를 추가하거나 제거할 수 있습니다. 문서에 웹 사이트로 연결할 웹 링크를 추가하는 방법을 알아보겠습니다.

● 예제파일 : 06\SNS_교재.pdf   ● 완성파일 : 06\SNS_웹 링크.pdf

01 Acrobat을 실행하고 메뉴에서 (파일) → 열기((Ctrl)+(O))를 실행하여 06 폴더에서 'SNS_교재.pdf' 파일을 불러옵니다.

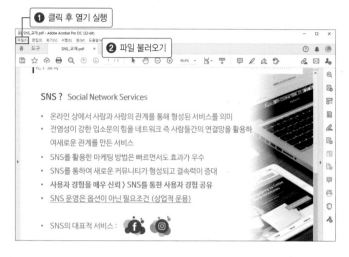

02 문서를 편집하기 위해 도구 막대에서 'PDF 편집' 아이콘(▤)을 클릭합니다.

03 문서에 웹 링크를 추가하기 위해 PDF 편집 도구 모음에서 '링크'를 클릭한 다음 웹 또는 문서 링크 추가/편집을 실행합니다.

04 하단에 페이스북 관련 이미지를 그림과 같이 드래그하여 링크 영역으로 지정합니다.

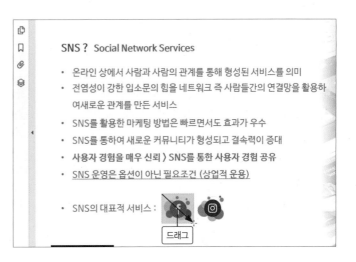

05 링크 만들기 대화상자가 표시되면 링크 유형을 '보이지 않는 사각형', 강조 스타일을 '없음', 링크 동작을 '웹 페이지 열기'로 선택한 다음 〈다음〉 버튼을 클릭합니다.

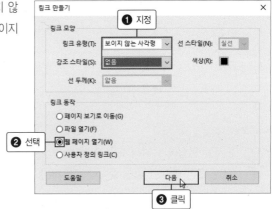

06 URL 편집 대화상자가 표시되면 입력란에 'https://www.facebook.com'을 입력하고 〈확인〉 버튼을 클릭합니다.

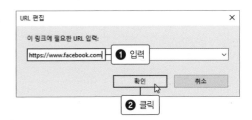

07 페이스북 링크와 같이 웹 링크 영역을 추가로 지정하기 위해 PDF 편집 도구 모음에서 '링크'를 클릭한 다음 웹 또는 문서 링크 추가/편집을 실행합니다.

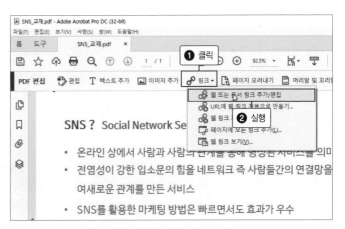

Acrobat 시작

문서 변환

관리 × 편집

공유 × 수정

서명 × 보호

문서 편집

문서 제작

양식 제작 × 활용

08 하단에 인스타그램 이미지를 그림과 같이 드래그하여 링크 영역으로 지정합니다.

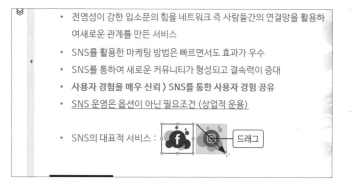

09 링크 만들기 대화상자가 표시되면 링크 유형을 '보이지 않는 사각형', 강조 스타일을 '없음', 링크 동작을 '웹 페이지 열기'로 선택한 다음 〈다음〉 버튼을 클릭합니다.

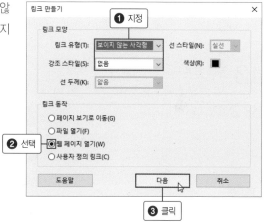

10 URL 편집 대화상자가 표시되면 입력란에 'www.insta gram.com'을 입력하고 〈확인〉 버튼을 클릭합니다.

TIP

'www.instagram.com'으로 입력하여도 https://www.instagram.com과 동일하게 웹 링크가 연결됩니다.

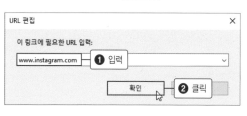

11 웹 링크가 적용된 것을 확인하기 위해 PDF 편집 도구 모음에서 〈닫기〉 버튼을 클릭합니다.

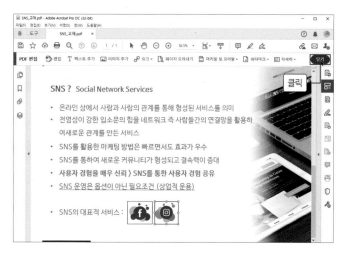

12 하단에 적용된 웹 링크 영역으로 마우스 커서를 가져가면 링크 주소가 표시되며 웹 링크가 작동되는 것을 확인하기 위해 클릭합니다.

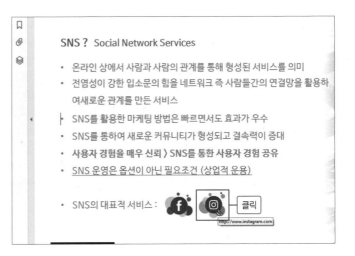

13 보안 경고 대화상자가 표시되면 해당 웹 사이트를 신뢰할 수 있으므로 〈허용〉 버튼을 클릭합니다.

TIP

'모든 PDF 문서에 대해 이 사이트의 이 동작 기억'을 체크 표시하고 〈허용〉 버튼을 클릭하는 경우 해당 주소에 대해서는 다시 물어보지 않게 되며 〈차단〉 버튼을 클릭하게 되면 계속적으로 차단 상태를 유지합니다.

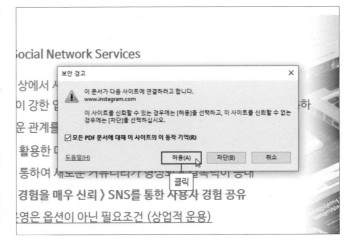

14 정상적으로 인스타그램 사이트로 연결되었습니다.

PDF 문서에 자동으로 웹 링크 적용하기

PDF 문서 내에 웹 사이트 주소가 포함되어 있다면 Acrobat은 자동으로 인지하여 링크를 적용할 수 있습니다. 문서에 포함된 웹 주소에 링크를 자동으로 설정하는 방법을 알아보겠습니다.

◉ 예제파일 : 06\SNS_주소.pdf | ◉ 완성파일 : 06\SNS_주소_웹 링크.pdf

01 Acrobat을 실행하고 메뉴에서 (파일)
→ 열기((Ctrl)+(O))를 실행하여 06 폴더
에서 'SNS_주소.pdf' 파일을 불러옵니다.

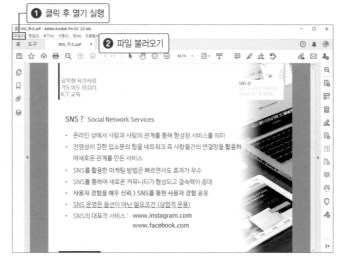

02 문서를 편집하기 위해 도구 막대에서
'PDF 편집' 아이콘(🖼)을 클릭합니다.

03 문서에 웹 링크를 자동으로 만들기 위해
PDF 편집 도구 모음에서 '링크'를 클릭
한 다음 URL에 웹 링크 자동으로 만들기를 실
행합니다.

04 웹 링크 적용은 취소가 불가능하다는 것을 알려 주는 대화상자가 표시되면 〈예〉 버튼을 클릭합니다.

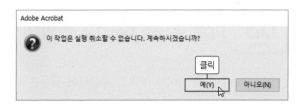

05 URL로부터 링크 만들기 대화상자가 표시되면 모든 페이지에서 링크를 자동으로 적용하기 위해 '모두'를 선택하고 〈확인〉 버튼을 클릭합니다.

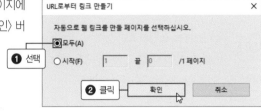

06 문서 내에 포함된 두 개의 링크에 자동으로 웹 링크가 추가된 것을 알려 주는 대화상자가 표시되면 〈확인〉 버튼을 클릭합니다.

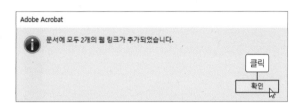

07 웹 링크가 적용된 것을 확인하기 위해 PDF 편집 도구 모음에서 〈닫기〉 버튼을 클릭합니다.

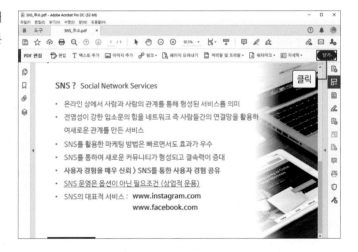

08 웹 사이트 주소 부분으로 마우스 커서를 가져가면 링크 주소가 말풍선에 표시되어 확인이 가능합니다.

09 다른 방법으로 웹 링크가 적용된 것을 확인하기 위해 PDF 편집 도구 모음에서 '링크'를 클릭한 다음 웹 링크 보기를 실행합니다.

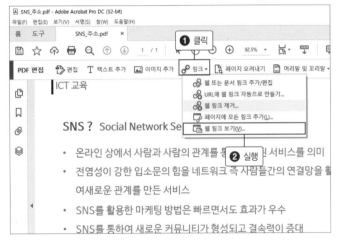

10 페이지 링크를 선택하여 다운로드 대화상자가 표시되며 적용된 웹 링크가 표시되어 확인할 수 있습니다.

Acrobat 시작

문서 변환

관리 × 편집

입력 × 수정

서명 × 보호

문서 편집

문서 제작

양식 제작 × 활용

04 PDF 문서에서 웹 링크 제거하기

PDF 문서에 적용된 웹 링크는 필요에 따라서 제거해야 할 필요가 있을 수 있습니다. 적용되어 있는 웹 링크를 제거하는 방법을 알아보겠습니다.

● 예제파일 : 06\SNS_주소_웹 링크.pdf ┃ ● 완성파일 : 06\SNS_주소_웹 링크제거.pdf

01 웹 링크를 제거하기 위해 PDF 편집 도구 모음에서 '링크'를 클릭한 다음 웹 링크 제거를 실행합니다.

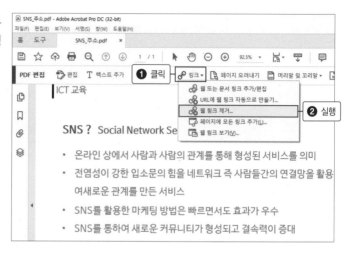

02 실행을 취소할 수 없다는 대화상자가 표시되면 웹 링크를 제거하기 위해 〈예〉 버튼을 클릭합니다.

03 웹 링크 제거 대화상자가 표시되면 링크를 제거할 영역을 문서의 모든 영역으로 설정하기 위해 '모두'를 선택하고 〈확인〉 버튼을 클릭합니다.

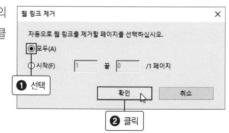

04 웹 링크가 제거되었다는 대화상자가 표시되면 〈확인〉 버튼을 클릭합니다.

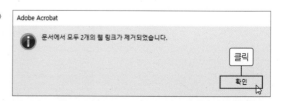

Acrobat 시작

문서 변환

관리 x 편집

수정 x 수정

서명 x 보호

문서 편집

문서 제작

양식 제작 x 활용

05 링크가 제거되어 웹 사이트 주소 부분으로 마우스 커서를 가져가도 링크 주소가 표시되지 않습니다.

TIP

문서에 메타데이터 추가하기

PDF 문서를 쉽게 검색하기 위해 메타데이터를 추가할 수 있습니다. 메타데이터는 메뉴에서 (파일) → 속성을 실행하여 문서 속성 대화상자의 (설명) 탭을 클릭하면 메타데이터를 적용할 수 있습니다.

❶ **제목** : 문서를 설명하는 제목을 적용할 수 있습니다.

❷ **작성자** : 작성한 사람 또는 기업명 등 작성자 정보를 입력할 수 있습니다.

❸ **주제** : PDF 문서의 주제나 분류를 적용할 수 있습니다.

❹ **키워드** : PDF 문서의 주요한 내용을 키워드 형태로 적용할 수 있습니다.

❺ **추가 메타데이터** : 기본 메타데이터에 추가적으로 세부 내용을 적용할 수 있습니다.

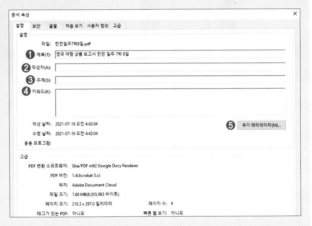

❶ **문서 제목** : 문서의 제목을 적용할 수 있습니다. 제목과 동일합니다.

❷ **작성자** : 작성한 사람 또는 기업명 등 작성자 정보를 입력할 수 있습니다.

❸ **작성자 직함** : 작성자의 직책이나 직함 등을 적용할 수 있습니다.

❹ **설명** : 작성자 및 문서에 관련된 세부 설명을 입력할 수 있습니다.

❺ **설명 작성자** : 설명에 관련된 내용을 작성한 작성자의 정보를 입력할 수 있습니다.

❻ **키워드** : PDF 문서의 주요한 내용을 키워드 형태로 적용할 수 있습니다.

❼ **저작권 상태** : 저작권 관련된 내용을 문서에서 고지할 수 있습니다. 저작권 소유 및 공용 도메인을 선택할 수 있습니다.

❽ **저작권 고지 사항** : 저작권에 관련된 세부 내용을 적용할 수 있습니다.

❾ **저작권 정보 URL** : 저작권 관련된 추가 정보를 웹 사이트에 적용하고 링크로 연결할 수 있습니다.

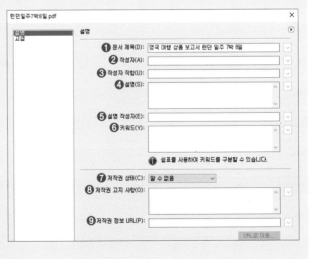

PDF 문서 제작 & 편집하기

Acrobat은 PDF 문서 수정 편집을 권장하지만 직접 PDF 문서를 만들 수 있으며
다양한 기능을 포함할 수 있습니다. 다양한 요소를 활용하여 PDF 문서를
생성하는 단계부터 편집하는 방법까지 살펴보겠습니다.

A C R O B A T   D C

01 Acrobat으로 PDF 문서 만들기

CHAPTER

Acrobat에서 PDF 문서를 생성부터 시작하여 다양한 요소를 활용하여 워드프로세서 프로그램이나 프레젠테이션 프로그램에 비해 우수한 디자인 문서 형태를 만들 수 있습니다. 새로운 PDF문서를 생성하여 만드는 방법을 알아보겠습니다.

01 원하는 형태로 문서 만들기
따라하기

Acrobat은 기본적으로 편집과 수정을 위한 도구이지만 문서를 직접 생성하고 만들 수도 있습니다. 텍스트를 추가하고 수정하여 문서를 만드는 방법을 알아보겠습니다(이미지 출처 : acrobat.adobe.com).

⦿ 예제파일 : 07\acrobat.pdf, acrobat_text.txt | ⦿ 완성파일 : 07\acrobat_텍스트수정.pdf

01 Acrobat을 실행하고 메뉴에서 (파일)→
열기(Ctrl+O)를 실행하여 07 폴더에서
'acrobat.pdf' 파일을 불러옵니다.

02 문서를 편집하기 위해 도구 막대에서
'PDF 편집' 아이콘(▤)을 클릭합니다.

03 PDF 편집 상태로 변경되면 문서의 텍스트와 이미지가 각각의 오브젝트로 인식되어 선택 가능한 상자로 표시됩니다. 이미지의 텍스트까지 인식되고, 이미지가 변형되어 원본 이미지와 다른 상태이므로 오른쪽 패널에서 '텍스트 인식'을 체크 해제합니다.

TIP

텍스트 정보를 포함하고 있는 PDF가 아닌 이미지로 된 경우 이미지에 포함된 텍스트를 추출하기 위해 이미지가 여러 조각으로 분할되면서 텍스트 추출과 함께 변형이 발생됩니다.

04 인식한 텍스트나 이미지에 대한 정보가 유실된다는 내용을 확인하고 〈확인〉 버튼을 클릭합니다.

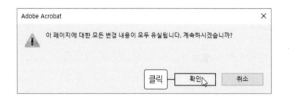

05 문서에 타이틀을 입력하기 위해 PDF 편집 도구 모음에서 '텍스트 추가'를 클릭합니다.

영역 지정 후 텍스트 입력 및 편집을 하기 위해 그림과 같이 Adobe Acrobat 텍스트 아래쪽을 드래그합니다.

TIP

문서 읽기 기능 사용하기

시각 장애인의 문서 읽기를 지원하는 기능으로 사용될 수 있고, 필요에 따라서 문서의 내용을 직접 읽지 않고 음성으로 들을 수 있게 지원합니다. 기능을 사용하기 위해 메뉴에서 (보기) → 소리내어 읽기 → 소리내어 읽기 활성화를 실행하여 기능을 활성화하고 이 페이지만 읽기 또는 문서 끝까지 읽기를 실행하여 음성으로 문서의 내용을 확인할 수 있습니다.

06 텍스트 영역에 내용을 입력합니다. 07 폴더에서 'acrobat_text.txt' 파일의 'Acrobat으로 원활하게 작업 ~ 어디서든 작업이 가능합니다.'에 해당하는 내용을 복사하여 붙여 넣습니다.

07 'Acrobat으로 원활하게 작업' 텍스트를 드래그하여 선택합니다. 오른쪽 패널에서 글꼴을 '나눔바른고딕', 글꼴 크기를 '20', 글꼴 색상을 '진한 회색'으로 지정한 다음 '굵게' 아이콘(T)을 클릭합니다.

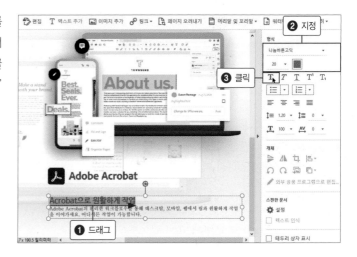

08 나머지 내용을 드래그하여 선택합니다. 오른쪽 패널에서 글꼴을 '나눔바른고딕', 글꼴 크기를 '16', 글꼴 색상을 '진한 회색'으로 지정합니다.

09 입력한 텍스트 전체를 드래그하여 선택하고 줄 간격을 '1.50'으로 지정합니다.

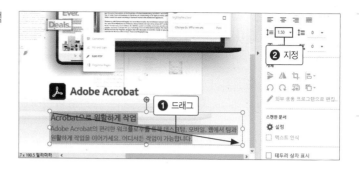

10 설명 내용을 드래그하여 선택하고 줄 간격을 '1.20'으로 지정합니다.

11 텍스트의 일부를 강조하기 위해 'Adobe Acrobat' 텍스트를 드래그하여 선택하고 오른쪽 패널에서 '굵게' 아이콘(T)을 클릭합니다.

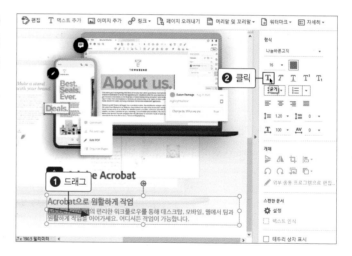

12 입력된 텍스트를 확인하고 위치를 그림과 같이 타이틀과 잘 어울리도록 배치합니다.

빈 페이지 추가하고 PDF 문서 만들기

새로운 페이지를 추가하여 문서를 만들기 위해 빈 페이지를 추가해야 하며 페이지 축소판을 활용하여 빈페이지 추가하는 방법을 활용하여 PDF 문서를 만드는 방법을 알아보겠습니다.

◉ 예제파일 : 07\07_01.jpg, 07_02.jpg, 07_03.jpg, acrobat_text.txt　|　◉ 완성파일 : 07\acrobat_텍스트수정.pdf

01 새로운 빈 페이지를 추가하기 전에 '페이지 축소판' 아이콘(📄)을 클릭하여 페이지 축소판을 확인합니다.

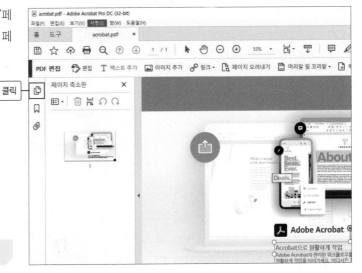

> **TIP**
> 본 예제는 이전 예제를 이어서 진행합니다.

02 페이지 축소판에서 '옵션' 아이콘(📄)을 클릭한 다음 페이지 삽입 → 빈 페이지를 실행하여 새로운 페이지를 추가합니다.

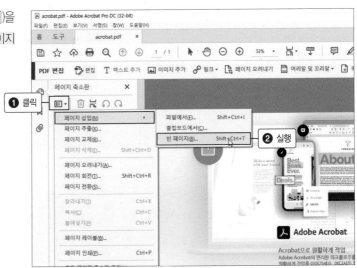

03 페이지 삽입 대화상자가 표시되면 선택된 페이지 뒤로 페이지를 생성하기 위해 위치를 '이후'로 지정한 다음 〈확인〉 버튼을 클릭합니다.

04 빈 페이지가 추가되었습니다. 페이지 축소판을 숨기기 위해 '숨김' 아이콘(◀)을 클릭합니다.

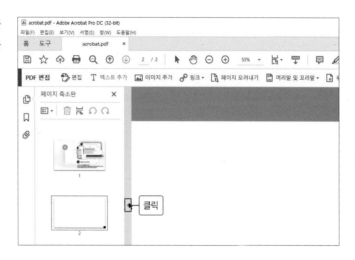

05 이미지를 문서에 추가하기 위해 PDF 편집 도구 모음에서 '이미지 추가'를 클릭합니다.

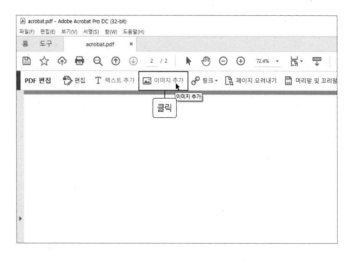

Acrobat 시작

문서 변환

관리 × 편집

양식 × 수정

서명 × 보안

문서 편집

문서 제작

양식 제작 × 활용

06 열기 대화상자가 표시되면 07 폴더에서
'07_01.jpg' 파일을 선택한 다음 〈열기〉
버튼을 클릭합니다.

07 문서의 왼쪽 상단을 클릭합니다. 클릭한 지점을 기준으로 이미지가 삽입됩니다.

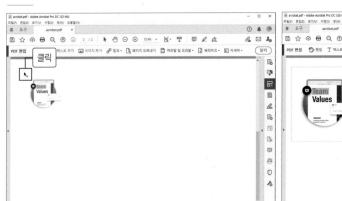 

08 05번 ~ 07번 과정과 같은 방법으로 07
폴더에서 '07_02.jpg', '07_03.jpg' 파일
을 불러와 그림과 같이 배치합니다.

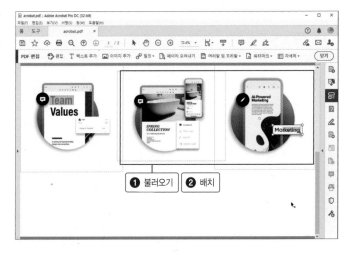

09 텍스트를 입력하기 위해 PDF 편집 도구 모음에서 '텍스트 추가'를 클릭합니다.

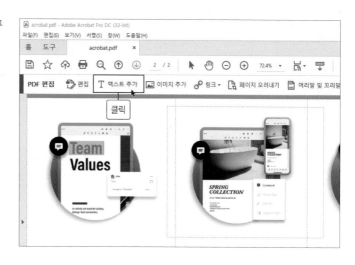

10 첫 번째 이미지 하단에 그림과 같이 드래그하여 텍스트를 입력할 영역을 지정합니다.

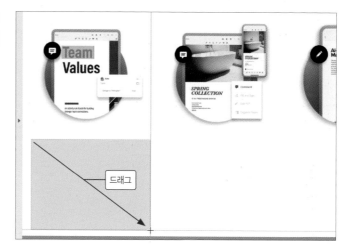

11 텍스트 영역에 내용을 입력합니다. 07 폴더에서 'acrobat_text.txt' 파일의 '공동 작업 및 추적 ~ 각각의 진행 상황을 추적할 수 있습니다.'에 해당하는 내용을 복사하여 붙여 넣습니다.

12 입력한 텍스트를 모두 드래그하여 선택합니다. 오른쪽 패널에서 글꼴을 '나눔스퀘어 Bold', 글꼴 크기를 '12', 글꼴 색상을 '진한 회색', 줄 간격을 '1.40'으로 지정합니다.

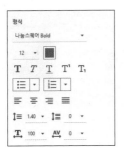

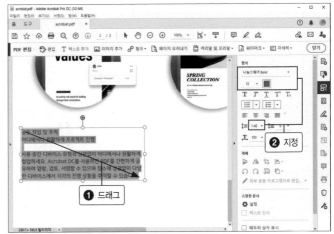

TIP

따로 지정하지 않아도 원하는 글꼴로 텍스트가 입력되게 설정할 수 있습니다. 메뉴에서 (편집) → 기본 설정을 실행합니다. 기본 설정 대화상자가 표시되면 범주에서 '내용 편집'을 선택한 다음 글꼴 옵션에서 원하는 글꼴을 지정하여 입력 가능합니다.

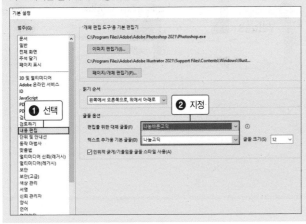

13 '어디에서나 원활하게 프로젝트 진행' 텍스트를 드래그하여 선택하고 오른쪽 패널에서 글꼴을 '나눔스퀘어 ExtraBold', 글꼴 크기를 '18', 글꼴 색상을 '진한 빨간색'으로 지정합니다.

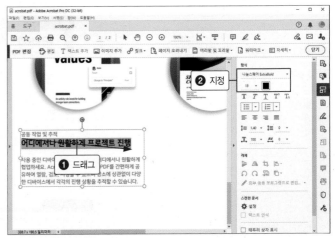

14 입력한 텍스트를 선택하고 Ctrl + C를
누른 다음 Ctrl + V를 눌러 텍스트를 복
사하고 붙여 넣습니다.

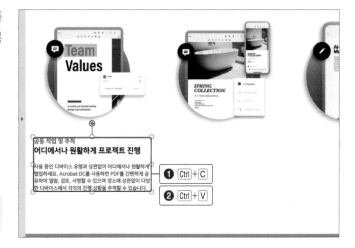

TIP

동일한 위치에 붙여 넣어져 텍스트를 확인하기 어려
울 수 있습니다.

15 복사한 텍스트를 드래그하여 두 번째 이
미지 하단으로 이동합니다.

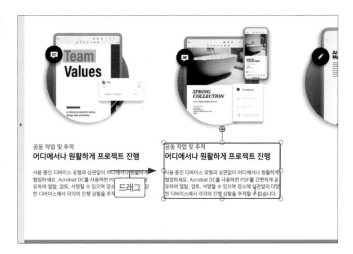

16 복사한 텍스트의 내용을 변경합니다. 07
폴더에서 'acrobat_text.txt' 파일의 '편
리한 검토 ~ 온라인으로 검토하는 방법 보기'에
해당하는 내용을 복사하여 붙여 넣습니다.

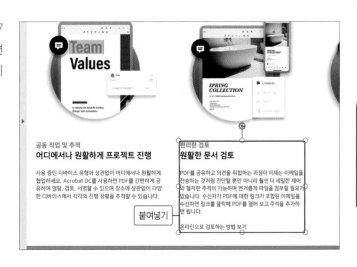

17 '온라인으로 검토하는 방법 보기' 텍스트에 링크를 적용하겠습니다. PDF 편집 도구 모음에서 '링크'를 클릭한 다음 웹 또는 문서 링크 추가/편집을 실행합니다.

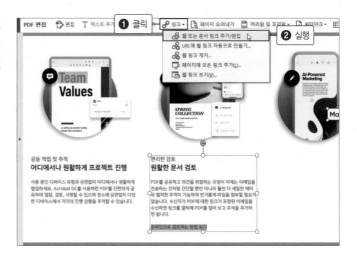

18 '온라인으로 검토하는 방법 보기' 텍스트 부분을 드래그하여 영역으로 지정합니다.

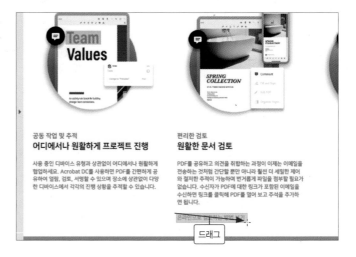

19 링크 만들기 대화상자가 표시되면 링크 유형을 '보이지 않는 사각형', 강조 스타일을 '반전', 링크 동작을 '웹 페이지 열기'로 선택하고 〈다음〉 버튼을 클릭합니다.

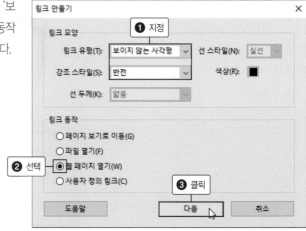

20 URL 편집 대화상자가 표시되면 07 폴더에서 'acrobat_text.txt' 파일의 첫 번째 링크를 복사하여 붙여 넣은 다음 〈확인〉 버튼을 클릭합니다.

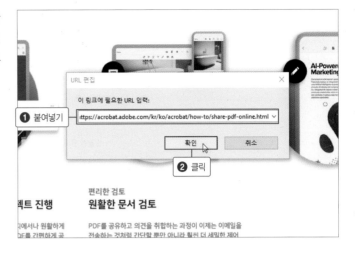

21 링크가 연결되어 파란색 상자가 표시됩니다. 텍스트를 복사하기 위해 PDF 편집 도구 모음에서 '편집'을 클릭합니다.

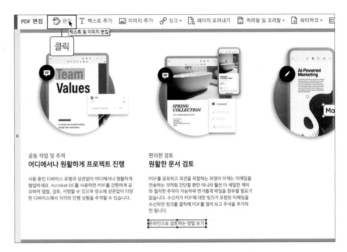

22 두 번째 이미지 하단에 입력한 텍스트를 복사한 다음 붙여 넣습니다. 동일한 위치에 붙여 넣어져 확인이 어려울 수 있습니다.

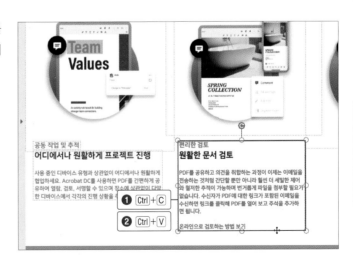

Acrobat 시작

문서 변환

관리 × 편집

공유 × 수정

서명 × 보호

문서 편집

문서 제작

양식 제작 × 활용

23 복사한 텍스트를 오른쪽으로 드래그하여 세 번째 이미지 하단으로 이동합니다.

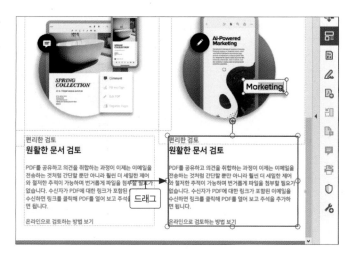

24 복사한 텍스트의 내용을 변경합니다. 07 폴더에서 'acrobat_text.txt' 파일의 '어디에서나 생산성 향상 ~ Acrobat Reader에 대한 자세한 내용'에 해당하는 내용을 복사하여 붙여 넣습니다.

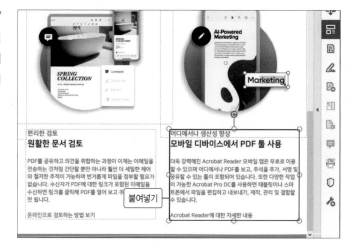

25 링크를 지정하기 위해 PDF 편집 도구 모음에서 '링크'를 클릭한 다음 웹 또는 문서 링크 추가/편집을 실행합니다.

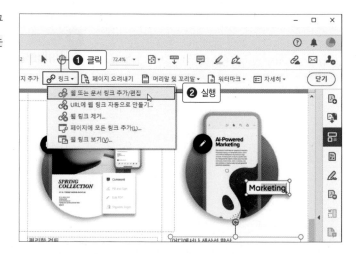

26 'Acrobat Reader에 대한 자세한 내용' 텍스트 부분을 드래그하여 영역으로 지정합니다.

27 링크 만들기 대화상자가 표시되면 링크 유형을 '보이지 않는 사각형', 강조 스타일을 '반전', 링크 동작을 '웹 페이지 열기'로 선택하고 〈다음〉 버튼을 클릭합니다.

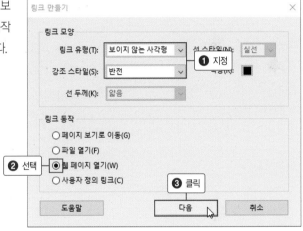

28 URL 편집 대화상자가 표시되면 07 폴더에서 'acrobat_text.txt' 파일의 두 번째 링크를 복사하여 붙여 넣은 다음 〈확인〉 버튼을 클릭합니다.

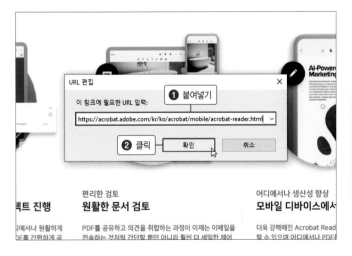

Acrobat 시작

문서 변환

관리 × 편집

공유 × 수정

서명 × 보안

문서 편집

문서 제작

양식 제작 × 활용

29 링크가 지정되면 파란색 상자가 표시됩니다. PDF 편집 도구 모음에서 〈닫기〉 버튼을 클릭하여 PDF 편집을 종료합니다.

30 링크를 적용한 텍스트로 마우스 커서를 가져가면 커서가 손가락 모양으로 변경됩니다. 하단에 링크가 적용된 텍스트를 클릭합니다. 웹사이트에 악성 코드 등이 있을 수 있기 때문에 보안 경고 내용을 확인하고 〈허용〉 버튼을 클릭합니다.

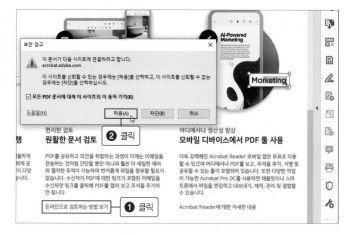

31 웹 브라우저에 링크로 지정한 주소로 이동됩니다.

TIP

텍스트 일부 또는 전체 선택 방법

문서에서 원하는 텍스트를 선택할 때 텍스트를 더블클릭하면 해당 클릭하는 지점의 단어가 자동으로 선택됩니다. 세 번 클릭한 경우는 해당 클릭하는 지점의 단어가 포함된 한줄이 선택됩니다. 네 번 클릭한 경우는 문서 전체의 텍스트가 선택됩니다. 메뉴에서 [편집] → 전체 선택을 실행하면 네 번 클릭하는 경우와 동일한 기능이 실행됩니다. 만약 (Alt)를 누른 상태에서 텍스트를 드래그하면 드래그한 영역에 포함된 단어들이 자동 선택됩니다.

Acrobat 시작

문서 변환

관리×편집

공유×수정

서명×보안

문서 편집

문서 제작

양식 제작×활용

03 머리말 꼬리말 추가하기
따라하기

PDF 문서에 페이지 번호를 삽입하거나 머리말, 꼬리말 등을 추가하여 반복적인 부분을 Acrobat에서 쉽게 설정할 수 있습니다. PDF 문서에 머리말과 꼬리말, 페이지 번호를 삽입하는 방법을 알아보겠습니다.

◎ 예제파일 : 07\반려견놀이터.pdf　｜◎ 완성파일 : 07\반려견놀이터_머리말.pdf

01 Acrobat을 실행하고 메뉴에서 (파일)
→ 열기((Ctrl)+(O))를 실행하여 07 폴더
에서 '반려견놀이터.pdf' 파일을 불러옵니다.

02 문서에 머리말, 꼬리말을 적용하기 위해
도구 막대에서 'PDF 편집' 아이콘(圖)
을 클릭합니다.

03 PDF 편집 도구 모음에서 '머리말 및 꼬
리말'을 클릭한 다음 추가를 실행합니다.

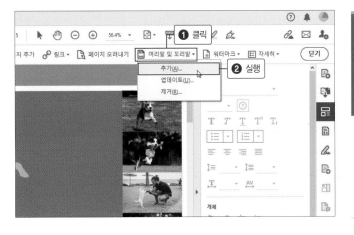

04 머리말 및 꼬리말 추가 대화상자가 표시되면 글꼴에서 이름을 '나눔스퀘어', 크기를 '10', 색상을 '흰색'으로 지정합니다. 왼쪽 머리말 텍스트에 '해피그라운드 사업계획서', 오른쪽 꼬리말 텍스트에 '2035.2.1. Ver 1.0'을 입력합니다.

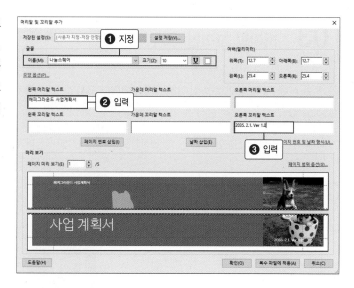

05 페이지 번호를 삽입할 위치로 '왼쪽 꼬리말 텍스트' 영역을 클릭하고 〈페이지 번호 삽입〉 버튼을 클릭합니다.

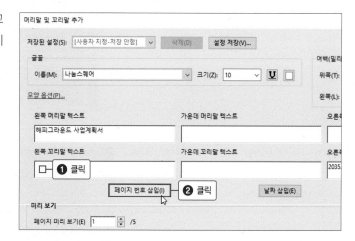

06 왼쪽 꼬리말 텍스트 영역에 '《〈1〉》'이 입력된 것을 확인하고 〈확인〉 버튼을 클릭합니다.

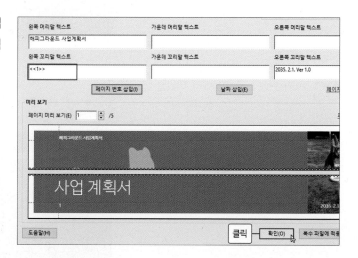

07 문서에 머리말과 꼬리말, 페이지 번호가 삽입되었습니다.

08 다른 페이지를 확인하면 머리말과 페이지 번호가 겹치거나 안 보입니다.

09 문서에 적용된 머리말, 꼬리말을 수정하기 위해 PDF 편집 도구 모음에서 '머리말 및 꼬리말'을 클릭한 다음 업데이트를 실행합니다.

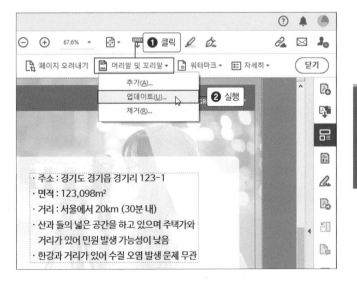

Acrobat 시작

문서 변환

관리×편집

인쇄×수정

서명×보호

문서 편집

문서 제작

양식 제작×활용

10 머리말 및 꼬리말 업데이트 대화상자가
표시되면 여백에서 위쪽을 '9.5', 아래쪽
을 '12.7', 왼쪽을 '12', 오른쪽을 '10'으로 설정하여
〈확인〉 버튼을 클릭합니다.

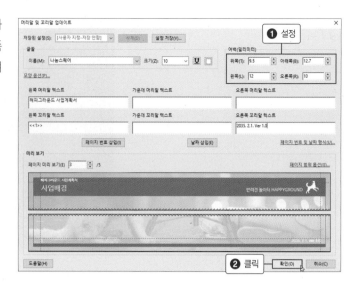

11 머리말과 꼬리말, 페이지 번호의 위치가
모두 수정된 것을 확인할 수 있습니다.

12 기존 머리말과 꼬리말을 업데이트할 수
있지만 별도로 추가할 수도 있습니다.
꼬리말을 추가하기 위해 PDF 편집 도구 모음에
서 '머리말 및 꼬리말'을 클릭한 다음 추가를 실
행합니다.

13 기존 머리말과 꼬리말이 있다는 내용을 확인하고 〈새 항목 추가〉 버튼을 클릭하여 머리말, 꼬리말을 새롭게 추가 적용합니다.

TIP

〈기존 항목 교체〉 버튼을 클릭하는 경우 기존 머리말, 꼬리말이 제거되고 새로운 머리말, 꼬리말이 적용됩니다.

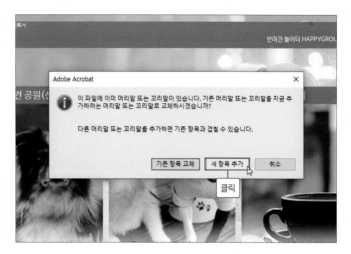

14 머리말 및 꼬리말 추가 대화상자가 표시되면 글꼴에서 이름을 '나눔바른고딕', 크기를 '12', 색상을 '검은색'으로 지정한 다음 가운데 꼬리말 텍스트에 '작성자 홍보팀 : 홍길동'을 입력합니다.

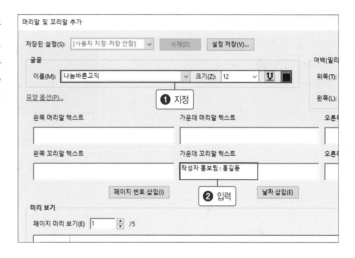

15 기본으로 첫 페이지부터 머리말과 꼬리말이 적용됩니다. 3페이지부터 꼬리말을 적용하기 위해 '페이지 범위 옵션'을 클릭합니다.

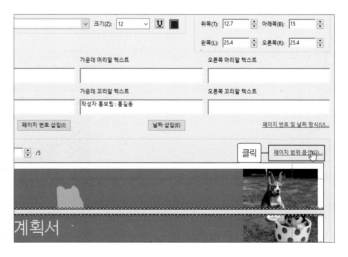

16 페이지 범위 옵션 대화상자가 표시되면 '시작 페이지'를 선택하고 3페이지부터 5페이지까지 적용되도록 '3', '5'를 각각 입력한 다음 〈확인〉 버튼을 클릭합니다.

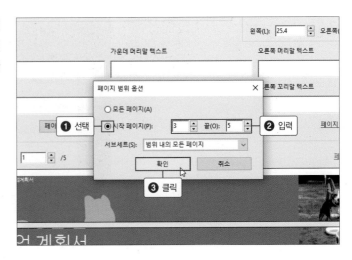

17 미리 보기에 적용되었던 꼬리말이 제거 된 것을 확인할 수 있습니다. 3페이지부 터 꼬리말이 적용된 것을 확인하고 〈확인〉 버튼 을 클릭합니다.

18 문서를 확인하면 3페이지부터 꼬리말이 적용되었습니다.

02
CHAPTER

PDF 문서에 워터마크와
동작 설정하기

PDF 문서를 만들 때 워터마크를 적용하거나 프레젠테이션 모드를 위해 페이지에 동작을 적용할 수 있습니다.

01
따라하기

워터마크 적용하기

PDF 문서에 암호를 설정하여 문서를 열지 못하도록 설정할 수 있지만, 활용에 제한을 설정하기 위해 워터마크를 적용할 수도 있습니다. 워터마크는 항상 문서에 보이거나 인쇄할 때만 표시되도록 설정할 수 있습니다. PDF 문서에 워터마크를 적용하는 방법을 알아보겠습니다.

● 예제파일 : 07\해외취업설명자료.pdf | ● 완성파일 : 07\해외취업설명자료_워터마크.pdf

01   Acrobat을 실행하고 메뉴에서 (파일) → 열기(Ctrl+O)를 실행하여 07 폴더에서 '해외취업설명자료.pdf' 파일을 불러옵니다.

02   문서를 편집하기 위해 도구 막대에서 'PDF 편집' 아이콘(▤)을 클릭합니다.

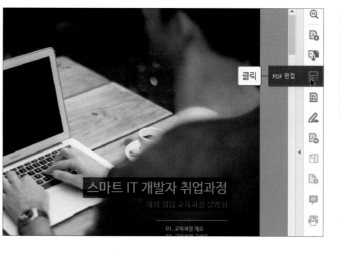

03 PDF 편집 도구 모음에서 '워터마크'를 클릭한 다음 추가를 실행합니다.

04 워터마크 추가 대화상자가 표시되면 텍스트에 '한강 퍼스트 아카데미'를 입력하고 글꼴을 '나눔스퀘어라운드 ExtraBold', 크기를 '72', 색상을 '진한 파란색'으로 지정합니다.

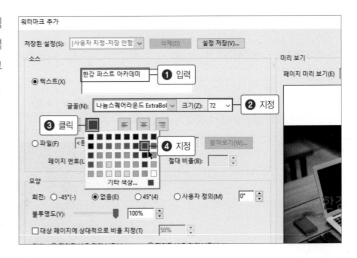

05 회전에서 '사용자 정의'를 선택하고 '30°'로 설정합니다. 텍스트에 불투명도를 적용하기 위해 불투명도를 '30%'로 설정한 다음 '모양 옵션'을 클릭합니다.

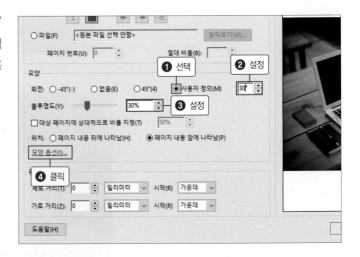

06 모양 옵션 대화상자가 표시되면 '인쇄할 때 표시'와 '화면에 표시될 때 표시'를 체크 표시한 다음 〈확인〉 버튼을 클릭합니다.

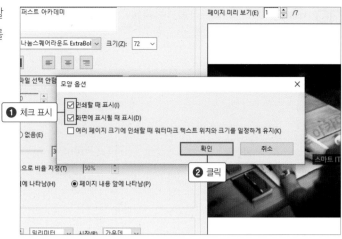

07 미리 보기에서 페이지에 적용되는 모습을 확인할 수 있습니다. 워터마크를 적용하기 위해 〈확인〉 버튼을 클릭합니다.

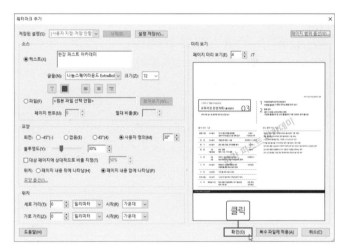

08 적용된 워터마크를 확인합니다. 워터마크의 텍스트 영역이 3개로 분리된 것을 확인할 수 있습니다.

> **TIP**
> 예제 진행에 따라서 분리되지 않은 텍스트로 만들어 질 수도 있습니다.

09 메뉴에서 (파일) → 다른 이름으로 저장
(Shift + Ctrl + S)을 실행합니다.

10 PDF로 저장 대화상자가 표시되면 최
근 폴더에 저장에서 폴더를 선택하거나
〈다른 폴더 선택〉 버튼을 클릭하여 경로를 지정
하여 저장합니다.

11 문서가 저장되면 워터마크가 한 개의 텍
스트 영역으로 지정된 것을 확인할 수
있습니다.

02 특정 페이지에 동작 설정하기
따라하기

문서의 특정 페이지로 이동하거나 전체 화면 보기 등을 적용하여 자동으로 동작하도록 설정할 수 있습니다. 특정 페이지에 동작을 적용하는 방법을 알아보겠습니다.

◉ 예제파일 : 07\건강관리앱개발제안서.pdf, acrobat_text.txt ┃ ◉ 완성파일 : 07\건강관리앱개발제안서_동작.pdf

01 Acrobat을 실행하고 메뉴에서 (파일)
→ 열기((Ctrl)+(O))를 실행하여 07 폴더
에서 '건강관리앱개발제안서.pdf' 파일을 불러
옵니다.

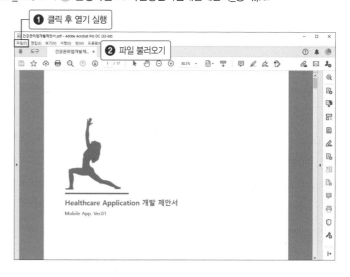

❶ 클릭 후 열기 실행

❷ 파일 불러오기

02 탐색 창에서 '페이지 축소판' 아이콘(⬜)
을 클릭합니다.

클릭

03 페이지 축소판에서 각각의 페이지를 선택하고 이동할 수 있습니다. 1페이지에 동작을 적용하기 위해 '1'페이지를 선택합니다.

04 '옵션' 아이콘(▣)을 클릭한 다음 페이지 속성을 실행합니다.

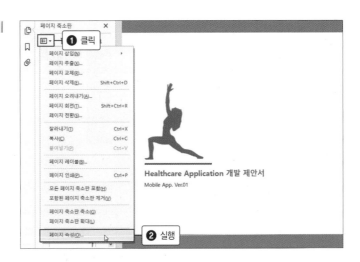

05 페이지 속성 대화상자가 표시되면 탭 순서를 설정할 수 있습니다. 동작을 적용하기 위해 (동작) 탭을 선택합니다.

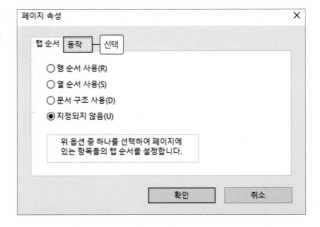

06 트리거 선택을 '페이지 열기', 동작 선택을 '메뉴 항목 실행'으로 지정한 다음 메뉴 명령을 선택하기 위해 〈추가〉 버튼을 클릭합니다.

07 메뉴 항목 대화상자가 표시되면 '보기>전체 화면 모드'를 선택하고 〈확인〉 버튼을 클릭합니다.

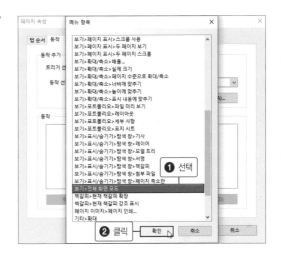

08 동작 내용을 확인하고 〈확인〉 버튼을 클릭합니다.

Acrobat 시작

문서 변환

관리 × 편집

공유 × 수정

서명 × 보호

문서 편집

문서 제작

양식 제작 × 활용

09 페이지 축소판에서 마지막 '17'페이지를 선택하고 '옵션' 아이콘(▤)을 클릭한 다음 페이지 속성을 실행합니다.

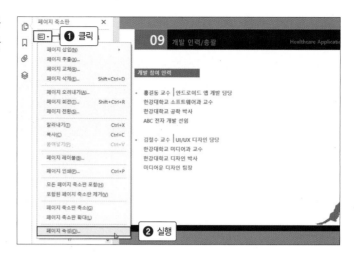

10 페이지 속성 대화상자가 표시되면 [동작] 탭을 선택합니다. 트리거 선택을 '페이지 열기', 동작 선택을 '웹 링크 열기'로 지정한 다음 링크를 적용하기 위해 〈추가〉 버튼을 클릭합니다.

11 URL 편집 대화상자가 표시되면 07 폴더에서 'acrobat_text.txt' 파일의 세 번째 링크를 복사하여 붙여 넣은 다음 〈확인〉 버튼을 클릭합니다. 동작 내용을 확인하고 〈확인〉 버튼을 클릭합니다.

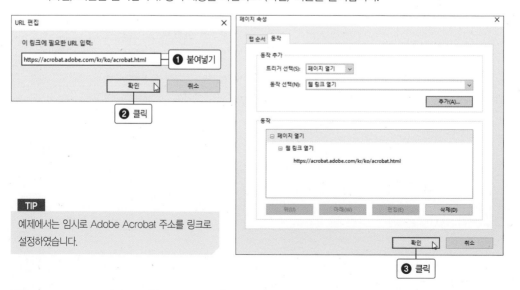

TIP

예제에서는 임시로 Adobe Acrobat 주소를 링크로 설정하였습니다.

12 페이지 축소판에서 '1'페이지를 선택합니다. 전체 화면 모드로 전환된다는 내용이 표시되면 〈예〉 버튼을 클릭하여 전체 화면 모드로 PDF 문서를 확인할 수 있습니다.

13 페이지 축소판에서 '17'페이지를 선택하면 설정한 웹 링크를 웹 브라우저에서 확인할 수 있습니다.

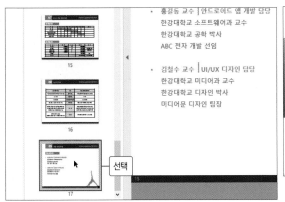

14 문서를 다시 열면 1페이지가 열리면서 전체 화면 모드로 전환된다는 내용이 표시됩니다. 〈예〉 버튼을 클릭하면 전체 화면으로 PDF 문서를 확인할 수 있습니다.

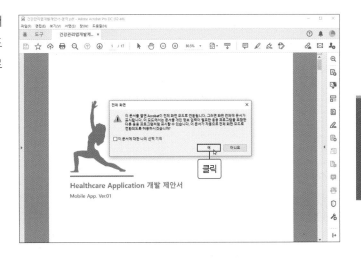

Acrobat 시작

문서 변환

관리 × 편집

공유 × 수정

서명 × 보안

문서 편집

문서 제작

양식 제작 × 활용

03 문서에 멀티미디어 영상 삽입하기

따라하기

Acrobat에서는 다양한 멀티미디어를 재생할 수 있으며 비디오는 H.264 압축을 사용하는 MOV, M4V, MP4 파일 등을 재생할 수 있습니다.

01 문서에 영상을 삽입하기 위해 (도구) 탭을 클릭한 다음 만들기 및 편집에서 '리치 미디어'를 클릭합니다.

TIP

H.264 압축된 영상을 재생하기 위해 H.264 코덱을 설치해야 합니다. 오디오는 기본적으로 MP3 형식을 지원합니다. 이러한 멀티미디어 파일은 페이지에서 직접 재생하거나 링크, 책갈피, 양식 필드 또는 페이지 동작을 통하여 활성화가 가능합니다.

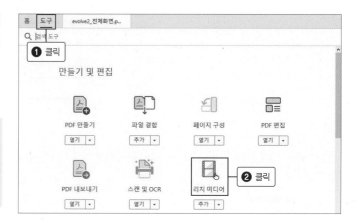

02 리치 미디어 도구 모음이 표시되면 '비디오 추가'를 클릭하여 영상을 문서에 삽입할 수 있습니다. 사운드 파일을 삽입하려면 '사운드 추가'를 클릭하면 됩니다. '비디오 추가'를 클릭하고 영상이 삽입될 위치를 드래그하여 영상 위치를 지정합니다.

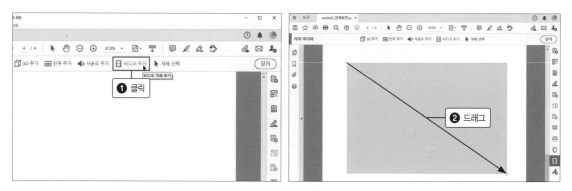

03 비디오 삽입 대화상자가 표시되면 저장되어 있는 영상 파일을 〈찾아보기〉 버튼을 클릭하여 선택하고 〈확인〉 버튼을 클릭하면 문서에 영상이 적용됩니다. 세부 설정을 변경하기 위해 '고급 옵션 표시'를 체크 표시하면 설정이 가능하도록 대화상자가 확장됩니다.

TIP

❶ **컨텐트 비율로 스냅** : 재생 영역에서 원본 비디오 또는 대화하여 컨텐츠의 높이와 너비 비율이 유지되도록 설정합니다.
❷ **고급 옵션 표시** : 실행 설정, 재생 컨트롤 및 비디오 설정 등이 가능한 대화상자로 확장됩니다.

04 영상이 추가되면 영상 컨트롤이 왼쪽 하단에 표시됩니다. 영상을 재생하면 삽입된 영상이 재생됩니다.

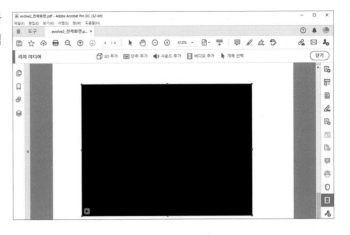

TIP

고급 옵션 표시 – (실행 설정) 탭

❶ **다음의 경우 사용** : 영상이 재생되는 방법을 설정합니다.

❷ **다음의 경우 사용 안 함** : 영상이 정지되는 방법을 설정합니다.

❸ **재생 스타일** : 문서 내에서 재생하는 방법을 설정합니다 .

❹ **너비, 높이** : 영상의 크기를 설정합니다.

❺ **테두리 너비** : 영상의 테두리를 설정합니다.

❻ **포스터 이미지** : 영상이 활성화 상태가 아닐 때 표시할 이미지를 설정합니다.

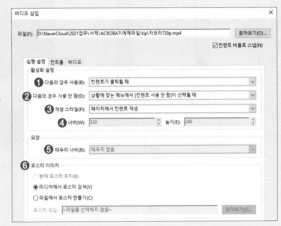

고급 옵션 표시 – (컨트롤) 탭

❶ **스킨** : 영상 재생에 표시될 컨트롤 세트를 선택합니다.

❷ **색상** : 컨트롤 색상을 설정합니다.

❸ **불투명도** : 재생 컨트롤의 투명도를 설정합니다.

❹ **컨트롤 자동 숨김** : 이 옵션이 선택된 경우 마우스 커서가 영상 위에 있지 않을 때 재생 컨트롤이 숨겨집니다.

고급 옵션 표시 – (비디오) 탭

영상을 추가할 때 사용됩니다.

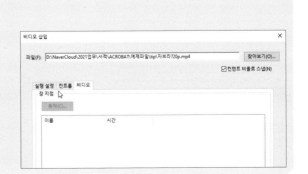

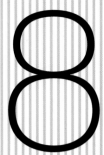

PART

8

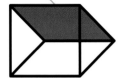

PDF 프레젠테이션&
양식 만들기

프레젠테이션 문서를 만드는 대표적인 프로그램으로 MS 사의 Power Point가 있지만 최근에는 PDF 문서를 프레젠테이션
문서로 사용하는 경우가 늘어나고 있습니다. 문서의 범용성과 PDF 문서 활용도가 높아지고 있기 때문일 것입니다.
이외에도 양식으로 만들어서 배포하여 정보를 수집하거나 제공 받을 수 있습니다. PDF 문서의 활용도를 높이기 위해
프레젠테이션에 활용하는 방법과 양식을 만드는 방법을 살펴보겠습니다.

ACROBAT DC

PDF 문서를 프레젠테이션에 활용하기

CHAPTER

프레젠테이션은 파워포인트로 작업한 PPT가 많이 활용되지만 최근에는 PDF 문서의 활용도도 높아지고 있습니다. PDF 문서를 프레젠테이션에서 효과적으로 사용하기 위해 전체 화면과 페이지 전환 효과 방법을 알아보겠습니다.

01 프레젠테이션을 위한 전체 화면 설정하기
따라하기

Acrobat에는 페이지에 대한 동작으로 전체 화면을 설정하는 기능을 제공하지만 문서 속성을 이용하여 전체 화면으로 설정하는 방법도 있습니다. 문서 속성을 설정하여 프레젠테이션을 위한 전체 화면으로 활용하는 방법을 알아보겠습니다.

◉ 예제파일 : 08\evolve2.pdf ┃ ◉ 완성파일 : 08\evolve2_전체화면.pdf

01 Acrobat을 실행하고 메뉴에서 (파일) → 열기([Ctrl]+[O])를 실행하여 08 폴더에서 'evolve2.pdf' 파일을 불러옵니다.

02 전체 화면 기능을 위해 문서 속성을 활용해야 합니다. 메뉴에서 (파일) → 속성을 실행합니다.

03 문서 속성 대화상자가 표시되면 기본적인 문서 정보가 표시됩니다. (처음 보기) 탭을 선택합니다.

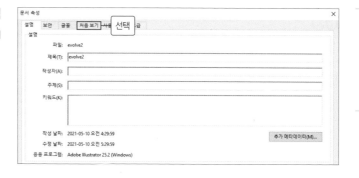

04 창 옵션에서 '전체 화면 모드에서 열기'를 체크 표시하여 문서가 열릴 때 전체 화면 모드로 열도록 설정하고 〈확인〉 버튼을 클릭합니다.

TIP

문서 속성 – (처음 보기) 탭 살펴보기

❶ **탐색 탭** : 탐색 창에 표시될 패널을 지정할 수 있으며, 페이지만 보이거나 책갈피 패널, 페이지 패널, 첨부 파일 패널, 레이어 패널 중에서 선택할 수 있습니다.

❷ **페이지 레이아웃** : 문서 페이지의 배열 방식을 지정하며, 두 페이지 또는 연속 두 페이지 관련한 설정으로 문서에 표시되는 페이지의 수와 위치를 설정할 수 있습니다.

❸ **배율** : 문서가 열릴 때 Acrobat 프로그램 내에서 보이는 크기의 확대/축소 배율을 설정합니다.

❹ **페이지 찾아 열기** : 문서를 열 때 표시될 페이지를 설정합니다.

❺ **처음 페이지에 맞추어 창 크기 조정** : 문서 옵션 설정에 따라서 처음 열리는 페이지에 맞춰 문서 창 크기를 조정합니다.

❻ **창을 화면 가운데로** : 창을 화면 영역의 가운데에 표시합니다.

❼ **전체 화면 모드에서 열기** : 프레젠테이션 모드로 사용할 수 있으며 문서만 화면 전체에 표시합니다.

❽ **표시** : 창의 제목 표시줄에 파일 이름 또는 문서 제목을 표시합니다.

❾ **사용자 인터페이스 옵션** : 메뉴 막대, 도구 모음 및 창 조절 단추를 숨길 수 있습니다.

05 전체 화면 작동을 확인하기 위해 전체 화면을 설정한 문서를 저장해야 합니다. 문서를 저장하기 위해 메뉴에서 (파일) → 다른 이름으로 저장(Shift)+(Ctrl)+(S)을 실행합니다.

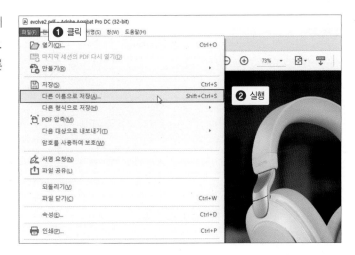

06 PDF로 저장 대화상자가 표시되면 최근 폴더에 저장에서 폴더를 선택하거나 〈다른 폴더 선택〉 버튼을 클릭하여 경로를 지정합니다.

07 PDF로 저장 대화상자가 표시되면 파일 이름을 'evolve2_전체화면', 파일 형식을 'Adobe PDF 파일'로 지정한 다음 〈저장〉 버튼을 클릭합니다. 저장이 완료되면 문서는 닫습니다.

08 Acrobat의 홈 화면에서 '최근'을 선택한 다음 방금 저장한 'evolve2_전체화면.pdf' 파일을 클릭하여 문서를 엽니다.

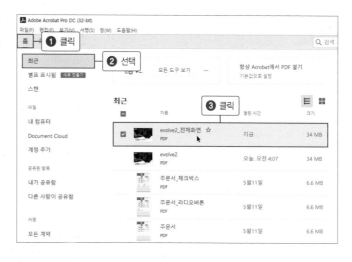

09 문서가 열리면 전체 화면 모드로 문서가 전환된다는 경고 창 내용을 확인하고 〈예〉 버튼을 클릭합니다.

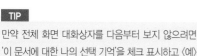

만약 전체 화면 대화상자를 다음부터 보지 않으려면 '이 문서에 대한 나의 선택 기억'을 체크 표시하고 〈예〉 버튼을 클릭합니다.

10 문서가 전체 화면 모드로 모니터 전체에 표시됩니다.

Acrobat 시작

문서 변환

관리 × 편집

양식 × 수정

서명 × 보호

문서 편집

문서 제작

양식 제작 × 활용

프레젠테이션을 위한 페이지 전환 적용하기

프레젠테이션 문서를 만들 때 페이지 전환 효과를 적용하는 경우가 있습니다. Acrobat에서도 페이지 전환 효과를 적용할 수 있으며, 무작위를 포함하여 15가지 설정을 제공합니다. 프레젠테이션을 위해 페이지 전환 효과를 적용하는 방법을 알아보겠습니다.

◉ **예제파일** : 08\evolve2.pdf ┃ ◉ **완성파일** : 08\evolve2_화면전환.pdf

01 Acrobat을 실행하고 메뉴에서 (파일) → 열기((Ctrl)+(O))를 실행하여 08 폴더에서 'evolve2.pdf' 파일을 불러옵니다.

02 페이지 전환 효과를 적용하기 위해 페이지 구성 기능을 사용해야 합니다. (도구) 탭을 클릭한 다음 만들기 및 편집에서 '페이지 구성'을 클릭합니다.

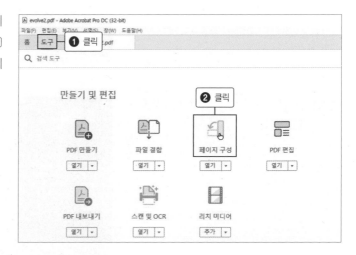

TIP

도구 막대에서 '페이지 구성' 아이콘(📄)을 클릭해도 페이지 전환 효과를 적용할 수 있습니다.

03 페이지 전환 효과는 선택한 페이지가 나타날 때 적용됩니다. 문서를 열 때 전환 효과와 함께 1페이지가 표시되도록 '1'페이지를 선택하고 페이지 구성 도구 모음에서 '자세히'를 클릭한 다음 페이지 전환을 실행합니다.

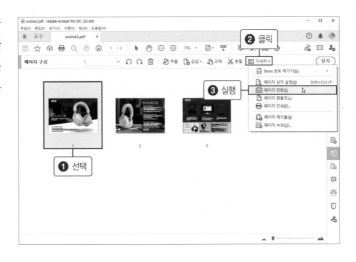

04 페이지 전환 대화상자가 표시되면 전환을 '디졸브', 속도를 '중간'으로 지정합니다. 페이지 범위는 현재 선택한 페이지에 적용되도록 '페이지 패널에서 선택한 페이지'가 선택된 상태에서 〈확인〉 버튼을 클릭합니다.

05 2페이지에도 페이지 전환 효과를 적용하기 위해 '2'페이지를 선택하고 페이지 구성 도구 모음에서 '자세히'를 클릭한 다음 페이지 전환을 실행합니다.

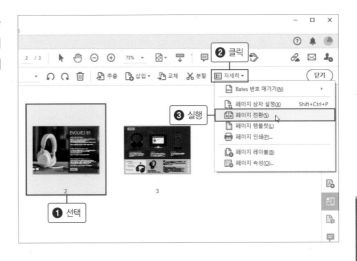

Acrobat 시작

문서 변환

관리×편집

양쪽×수정

서명×보호

문서 편집

문서 제작

양식 제작×활용

06 페이지 전환 대화상자가 표시되면 전환을 '밀어내기', 방향을 '아래로', 속도를 '중간'으로 지정합니다. 페이지 범위는 현재 선택한 페이지에 적용되도록 '페이지 패널에서 선택한 페이지'가 선택된 상태에서 〈확인〉 버튼을 클릭합니다.

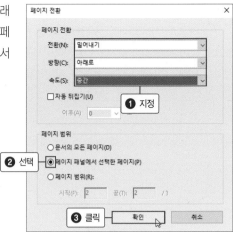

07 '3'페이지를 선택하고 페이지 구성 도구 모음에서 '자세히'를 클릭한 다음 페이지 전환을 실행합니다.

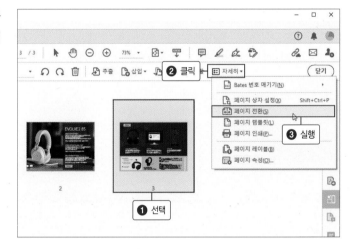

08 페이지 전환 대화상자가 표시되면 전환을 '블라인드', 방향을 '가로', 속도를 '중간'으로 지정합니다. 페이지 범위는 현재 선택한 페이지에 적용되도록 '페이지 패널에서 선택한 페이지'가 선택된 상태에서 〈확인〉 버튼을 클릭합니다.

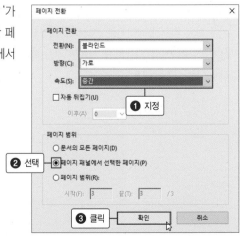

09 문서를 확인하기 위해 페이지 구성 도구 모음에서 〈닫기〉 버튼을 클릭합니다.

10 전체 화면 모드로 변경하기 위해 메뉴에서 [보기] → 전체 화면 모드([Ctrl]+[L])를 실행합니다.

11 1페이지는 픽셀 형태로 무작위의 이미지가 표시되며 전체 페이지가 나타납니다.

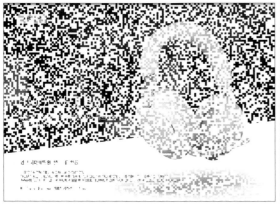

Acrobat 시작

문서 변환

관리 × 편집

양식 × 수정

서명 × 보안

문서 편집

문서 제작

양식 제작 × 활용

12 2페이지는 위쪽에서 아래쪽으로 2페이지가 1페이지를 밀어내는 형태로 페이지가 나타납니다.

13 3페이지는 여러 조각으로 나뉘어 블라인드가 열리듯 페이지가 표시됩니다.

TIP

페이지 전환 효과를 적용해도 기본 설정 대화상자에서 전체 화면의 '모든 페이지 전환 비활성화'를 체크 표시하는 경우 페이지 전환 효과는 표시되지 않을 수 있습니다.

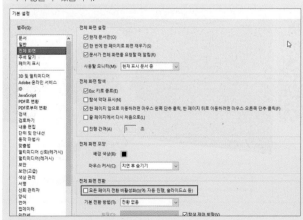

소책자 형식으로 인쇄하기

소책자는 PDF 문서를 출력하고 접었을 때 여러 장의 문서의 순서가 올바르게 배치되도록 인쇄하는 것으로, 양면 인쇄를 기본으로 펼쳐 볼 수 있도록 만든 문서입니다. 다음 그림과 같이 순서대로 되어 있는 문서가 바인딩 되는 부분을 기준으로 펼쳐 볼 수 있도록 한 문서에 인쇄되어야 하며, 1페이지와 8페이지가 같이 출력되고 2페이지와 7페이지가 뒷면에 출력되어야 합니다.

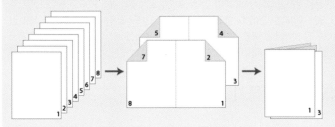

▲ 출처 : https://helpx.adobe.com/

소책자로 위 그림과 같이 순차적으로 볼 수 있도록 출력하기 위해 인쇄 옵션을 설정해야 하며 다음 그림과 같이 페이지 크기 조정 및 처리에서 '소책자'를 선택합니다. 소책자가 선택되는 경우 소책자를 출력하기 위한 설정이 가능합니다.

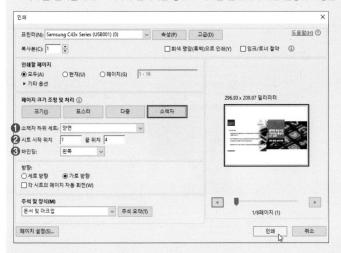

❶ 소책자 하위 세트 : 양면 인쇄가 자동으로 가능한 프린터라면 양면을 선택하면 되지만 단면만 인쇄가 가능하다면 앞면만 인쇄하고 인쇄물의 뒷면에 뒷면만 추가로 인쇄해야 합니다. 인쇄의 설정을 양면, 앞면만, 뒷면만 선택을 통하여 양면으로 소책자 인쇄가 가능하도록 설정합니다.

❷ 시트 시작 위치 : 소책자로 출력될 페이지를 선택합니다. 현재 예시에서 문서는 총 16페이지로 4페이지 소책자로 인쇄되기 때문에 시작 위치는 1, 끝 위치는 4로 설정되었습니다.

❸ 바인딩 : 바인딩의 방향을 설정하여 접히는 기준 위치를 설정합니다.

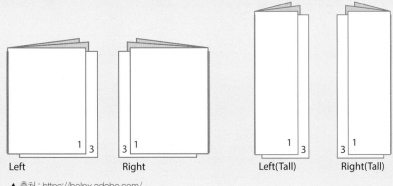

▲ 출처 : https://helpx.adobe.com/

양식 기능으로 데이터 입력 받기

CHAPTER

웹에서 회원 가입, 설문 등을 통하여 다양한 데이터를 선택하고 전송하는 것과 같이 PDF 문서로도 설문, 주문서 등 사용자에게 일정한 데이터를 입력받아 활용할 수 있습니다. 웹에서 활용하는 라디오 단추, 체크 상자, 텍스트 필드, 드롭다운 등 웹에서 사용하는 양식과 동일한 형태로 활용됩니다. 양식 기능으로 PDF 문서를 만들어 활용하는 방법을 알아보겠습니다.

01 단일 선택이 가능한 라디오 단추 만들기
따라하기

웹 사이트 등에서 회원 가입을 하거나 설문을 할 때 양식을 통해서 제공합니다. PDF에도 양식 문서를 작성할 수 있으며 라디오 단추, 체크 상자, 드롭다운 등 다양한 옵션 중 선택이 가능합니다. 여러 옵션 중 단일 선택만 가능한 라디오 단추로 주문서를 작성하는 방법을 알아보겠습니다.

◉ 예제파일 : 08\주문서.pdf | ◉ 완성파일 : 08\주문서_라디오.pdf

01 Acrobat을 실행하고 메뉴에서 (파일)
→ 열기((Ctrl)+(O))를 실행하여 08 폴더
에서 '주문서.pdf' 파일을 불러옵니다.

02 양식을 만들기 위해 (도구) 탭을 클릭한
다음 양식 및 서명에서 '양식 만들기'를
클릭합니다.

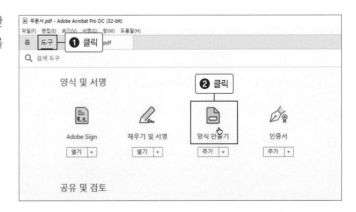

03 양식 만들기가 활성화되면 양식을 적용하기 위해 〈시작〉 버튼을 클릭합니다.

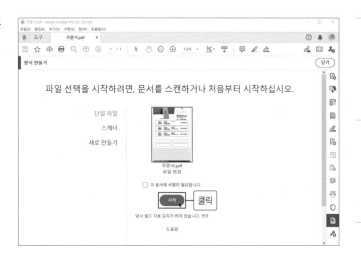

04 현재 문서에는 양식에 관련된 필드 주석이 없다는 내용을 확인하고 〈확인〉 버튼을 클릭합니다.

05 양식 만들기 도구 모음에서 '라디오 단추' 아이콘(◉)을 클릭합니다.

> **TIP**
>
> 라디오 단추는 여러 옵션 중에 하나만 선택 가능한 양식입니다.

Acrobat 시작

문서 변환

관리 × 편집

공유 × 수정

서명 × 보안

문서 편집

문서 제작

양식 제작 × 활용

06 그림과 같이 첫 번째 상품명 앞쪽을 클릭하여 라디오 단추를 적용합니다.

07 라디오 단추에 내용을 적용합니다. 라디오 단추 선택에 '8CPU7GPU', 그룹 이름에 'imac'을 입력합니다. 필수 선택하도록 '필수 필드'에 체크 표시합니다.

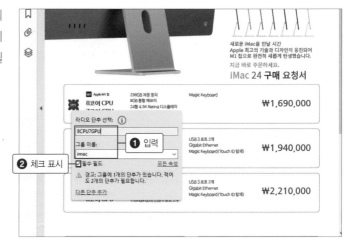

08 라디오 단추는 동일 그룹 이름 내에서 하나만 선택되기 때문에 최소한 그룹 내에 2개 이상의 단추를 설정해야 합니다.
단추를 생성하고 그룹으로 만들 수 있지만 팝업 메뉴에서 '다른 단추 추가'를 클릭하면 동일 그룹 이름으로 라디오 단추를 만들 수 있습니다.

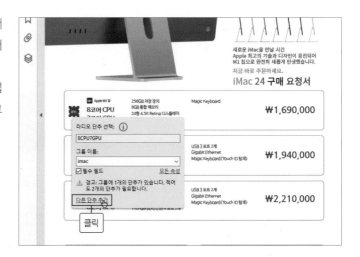

09 라디오 단추 기능이 활성화되면 두 번째 상품명 앞쪽을 클릭합니다. 라디오 단추가 생성되면 라디오 단추 선택에 '8CPU8GPU'를 입력합니다. 그룹 이름 및 필수 필드는 자동으로 선택된 상태입니다.

세 번째 라디오 단추를 추가하기 위해 '다른 단추 추가'를 클릭합니다.

10 세 번째 상품명 앞쪽을 클릭합니다. 라디오 단추가 생성되면 라디오 단추 선택에 '8CPU8GPU_512'를 입력합니다. 그룹 이름 및 필수 필드는 자동으로 선택된 상태입니다.

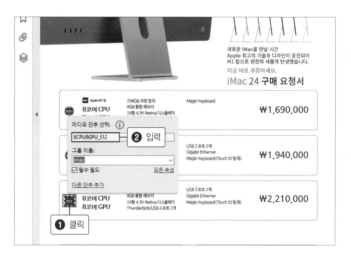

11 적용된 라디오 단추를 확인하기 위해 양식 만들기 도구 모음에서 〈미리 보기〉 버튼을 클릭합니다.

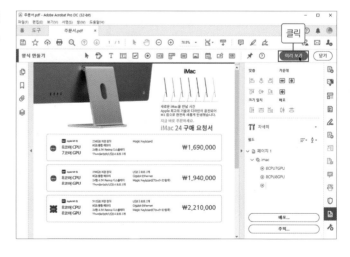

12 문서에 라디오 단추가 적용된 것을 확인할 수 있습니다. 라디오 단추를 클릭하면 라디오 단추에 원이 표시되어 선택되며 3개 중 1개만 선택할 수 있습니다.

13 다시 라디오 단추 편집을 위해 양식 만들기 도구 모음에서 〈편집〉 버튼을 클릭합니다.

14 첫 번째 라디오 단추를 더블클릭합니다. 라디오 단추 속성 대화상자가 표시되면 [일반] 탭의 이름에 지정한 그룹 이름이 표시되어 있습니다.

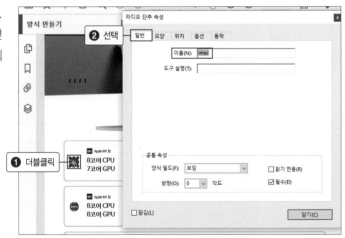

15 〔모양〕 탭을 선택하면 단추의 모양을 설정할 수 있습니다. 테두리 색상을 '회색', 선 두께를 '얇음', 선 스타일을 '오목'으로 지정합니다.

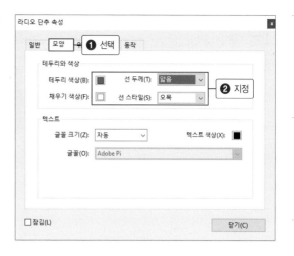

16 크기와 위치를 설정하기 위해 〔위치〕 탭을 선택합니다. 너비를 '4mm', 높이를 '4mm'로 설정합니다.

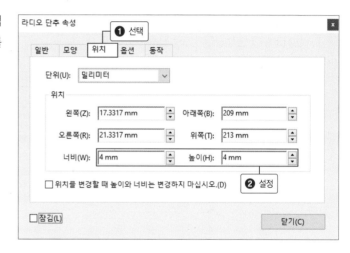

17 현재 상태에서 위치를 조절하면 크기도 변경되기 때문에 크기가 변경되지 않도록 고정해야 합니다. '위치를 변경할 때 높이와 너비는 변경하지 마십시오'를 체크 표시합니다.

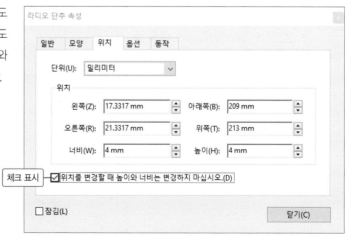

Acrobat 시작

문서 변환

관리 × 편집

공유 × 수정

서명 × 보호

문서 편집

문서 제작

양식 제작 × 활용

18 위치의 왼쪽, 오른쪽, 아래쪽, 위쪽의 값
을 설정하여 그림과 같이 중앙에 배치한
다음 〈닫기〉 버튼을 클릭합니다.

19 수정한 라디오 단추의 크기와 모양을 확
인하기 위해 양식 만들기 도구 모음에서
〈미리 보기〉 버튼을 클릭합니다.

20 라디오 단추의 크기와 형태가 변경된 것
을 확인할 수 있으며, 라디오 단추를 클
릭하면 오목한 형태로 보이도록 안쪽에 음영이
적용됩니다. 나머지 라디오 단추도 수정하기 위
해 〈편집〉 버튼을 클릭합니다.

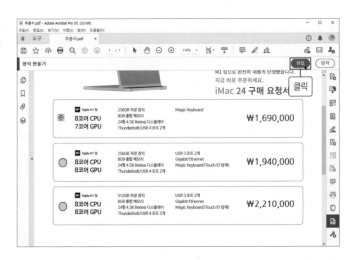

21 두 번째 라디오 단추를 더블클릭합니다. 라디오 단추 속성 대화상자를 표시되면 기본적으로 (일반) 탭이 선택되어 있습니다.

22 (모양) 탭을 선택하고 테두리 색상을 '검은색', 선 두께를 '얇음', 선 스타일을 '실선'으로 지정합니다.

TIP

실선으로 선 스타일을 선택하면 라디오 단추가 선택되었을 때 오목과 달리 음영 표시가 없습니다.

23 (위치) 탭을 선택하여 '위치를 변경할 때 높이와 너비는 변경하지 마십시오'를 체크 해제합니다. 너비와 높이를 변경할 수 있는 상태가 되면 너비를 '4mm', 높이를 '4mm'로 설정합니다.

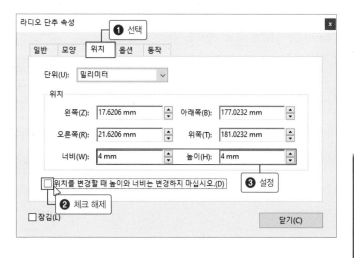

24 다시 '위치를 변경할 때 높이와 너비는 변경하지 마십시오'를 체크 표시합니다. 위치의 왼쪽, 오른쪽, 아래쪽, 위쪽의 값을 설정하여 첫 번째 라디오 단추와 같이 중앙에 배치한 다음 〈닫기〉 버튼을 클릭합니다.

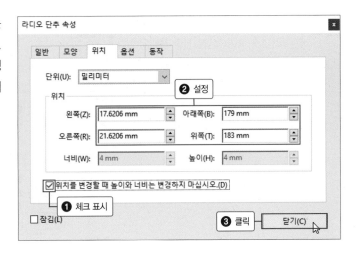

25 세 번째 라디오 단추도 더블클릭합니다. 라디오 단추 속성 대화상자가 표시되면 (모양) 탭을 선택하고 테두리 색상을 '검은색', 선 두께를 '얇음', 선 스타일을 '실선'으로 지정합니다.

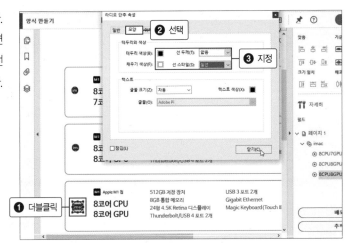

26 (위치) 탭을 선택하여 '위치를 변경할 때 높이와 너비는 변경하지 마십시오'를 체크 해제합니다. 너비와 높이를 변경할 수 있는 상태가 되면 너비를 '4mm', 높이를 '4mm'로 설정합니다.

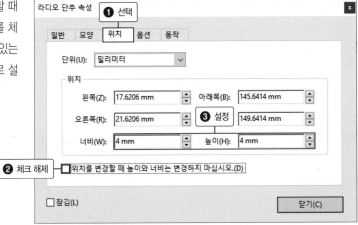

27 다시 '위치를 변경할 때 높이와 너비는 변경하지 마십시오'를 체크 표시합니다. 위치의 왼쪽, 오른쪽, 아래쪽, 위쪽의 값을 설정하여 두 번째 라디오 단추와 같이 중앙에 배치한 다음 〈닫기〉 버튼을 클릭합니다.

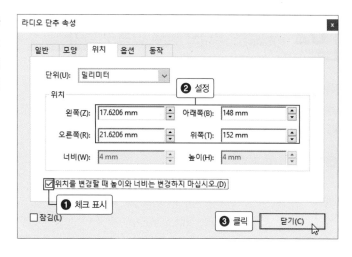

28 적용된 라디오 단추를 확인하기 위해 양식 만들기 도구 모음에서 〈미리 보기〉 버튼을 클릭합니다.

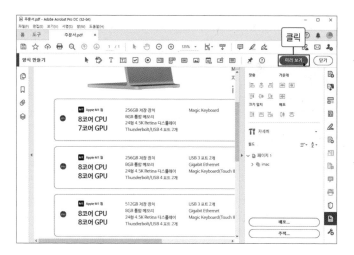

02 새로운 라디오 단추 그룹 만들기
따라하기

라디오 단추는 한 그룹에 한개의 데이터만 받을 수 있기 때문에 다른 값을 받기 위해 새로운 라디오 단추 그룹을 만들어야 합니다. 입력 그룹은 항목을 구분하거나 새로운 양식을 만들 때 사용합니다. 새로운 라디오 단추를 만드는 방법을 알아보겠습니다.

◉ **완성파일** : 08\주문서_라디오버튼.pdf

01 수정한 라디오 단추의 크기와 모양을 확인합니다. 추가로 라디오 단추를 만들기 위해 양식 만들기 도구 모음에서 〈편집〉 버튼을 클릭합니다.

TIP
본 예제는 이전 예제를 이어서 진행합니다.

02 양식 관련된 문자를 입력하기 위해 양식 만들기 도구 모음에서 '텍스트 추가' 아이콘(T)을 클릭합니다.

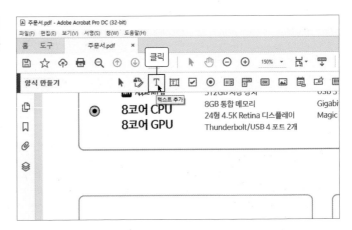

03 그림과 같이 회색 상자 위쪽을 클릭한 다음 'SSD'를 입력합니다. 입력한 텍스트를 드래그하여 선택한 다음 오른쪽 패널에서 글꼴을 '나눔바른고딕', 글꼴 크기를 '10', 글꼴 색상을 '진한 회색'으로 지정한 다음 '굵게' 아이콘(T)을 클릭합니다.

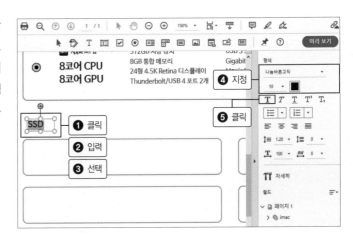

04 그림과 같이 회색 상자에 '8GB 통합 메모리', '16GB 통합 메모리', '₩270,000 +'를 입력합니다. 오른쪽 패널에서 글꼴을 '나눔바른고딕', 글꼴 크기를 '10', 글꼴 색상을 '진한 회색'으로 지정한 다음 '굵게' 아이콘(T)을 클릭합니다.

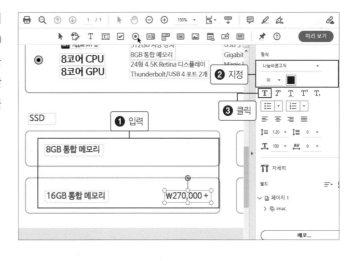

05 양식 만들기 도구 모음에서 '라디오 단추' 아이콘(◉)을 클릭한 다음 그림과 같이 8GB 통합 메모리 텍스트 앞쪽을 클릭하여 라디오 단추를 적용합니다.

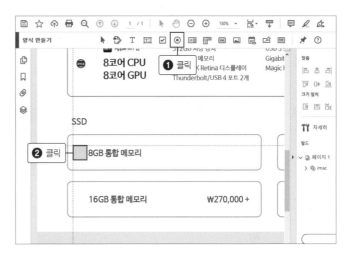

06 라디오 단추 선택에 '8GB', 그룹 이름에 'imac_option'을 입력합니다. 그룹 이름이 다른 경우 라디오 단추가 각각 작동되기 때문에 그룹 이름은 다르게 설정해야 합니다. 필수 선택하도록 '필수 필드'를 체크 표시합니다.

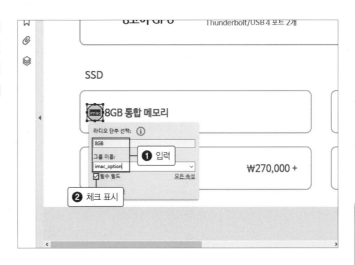

07 같은 그룹 이름으로 라디오 단추를 추가
하기 위해 '다른 단추 추가'를 클릭합니다.

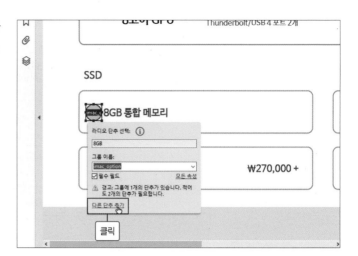

08 16GB 통합 메모리 텍스트 앞쪽을 클릭
하여 추가로 라디오 단추를 적용합니다.
라디오 단추 선택에 '16GB'를 입력합니다. 그룹
이름과 필수 필드 설정은 이전 라디오 단추 설정
그대로 지정됩니다. 라디오 단추의 크기와 위치
를 조절하기 위해 '모든 속성'을 클릭합니다.

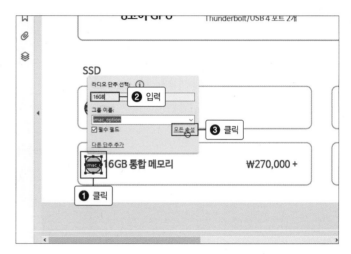

09 라디오 단추 속성 대화상자가 표시되면 [모양] 탭을
선택하여 선 두께를 '얇음', 선 스타일을 '실선'으로
지정합니다.

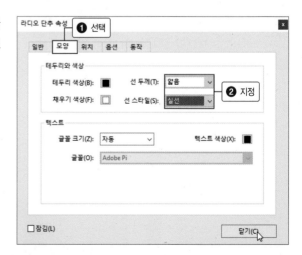

10 〔위치〕 탭을 선택하여 '위치를 변경할 때 높이와 너비는 변경하지 마십시오'를 체크 해제합니다. 너비와 높이를 변경할 수 있는 상태가 되면 너비를 '4mm', 높이를 '4mm'로 설정합니다.

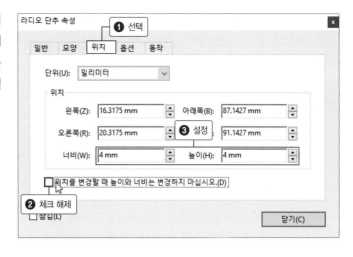

11 다시 '위치를 변경할 때 높이와 너비는 변경하지 마십시오'를 체크 표시합니다. 위치의 왼쪽, 오른쪽, 아래쪽, 위쪽의 값을 설정하여 배치한 다음 〈닫기〉 버튼을 클릭합니다.

12 크기와 위치를 수정하기 위해 8GB 통합 메모리 텍스트 앞쪽에 적용된 라디오 단추도 더블클릭합니다. 라디오 단추 속성 대화상자가 표시되면 〔모양〕 탭을 선택하여 선 두께를 '얇음', 선 스타일을 '실선'으로 지정합니다.

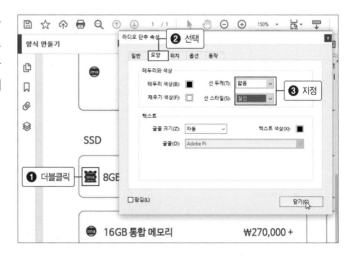

Acrobat 시작

문서 변환

관리 × 편집

응용 × 수정

사용 × 보호

문서 편집

문서 제작

양식 제작 × 활용

13 〔위치〕 탭을 선택하여 '위치를 변경할 때 높이와 너비는 변경하지 마십시오'를 체크 해제합니다. 너비와 높이를 변경할 수 있는 상태가 되면 너비를 '4mm', 높이를 '4mm'로 설정합니다.

14 다시 '위치를 변경할 때 높이와 너비는 변경하지 마십시오'를 체크 표시합니다. 위치의 왼쪽, 오른쪽, 아래쪽, 위쪽의 값을 설정하여 배치한 다음 〈닫기〉 버튼을 클릭합니다.

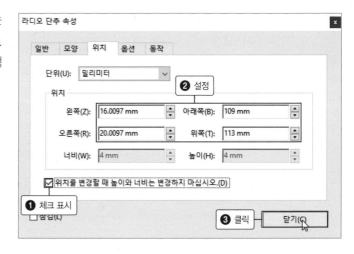

15 완성된 라디오 단추를 확인하기 위해 양식 만들기 도구 모음에서 〈미리 보기〉 버튼을 클릭합니다. 라디오 단추를 클릭하면 위쪽 3개 단추와 아래쪽 2개 단추가 각각 그룹화되어 1개씩만 선택되는 것을 확인할 수 있습니다.

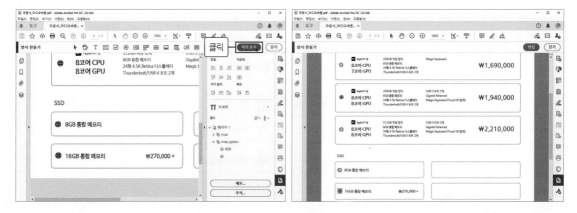

Acrobat 시작

문서 변환

관리×편집

공유×수정

서명×보호

문서 편집

문서 제작

03 다중 선택이 가능한 체크 상자 만들기

따라하기

양식에서 단일 선택 가능한 라디오 단추와 대비되어 많이 사용하는 것이 다중 선택이 가능한 체크 상자입니다. 라디오 단추는 설정된 그룹 내에서 한 개 값만 선택 가능하지만 체크 상자는 설정된 그룹 내에서 단일 선택을 포함하여 다수 선택이 가능하고 선택된 여러 값을 전송할 수 있습니다. 체크 상자를 문서에 적용하는 방법을 알아보겠습니다.

● 예제파일 : 08\주문서_라디오버튼.pdf | ● 완성파일 : 08\주문서_체크박스.pdf

01 Acrobat을 실행하고 메뉴에서 (파일) → 열기((Ctrl)+(O))를 실행하여 08 폴더에서 '주문서_라디오버튼.pdf' 파일을 불러옵니다.

02 (도구) 탭을 클릭한 다음 양식 및 서명에서 '양식 만들기'를 클릭합니다.

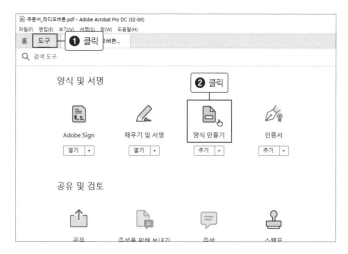

TIP

PDF 문서 편집을 위한 기본 글꼴 설정하기

기본 설정 대화상자에서 범주 항목을 보면 '내용 편집'이 있습니다. 내용 편집에서는 읽기 순서 및 글꼴 옵션을 설정할 수 있으며 글꼴 옵션에서는 문서 편집을 위한 대체 글꼴 및 텍스트 추가용 기본 글꼴을 설정할 수 있습니다. 기본 설정은 Acrobat에서 자동으로 선택이며, PC에 설치된 글꼴 및 크기를 지정하여 설정된 글꼴과 크기로 텍스트를 적용할 수 있습니다.

03 양식 만들기 도구 모음에서 '텍스트 추가' 아이콘(T)을 클릭합니다. 그림과 같이 오른쪽 회색 상자 위쪽 클릭한 다음 '사전 설치된 소프트웨어'를 입력합니다.
오른쪽 패널에서 글꼴을 '나눔바른고딕', 글꼴 크기를 '10', 글꼴 색상을 '진한 회색'으로 지정한 다음 '굵게' 아이콘(T)을 클릭합니다.

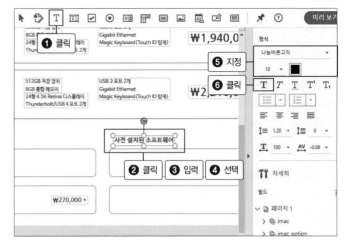

04 그림과 같이 회색 상자 안에 'Final Cut Pro', '₩369,000 +', 'Logic Pro', '₩249,000 +'를 입력합니다.
오른쪽 패널에서 글꼴을 '나눔바른고딕', 글꼴 크기를 '10', 글꼴 색상을 '진한 회색'으로 지정한 다음 '굵게' 아이콘(T)을 클릭합니다.

05 문서에 체크 상자를 적용하기 위해 양식 만들기 도구 모음에서 '체크 상자' 아이콘(☑)을 클릭합니다.

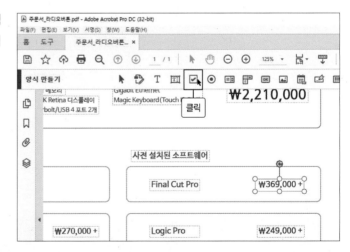

Acrobat 시작

문서 변환

관리 × 편집

공유 × 수정

서명 × 보호

문서 편집

문서 제작

양식 제작 × 활용

06 Final Cut Pro 텍스트 앞쪽을 클릭하여 체크 상자를 적용합니다. 체크 상자가 생성되면 필드 이름에 'final_cut_pro'를 입력합니다. 체크 상자의 속성을 설정하기 위해 '모든 속성'을 클릭합니다.

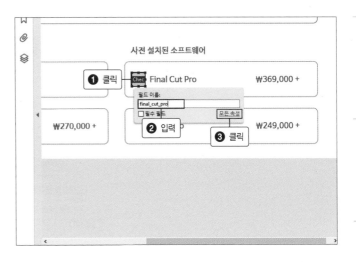

07 체크 상자 속성 대화상자가 표시되면 (일반) 탭의 이름에 체크 상자에 설정한 필드 이름이 입력되어 있습니다.

08 (모양) 탭을 선택하여 테두리 색상을 '검은색', 선 두께를 '얇음', 선 스타일을 '실선'으로 지정합니다.

09 〔위치〕 탭을 선택하여 '위치를 변경할 때 높이와 너비는 변경하지 마십시오'를 체크 해제합니다. 너비와 높이를 변경할 수 있는 상태가 되면 너비를 '4mm', 높이를 '4mm'로 설정하여 크기를 변경합니다.

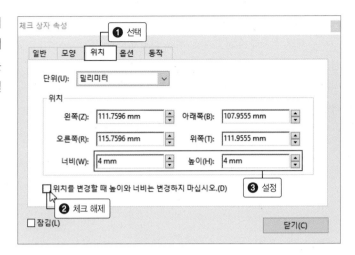

10 다시 '위치를 변경할 때 높이와 너비는 변경하지 마십시오'를 체크 표시합니다. 위치의 왼쪽, 오른쪽, 아래쪽, 위쪽의 값을 설정하여 배치한 다음 〈닫기〉 버튼을 클릭합니다.

TIP

〔옵션〕 탭을 선택하면 체크 상자와 라디오 단추가 선택된 경우의 모양을 변경할 수 있습니다.

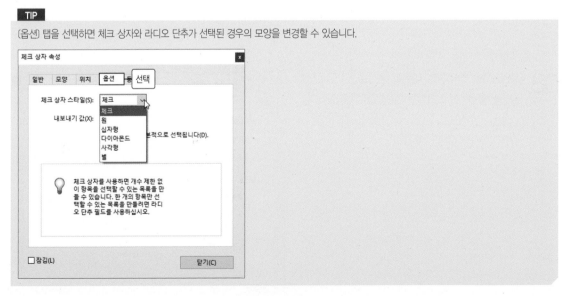

11 체크 상자가 적용된 모습을 확인하기 위해 양식 만들기 도구 모음에서 〈미리 보기〉 버튼을 클릭합니다.

12 체크 상자를 클릭하면 체크 상자에 체크가 표시되는 것을 확인할 수 있습니다. 추가적으로 체크 상자를 적용하기 위해 양식 만들기 도구 모음에서 〈편집〉 버튼을 클릭합니다.

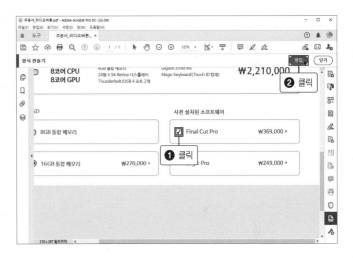

13 양식 만들기 도구 모음에서 '체크 상자' 아이콘(☑)을 클릭한 다음 Logic Pro 텍스트 앞쪽을 클릭합니다.

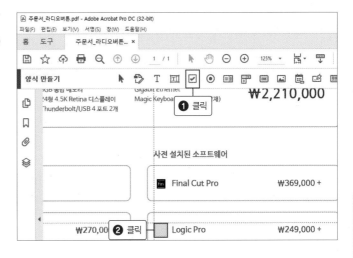

Acrobat 시작

문서 변환

관리 × 편집

공유 × 수정

서명 × 보안

문서 편집

문서 제작

양식 제작 × 활용

14 체크 상자가 생성되면 필드 이름에 'logic_pro'를 입력한 다음 '모든 속성'을 클릭합니다.

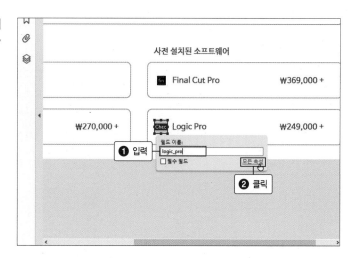

15 체크 상자 속성 대화상자가 표시되면 [위치] 탭을 선택하여 '위치를 변경할 때 높이와 너비는 변경하지 마십시오'를 체크 해제합니다. 너비와 높이를 변경할 수 있는 상태가 되면 너비를 '4mm', 높이를 '4mm'로 설정합니다.

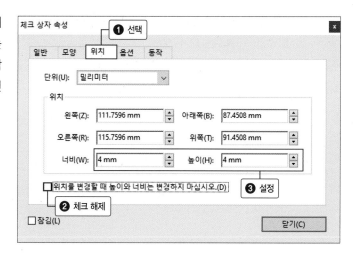

16 다시 '위치를 변경할 때 높이와 너비는 변경하지 마십시오'를 체크 표시합니다. 위치의 왼쪽, 오른쪽, 아래쪽, 위쪽의 값을 설정하여 배치한 다음 〈닫기〉 버튼을 클릭합니다.

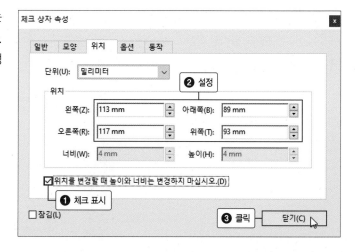

17 양식 만들기 도구 모음에서 적용된 모습을 확인하기 위해 〈미리 보기〉 버튼을 클릭합니다.

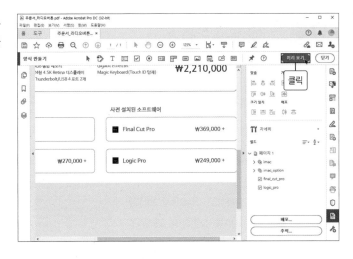

18 체크 상자를 클릭하면 각각 선택 또는 다중 선택이 가능합니다.

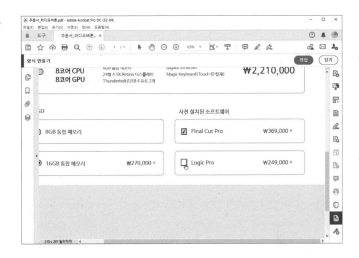

TIP

온라인에서 Acrobat 없이 PDF 문서 용량 줄이기

Adobe Acrobat 사이트에서는 PDF문서를 간단하고 빠르게 용량을 줄일 수 있도록 압축 기능을 지원하고 있습니다. Acrobat 또는 기타 압축할 프로그램이 없는 상황이라면 Adobe Acrobat 사이트(https://www.adobe.com/kr/acrobat/online/compress-pdf.html? promoid=C12Y2YQN&mv=other)에 접속하여 파일을 업로드하면 3가지 옵션으로 선택하여 압축을 진행할 수 있고 압축이 완료되면 압축된 PDF를 다운로드 받을 수 있습니다.

Acrobat 시작

문서 변환

관리 × 편집

공유 × 수정

서명 × 보안

문서 편집

문서 제작

양식 제작 × 활용

04 선택 목록 만들기
따라하기

문서에 여러 목록이 표시된 상태로 사용자에게 필요한 정보를 받을 수 있습니다. 체크 상자와 라디오 단추외에 선택 목록과 드롭다운은 여러 가지 옵션 값 중에 하나를 선택할 수 있도록 만드는 양식 기능입니다. 선택 목록을 이용하여 양식을 만드는 방법을 알아보겠습니다.

◉ **예제파일** : 08\주문서_체크박스.pdf ┆ ◉ **완성파일** : 08\주문서_체크박스_배송.pdf

01 Acrobat을 실행하고 메뉴에서 (파일) → 열기((Ctrl)+(O))를 실행하여 08 폴더에서 '주문서_체크박스.pdf' 파일을 불러옵니다.

02 (도구) 탭을 클릭한 다음 양식 및 서명에서 '양식 만들기'를 클릭합니다.

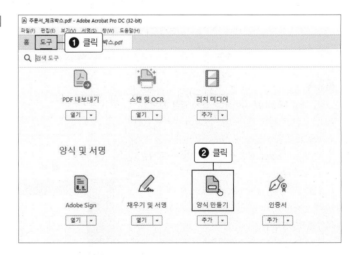

03 문서에 양식을 적용하기 전에 텍스트를 입력하기 위해 양식 만들기 도구 모음에서 '텍스트 추가' 아이콘(T)을 클릭합니다.

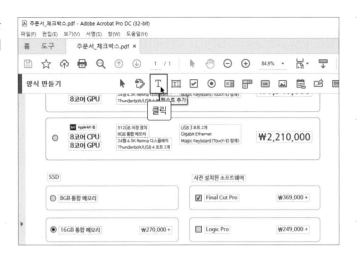

04 그림과 같이 문서의 하단 여백을 클릭하고 '– 배송방법 :'을 입력합니다.

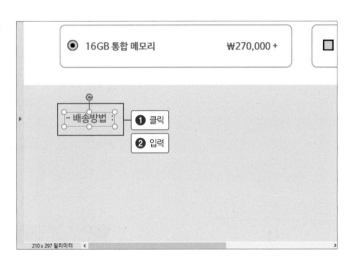

05 입력한 텍스트를 드래그하여 선택합니다. 오른쪽 패널에서 글꼴을 '나눔바른고딕', 글꼴 크기를 '14', 글꼴 색상을 '진한 회색'으로 지정합니다.

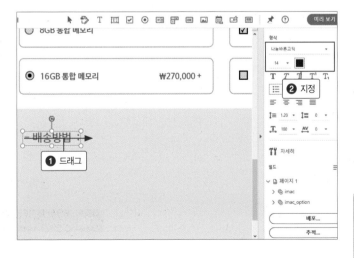

Acrobat 시작

문서 변환

관리 × 편집

양식 × 수정

서명 × 보안

문서 편집

문서 제작

양식 제작 × 활용

06 텍스트 상자를 클릭하여 추가로 그림과
같이 텍스트를 입력합니다. 지정한 글꼴
과 글꼴 크기로 텍스트가 입력됩니다.

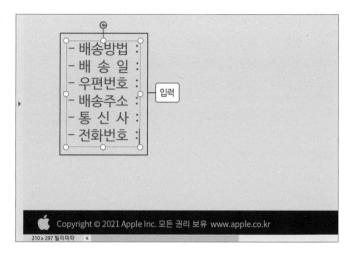

07 입력한 텍스트를 모두 드래그하여 선택
한 다음 줄 간격을 '2'로 지정합니다.

08 텍스트 상자의 테두리 선을 드래그하여
위치를 조절합니다.

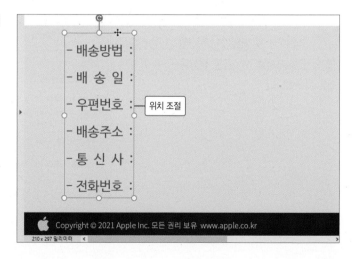

09 문서에 선택 목록을 추가하기 위해 양식 만들기 도구 모음에서 '선택 목록' 아이콘(▥)을 클릭합니다. 그림과 같이 배송방법 텍스트 오른쪽을 클릭합니다.

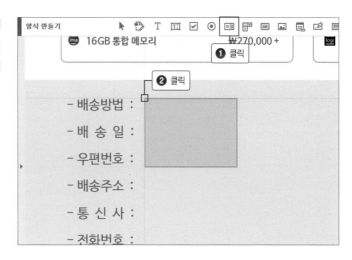

10 선택 목록이 생성되면 필드 이름에 'shipping'을 입력합니다. 필수로 답변을 받기 위해 '필수 필드'를 체크 표시한 다음 '모든 속성'을 클릭합니다.

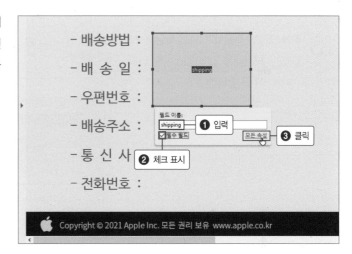

11 목록 상자 속성 대화상자가 표시되면 [일반] 탭에서 도구 설명에 '배송방법을 선택합니다.'를 입력하여 선택 목록에 대한 내용을 설명합니다.

Acrobat 사전

문서 변환

관리 × 편집

공유 × 수정

서명 × 보호

문서 편집

문서 제작

양식 제작 × 활용

12 〔옵션〕 탭을 선택하여 선택 목록에 표시될 내용을 입력합니다. 항목에 '택배', 내보내기 값에 'delivery'를 입력한 다음 〈추가〉 버튼을 클릭합니다.

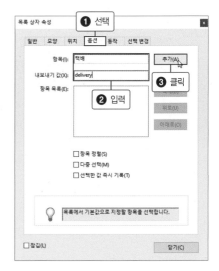

13 추가 내용을 적용하기 위해 항목에 '매장방문', 내보내기 값에 'store'를 입력한 다음 〈추가〉 버튼을 클릭합니다.

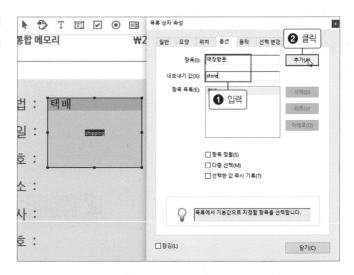

14 문서에도 2개의 선택 항목이 입력되어 있고, 〔옵션〕 탭의 항목 목록에도 2개의 선택 옵션이 적용되어 있습니다.

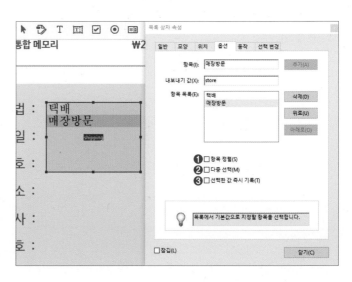

> **TIP**
> ❶ **항목 정렬** : 나열된 항목을 숫자순, 사전순으로 정렬하며, 사전순보다 숫자순 정렬이 먼저 수행됩니다.
> ❷ **다중 선택** : 목록에서 두 가지 이상을 선택할 수 있습니다.
> ❸ **선택한 값 즉시 기록** : 사용자가 값을 선택하자마자 값을 저장하며 다중 선택된 경우 이 옵션은 사용할 수 없습니다.

15 글꼴을 변경하기 위해 (모양) 탭을 선택하여 글꼴 크기를 '14', 글꼴을 '나눔바른고딕', 텍스트 색상을 '진한 회색'으로 지정한 다음 〈닫기〉 버튼을 클릭합니다.

16 만들어진 선택 목록을 확인하기 위해 양식 만들기 도구 모음에서 〈미리 보기〉 버튼을 클릭합니다.

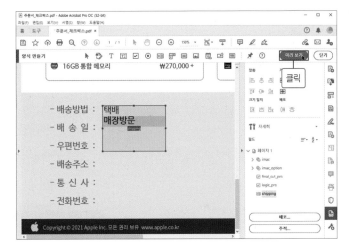

17 배송방법에 택배, 매장방문 2가지로 선택할 수 있는 상자가 표시되어 있고, 각각 항목을 클릭하면 파란색으로 선택됩니다. 선택 목록을 확인하고 〈편집〉 버튼을 클릭합니다.

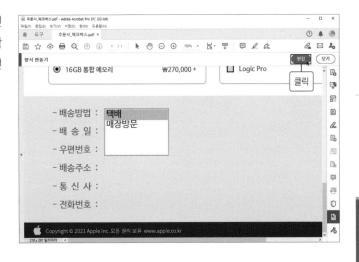

Acrobat 시작

문서 변환

편집 × 편집

양식 × 수정

서명 × 보호

문서 편집

문서 제작

양식 제작 × 활용

18 선택 목록의 크기를 조절하기 위해 조절
점을 드래그하여 그림과 같이 입력된 텍
스트에 맞게 조절합니다.

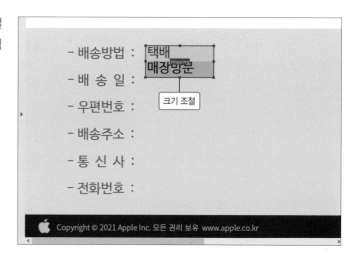

19 배송방법 텍스트 끝에서 Enter를 눌러 줄
을 바꾸면 적용된 목록으로 인하여 자동
으로 '–' 표시가 추가됩니다.

20 Backspace를 눌러서 '–'를 삭제하여 배송 방법 텍스트와 배송일 텍스트의 간격을 띄웁니다. 텍스트와 선택 목록의 위치
가 맞지 않는다면 텍스트 상자를 선택하여 위치를 조절합니다.

05 캘린더 형태로 날짜 필드 만들기
따라하기

양식으로 날짜를 입력할 때는 일정한 규칙을 정해야 데이터베이스화하거나 관리하기에 용이합니다. 또한 사용자가 캘린더 형태로 원하는 날짜를 입력하기 위해 날짜 필드를 사용해야 합니다. 편리하게 날짜를 입력하고 관리하기 위해 문서에 날짜 필드를 추가하는 방법을 알아보겠습니다.

● 예제파일 : 08\주문서_체크박스_배송.pdf | ● 완성파일 : 08\주문서_체크박스_일자.pdf

01 Acrobat을 실행하고 메뉴에서 (파일)
→ 열기((Ctrl)+(O))를 실행하여 08 폴더에서 '주문서_체크박스_배송.pdf' 파일을 불러 옵니다.

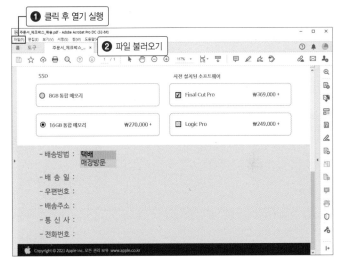

02 (도구) 탭을 클릭한 다음 양식 및 서명에서 '양식 만들기'를 클릭합니다.

TIP

문서에 적용된 글꼴 확인하기
현재 문서에 적용된 모든 글꼴을 확인하기 위해 메뉴에서 (파일) → 속성을 실행하고 문서 속성 대화상자에서 (글꼴) 탭을 선택하면 현재 문서의 적용된 모든 글꼴을 확인할 수 있습니다.

03 양식 만들기 도구 모음에서 '날짜 필드 추가' 아이콘(📅)을 클릭합니다.

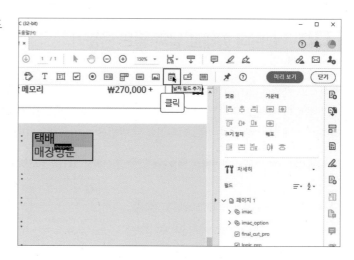

04 날짜 필드를 추가하기 위해 배송일 텍스트 오른쪽을 클릭합니다.

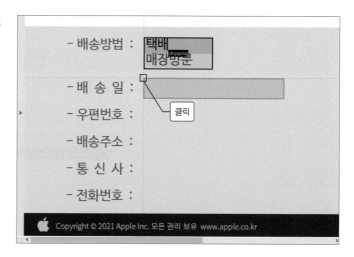

05 날짜 필드가 생성되면 필드 이름에 'date'를 입력합니다. '필수 필드'를 체크 표시한 다음 속성을 변경하기 위해 '모든 속성'을 클릭합니다.

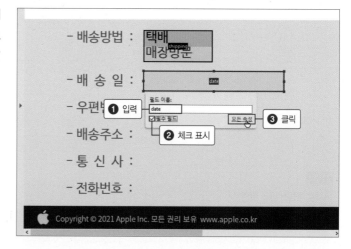

06 텍스트 필드 속성 대화상자가 표시되면 [일반] 탭에서 도
구 설명에 '배송일을 지정해주세요.'를 입력합니다.

07 [모양] 탭을 선택하여 글꼴 크기를 '14', 글꼴을 '나눔바른
고딕', 텍스트 색상을 '진한 회색'으로 지정합니다.

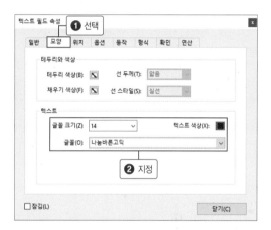

08 날짜가 표시되는 형식을 설정하기 위해 [형식] 탭을 선
택합니다. 형식 범주 선택을 '날짜'로 지정하고, 목록에서
'yyyy-mm-dd'를 선택하여 연월일 순서로 설정한 다음 〈닫기〉
버튼을 클릭합니다.

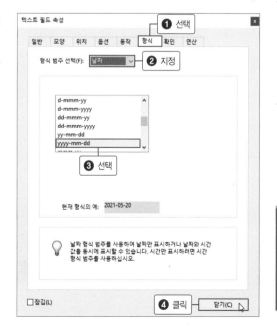

Acrobat 시작

문서 변환

관리 × 편집

공유 × 수정

서명 × 보호

문서 편집

문서 제작

양식 제작 × 활용

09 적용된 날짜 양식을 확인하기 위해 양식 만들기 도구 모음에서 〈미리 보기〉 버튼을 클릭합니다.

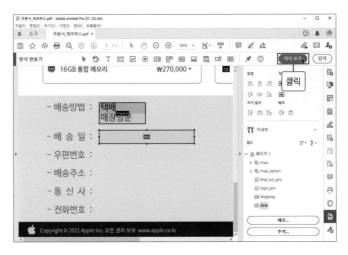

10 배송일 오른쪽에 펼침 버튼을 클릭하면 캘린더가 표시되어 원하는 날짜를 선택할 수 있습니다. 날짜를 선택하면 선택한 날짜가 지정된 양식에 맞춰 연월일로 표시됩니다. 양식을 수정하기 위해 양식 만들기 도구 모음에서 〈편집〉 버튼을 클릭합니다.

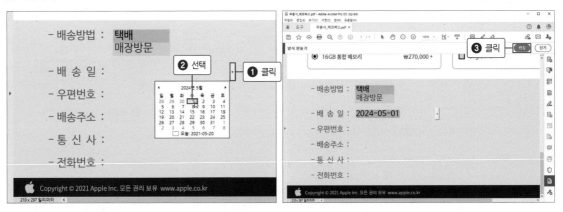

11 날짜 입력란의 크기를 날짜에 맞춰서 조절합니다.

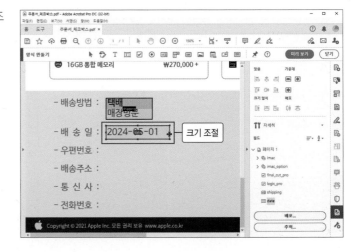

Acrobat 시작

문서 변환

관리 × 편집

공유 × 수정

서명 × 보호

문서 편집

문서 제작

양식 제작 × 활용

06 원하는 형식으로 텍스트 필드 만들기
따라하기

문서에 이름, 주소와 같은 텍스트를 입력할 수 있도록 텍스트 필드를 만들 수 있습니다. 텍스트 필드는 다양한
형식으로 입력할 수 있고, 각 형식별로 옵션이 다르며 숫자만 입력하거나 특정 형식으로 입력할 수도 있습니
다. 텍스트 필드를 만들고 옵션을 설정하는 방법을 알아보겠습니다.

◉ 예제파일 : 08\주문서_체크박스_일자.pdf | ◉ 완성파일 : 08\주문서_체크박스_텍스트필드.pdf

01 Acrobat을 실행하고 메뉴에서 (파일)
→ 열기((Ctrl)+(O))를 실행하여 08 폴더
에서 '주문서_체크박스_일자.pdf' 파일을 불러
옵니다.

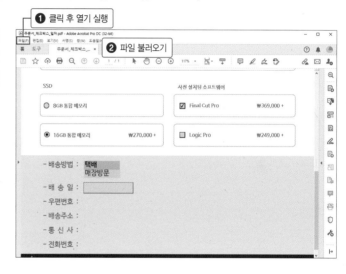

02 (도구) 탭을 클릭한 다음 양식 및 서명에
서 '양식 만들기'를 클릭합니다.

TIP

문서 배경 추가하기

문서의 배경에 색상을 적용하거나 특정 이미지를 배치하기 위해 (도구) 탭에서 'PDF 편집'을 클릭하여 PDF 편집 모드로 이동합니다. PDF 편
집 도구 모음에서 '자세히'를 클릭한 다음 배경 → 추가를 실행하면 배경 추가 대화상자가 표시되며 소스에서 색상을 지정하거나 배경으로 지정
할 이미지를 설정할 수 있습니다.

03 텍스트 필드를 추가하기 위해 양식 만들기 도구 모음에서 '텍스트 필드 추가' 아이콘(▣)을 클릭합니다.

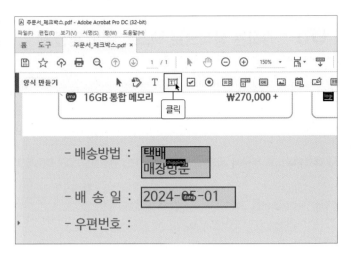

04 우편번호 텍스트 오른쪽을 클릭하여 우편번호 입력 텍스트 필드를 만듭니다.

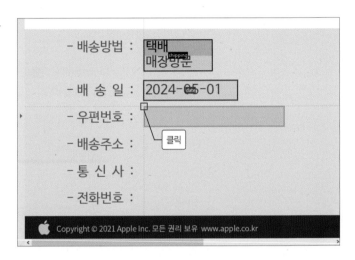

05 텍스트 필드가 생성되면 필드 이름에 'zipcode'를 입력합니다. '필수 필드'를 체크 표시한 다음 속성을 변경하기 위해 '모든 속성'을 클릭합니다.

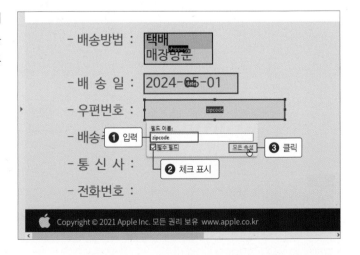

06 텍스트 필드 속성 대화상자가 표시되면 (일반) 탭을 선택하여 도구 설명에 '우편번호를 입력하세요'를 입력합니다.

07 (모양) 탭을 선택하여 글꼴 크기를 '14', 글꼴을 '나눔바른고딕', 텍스트 색상을 '진한 회색'으로 지정합니다.

08 우편번호를 여섯 자리 숫자로 제한합니다. (옵션) 탭을 선택하여 '맞춤법 검사', '긴 텍스트 스크롤', '문자 수 제한'을 체크 표시합니다. 문자 수 제한에는 '6'을 입력하여 최대 입력 가능 글자를 여섯 글자로 제한합니다.

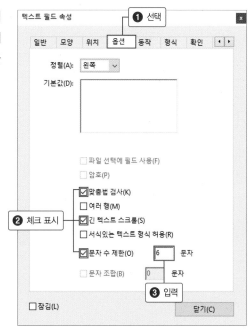

Acrobat 시작

문서 변환

관리 × 편집

공유 × 수정

서명 × 보호

문서 편집

문서 제작

양식 제작 × 활용

09 형식을 숫자로 제한하기 위해 (형식) 탭을 선택하여 형식 범주 선택을 '숫자'로 지정합니다. 소수점 자리를 '0', 구분 기호 스타일을 '1234.56', 통화 기호를 '없음'으로 지정한 다음 〈닫기〉 버튼을 클릭합니다.

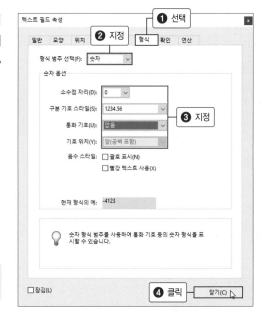

TIP

형식 범주 선택을 '특수'로 지정하여 특수 옵션에서 우편번호를 선택할 수도 있습니다.

10 적용된 우편번호 양식을 확인하기 위해 양식 만들기 도구 모음에서 〈미리 보기〉 버튼을 클릭합니다.

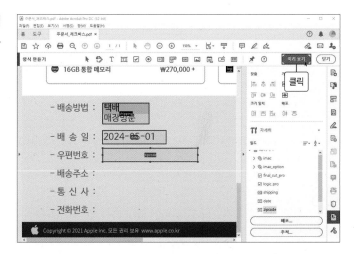

11 숫자로 최대 여섯 글자만 입력되는 것을 확인할 수 있습니다. 편집 모드로 이동하여 우편번호 양식의 크기를 조절하기 위해 〈편집〉 버튼을 클릭합니다.

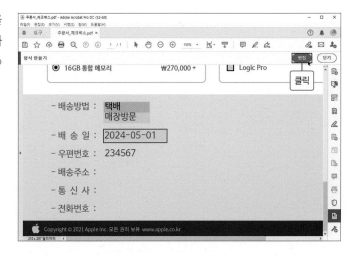

12 우편번호 양식의 크기를 조절하여 6자리 숫자에 맞춥니다.

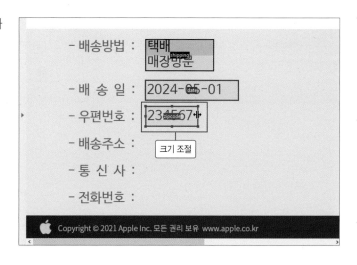

13 주소 입력 텍스트 필드를 만들기 위해 양식 만들기 도구 모음에서 '텍스트 필드 추가' 아이콘(▥)을 클릭합니다.

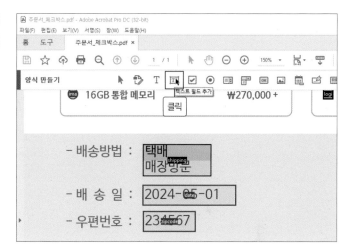

14 배송주소 텍스트 오른쪽을 클릭합니다. 텍스트 필드가 생성되면 필드 이름에 'address'를 입력합니다. '필수 필드'를 체크 표시한 다음 속성을 변경하기 위해 '모든 속성'을 클릭합니다.

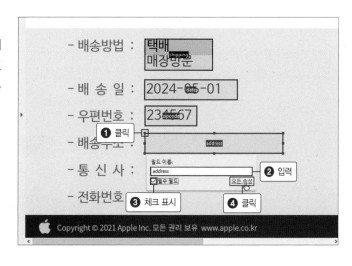

Acrobat 시작

문서 변환

관리 × 편집

공유 × 수정

서명 × 보호

문서 편집

문서 제작

양식 제작 × 활용

15 텍스트 필드 속성 대화상자가 표시되면 (일반) 탭을 선택하여 도구 설명에 '주소를 입력해주세요.'를 입력합니다.

16 (모양) 탭을 선택하여 글꼴 크기를 '14', 글꼴을 '나눔바른고딕', 텍스트 색상을 '진한 회색'으로 지정한 다음 〈닫기〉 버튼을 클릭합니다.

17 주소 입력란의 오른쪽 조절점을 드래그하여 크기를 조절합니다.

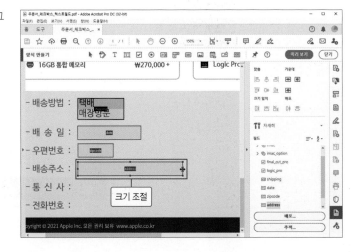

07 드롭다운 목록 만들기
따라하기

여러 가지 선택할 수 있는 항목이 있는 경우 드롭다운을 사용하면 작은 영역으로 쉽게 선택할 수 있습니다. 드롭다운을 이용하여 선택할 수 있는 양식을 만들어 보겠습니다.

◉ 예제파일 : 08\주문서_체크박스_텍스트필드.pdf | ◉ 완성파일 : 08\주문서_체크박스_드롭다운.pdf

01 Acrobat을 실행하고 메뉴에서 (파일) → 열기((Ctrl)+(O))를 실행하여 08 폴더에서 '주문서_체크박스_텍스트필드.pdf' 파일을 불러옵니다.

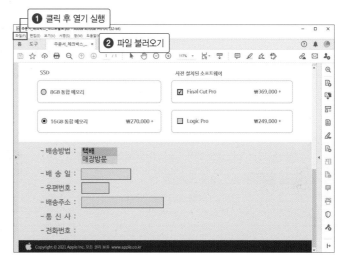

02 (도구) 탭을 클릭한 다음 양식 및 서명에서 '양식 만들기'를 클릭합니다.

TIP

여러 문서 PDF에서 검색하기

여러 PDF 문서에서 필요한 부분을 검색하기 위해 메뉴에서 (편집) → 고급 검색을 실행하면 검색 대화상자가 표시되며 현재 문서 또는 지정한 폴더에 포함된 모든 PDF 문서에서 필요한 단어 또는 문구를 검색할 수 있습니다.

03 드롭다운 양식을 만들기 위해 양식 만들기 도구 모음에서 '드롭다운' 아이콘(🖿)을 클릭합니다.

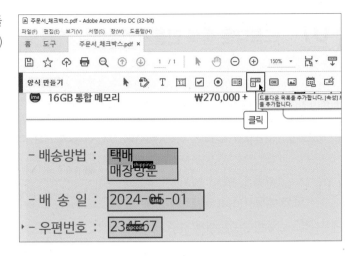

04 통신사 텍스트 오른쪽을 클릭합니다. 드롭다운 양식이 생성되면 필드 이름에 'telecom'을 입력합니다. '필수 필드'를 체크 표시한 다음 속성을 변경하기 위해 '모든 속성'을 클릭합니다.

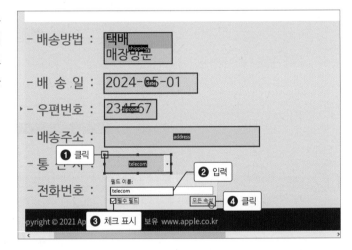

05 드롭다운 속성 대화상자가 표시되면 (옵션) 탭을 선택하여 항목에 대문자로 'SKT', 내보내기 값에 소문자로 'skt'를 입력한 다음 〈추가〉 버튼을 클릭하여 항목 목록에 추가합니다.

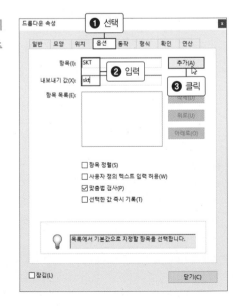

06 05번 과정과 같은 방법으로 'KTF', 'LGT'를 항목 목록에 추가합니다.

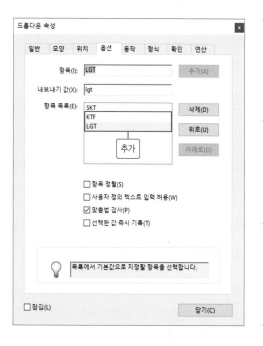

07 (일반) 탭을 선택하여 도구 설명에 '통신사를 선택합니다.'를 입력합니다.

08 (모양) 탭을 선택하여 글꼴 크기를 '14', 글꼴을 '나눔바른고 딕', 텍스트 색상을 '진한 회색'으로 지정한 다음 〈닫기〉 버튼을 클릭합니다.

09 문서에 적용된 드롭다운 목록을 확인
하기 위해 양식 만들기 도구 모음에서
〈미리 보기〉 버튼을 클릭합니다.

10 드롭다운 오른쪽에 펼침 버튼을 클릭하
면 입력한 3개의 항목이 표시되며 선택
할 수 있습니다.

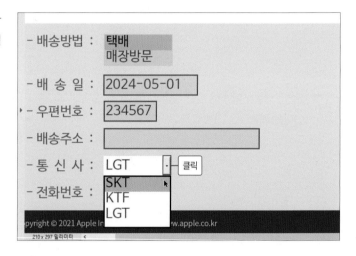

11 양식의 수정이 필요할 경우 양식 만들기
도구 모음에서 〈편집〉 버튼을 클릭합니다.

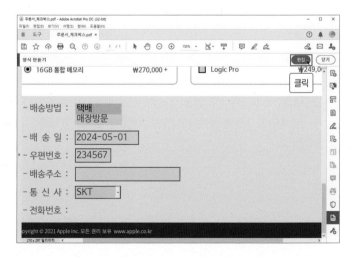

08 따라하기 | 전화번호 텍스트 필드 만들기

문서에 텍스트 필드를 입력하고 입력된 텍스트 필드에 전화번호를 입력할 수 있도록 설정할 수 있습니다. 텍스트 필드의 속성을 변경하여 전화번호 양식을 만드는 방법을 알아보겠습니다.

◉ 예제파일 : 08\주문서_체크박스_드롭다운.pdf | ◉ 완성파일 : 08\주문서_체크박스_전화번호.pdf

01 Acrobat을 실행하고 메뉴에서 (파일)
→ 열기((Ctrl)+(O))를 실행하여 08 폴더
에서 '주문서_체크박스_드롭다운.pdf' 파일을
불러옵니다.

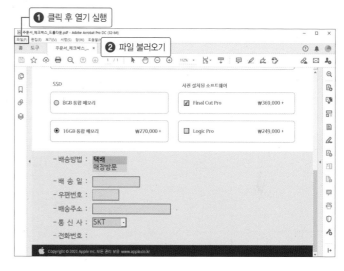

02 (도구) 탭을 클릭한 다음 양식 및 서명에
서 '양식 만들기'를 클릭합니다.

TIP

Outlook을 이용하여 이메일을 PDF 문서로 만들기

Acrobat을 설치하면 Outlook에 (Acrobat) 탭이 추가됩니다. 변환할 이메일을 선택하고 (Acrobat) 탭을 선택하면 이메일을 PDF로 변환할 수 있으며 리본 메뉴에서 '선택한 메시지' → 새 PDF 작성을 실행하면 PDF로 이메일이 저장됩니다. 기존 PDF에 추가하거나 여러 이메일이 포함된 폴더를 PDF로 변환할 수도 있습니다.

03 전화번호 입력을 위한 텍스트 필드를 추
가하기 위해 양식 만들기 도구 모음에서
'텍스트 필드 추가' 아이콘(▥)을 클릭합니다.

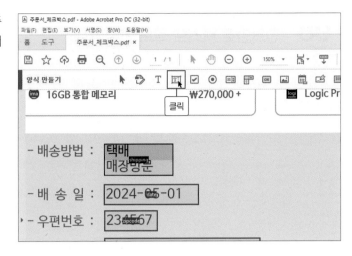

04 전화번호 텍스트 오른쪽을 클릭합니다.

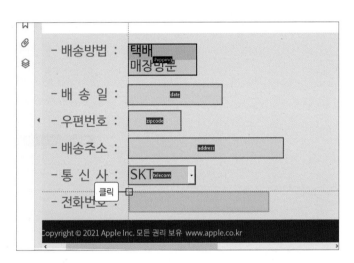

05 텍스트 필드가 생성되면 필드 이름에
'telephone'을 입력합니다. '필수 필드'
를 체크 표시한 다음 텍스트 필드 속성을 설정
하기 위해 '모든 속성'을 클릭합니다.

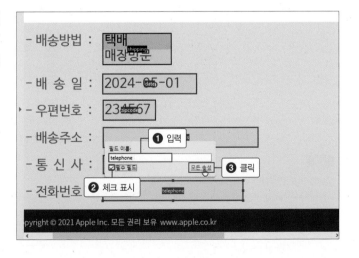

06 텍스트 필드 속성 대화상자가 표시되면 (일반) 탭을 선택하
여 도구 설정에 '전화번호를 입력하세요.'를 입력합니다.

07 (모양) 탭을 선택하여 글꼴 크기를 '14', 글꼴을 '나눔바른고
딕', 텍스트 색상을 '진한 회색'으로 지정합니다.

08 전화번호 입력 글자 수를 제한하기 위해 (옵션) 탭을 선택하여 '문자 수 제한'을 체크 표시한 다음 '12'를 입력합니다.
전화번호 입력 형식을 설정하기 위해 (형식) 탭을 선택하여 형식 범주 선택을 '특수'로 지정합니다. 특수 옵션에서 '전
화 번호'를 선택한 다음 〈닫기〉 버튼을 클릭합니다.

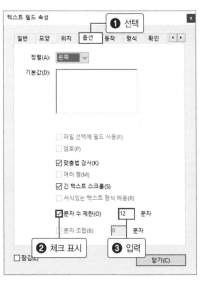
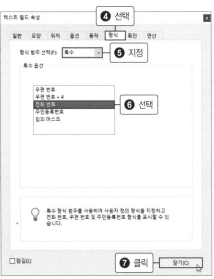

Acrobat 시작

문서 변환

관리 × 편집

인쇄 × 수정

서명 × 보호

문서 편집

문서 제작

양식 제작 × 활용

09 디지털 서명 만들기

문서에 디지털 서명을 활용하여 서명을 받을 수 있도록 설정할 수 있습니다. 서명 입력란을 만든 다음 크기를 조절하는 방법을 알아보겠습니다.

◉ 완성파일 : 08\주문서_완성.pdf

01 텍스트를 입력하기 위해 양식 만들기 도구 모음에서 '텍스트 추가' 아이콘(T)을 클릭합니다.

TIP

이전 예제와 이어서 진행합니다.

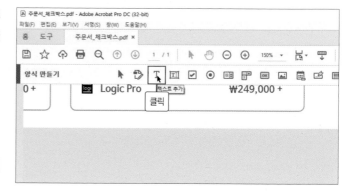

02 문서의 오른쪽 여백을 클릭하여 '서명 :' 을 입력합니다. 오른쪽 패널에서 글꼴을 '나눔바른고딕', 글꼴 크기를 '14', 글꼴 색상을 '진한 회색'으로 지정합니다.

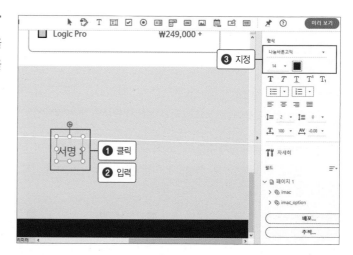

03 서명 입력 양식을 만들기 위해 양식 만들기 도구 모음에서 '디지털 서명' 아이콘(🖾)을 클릭합니다.

04 서명 텍스트 오른쪽을 클릭합니다.

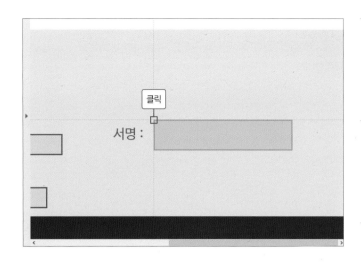

05 서명 양식이 생성되면 필드 이름에 'Signature'를 입력합니다. '필수 필드'를 체크 표시한 다음 속성을 변경하기 위해 '모든 속성'을 클릭합니다.

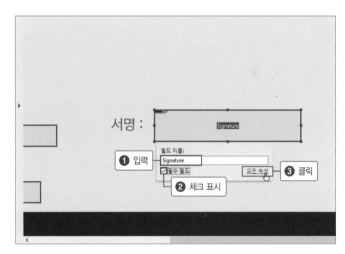

06 디지털 서명 속성 대화상자가 표시되면 〔일반〕 탭을 선택하여 도구 설명에 '구매내용을 확인하고 서명해 주세요'를 입력합니다.

Acrobat 시작

문서 변환

관리×편집

활용×수정

서명×보호

문서 편집

문서 제작

양식 제작×활용

07 〔모양〕 탭을 선택하여 글꼴을 '나눔바른고딕', 텍스트 색상을 '진한 회색'으로 지정한 다음 〈닫기〉 버튼을 클릭합니다.

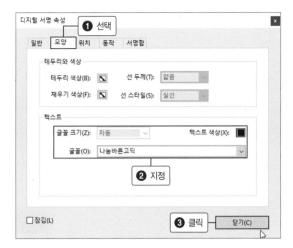

08 서명 입력란의 조절점을 드래그하여 크 기를 조절합니다.

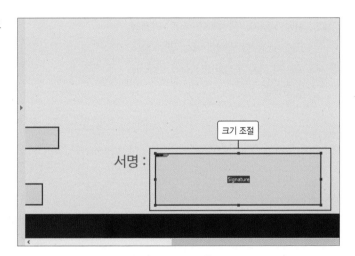

09 모든 양식이 설정되면 양식 만들기 도구 모음에서 〈닫기〉 버튼을 클릭합니다.

10 주문서에 필요한 양식 작성이 완료되었습니다.

Acrobat을 기본 PDF 응용 프로그램으로 설정하기

Acrobat이 PDF 문서를 보는 기본 응용 프로그램으로 설정되지 않은 경우 PDF 문서를 Acrobat에서 볼 수 있도록 기본 PDF 응용 프로그램으로 설정할 것인지를 묻는 대화상자가 표시됩니다. 매번 설정을 물어보기 때문에 다시 표시하지 않도록 설정하거나 기본 PDF 응용 프로그램으로 설정해야 합니다.

❶ 응용 프로그램 설정을 위한 대화상자가 표시될 경우 Acrobat을 PDF 응용 프로그램으로 설정하기 위해 〈예〉 버튼을 클릭합니다.

❷ 기본 설정을 확인하는 대화상자가 표시되면 Acrobat을 기본으로 설정하기 위해 〈계속〉 버튼을 클릭합니다.

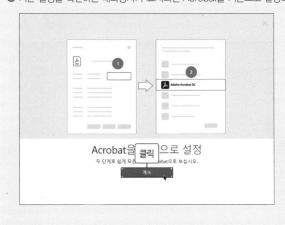

❸ 속성 관련 대화상자가 표시되면 PDF 응용 프로그램을 변경하기 위해 연결 프로그램에서 〈변경〉 버튼을 클릭합니다. 프로그램을 선택할 수 있는 대화상자가 표시되면 기타 옵션에서 'Adobe Acrobat DC'를 선택한 다음 〈확인〉 버튼을 클릭합니다.

❹ 연결 프로그램에 Adobe Acrobat DC로 설정된 것을 확인하고 〈적용〉 버튼을 클릭합니다. PDF 연결 프로그램이 Acrobat DC로 설정되었습니다. 속성 대화상자를 닫기 위해 〈확인〉 버튼을 클릭합니다.

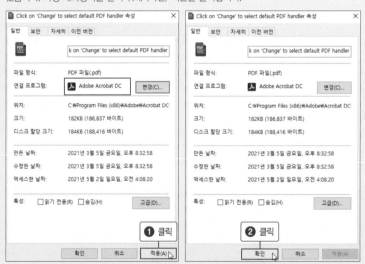

❺ 모든 설정이 완료되면 Acrobat을 기본으로 설정 대화상자에서 〈계속〉 버튼을 클릭합니다. 이후 기본 PDF 응용 프로그램 설정 대화상자는 표시되지 않고, PDF 문서를 열 때마다 Acrobat에서 문서를 확인할 수 있습니다.

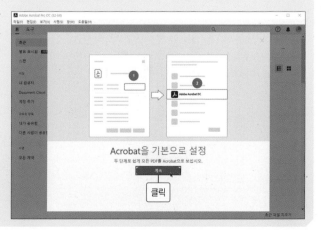

크롬 브라우저에서 어도비 Acrobat 확장 프로그램 활성화하기

❶ 크롬 브라우저에서 Acrobat 기능을 이용하여 웹 사이트의 내용을 PDF로 만들거나 PDF 문서에 추가할 수 있습니다. 크롬에서 이와 같은 기능을 적용하기 위해 확장 프로그램으로 등록해야 하며 설정하기 위해 크롬 브라우저의 'Chrome 맞춤설정 및 제어' 아이콘(⋮)을 클릭한 다음 도구 더보기 → 확장 프로그램을 실행합니다.

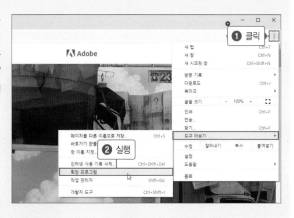

❷ 확장 프로그램 목록이 표시되며 Adobe Acrobat의 토글 스위치를 클릭하여 활성화합니다. 일부 사용자는 Adobe Acrobat을 추가할지 묻는 대화상자가 표시될 수 있습니다.

❸ Acrobat이 활성화되어도 크롬에서 변화가 없을 수 있습니다. 그림과 같이 〈확장 프로그램〉 버튼을 클릭하고 팝업 메뉴에서 Adobe Acrobat의 '고정' 아이콘(📌)을 클릭하여 크롬 브라우저의 주소 창 오른쪽에 항상 보이도록 설정합니다.

❹ 웹 브라우저에 Adobe Acrobat 아이콘이 표시되지만 비활성화 상태일 수 있습니다. 활성화하기 위해 키보드에서 F5 를 눌러서 해당 페이지를 새로 고침하면 활성화가 됩니다.
활성화된 Adobe Acrobat을 클릭하면 3가지 기능을 수행할 수 있습니다. 특히 해당 웹사이트를 PDF 문서로 저장하거나 기존 PDF 문서에 추가할 수 있으며, 온라인으로 PDF를 작성할 수도 있습니다.

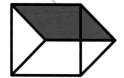

포트폴리오 기능으로
PDF 활용하기

Acrobat Pro DC를 이용하여 포트폴리오를 만들거나 PDF 문서를 다양하게 응용할 수 있습니다.
Acrobat Pro DC를 설치하지 않더라도 웹 브라우저에서 PDF 문서를 편집하거나 변환할 수도 있습니다.
PDF 문서를 다양하게 활용하는 방법을 살펴보겠습니다.

A C R O B A T   D C

PDF 포트폴리오 만들기

다양한 형식의 문서와 파일을 통합 PDF 문서로 만들 수 있는 포트폴리오 기능은 기본적으로 텍스트 문서, 전자 메일, 엑셀과 같은 스프레드시트, 파워포인트 문서, CAD 도면 등을 포함할 수 있습니다. PDF 문서로 병합하여 책갈피 등으로 구분할 수 있지만 문서별로 구분되어 있고 편집이나 수정이 용이한 포트폴리오 기능 사용이 더 효과적일 수 있습니다. 문서를 효과적으로 관리하기 위한 포트폴리오 기능을 알아보겠습니다.

01 PDF 포트폴리오 살펴보기
필수 기능

PDF 포트폴리오를 만드는 화면은 기본적인 Acrobat 화면과 약간 차이가 있으며 기본적으로 레이아웃과 세부사항 보기로 구분되어 있습니다. PDF 포트폴리오 화면을 확인해 보겠습니다.

PDF 포트폴리오 레이아웃 보기

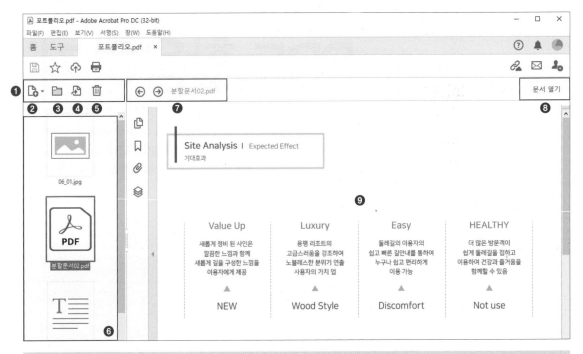

❶ **포트폴리오 도구 모음** : Acroabat 기본 도구 모음 아래에 표시되며, 파일 및 폴더 추가, 새 폴더 생성, 파일 추출 및 삭제 기능을 포함하고 있습니다.

❷ **파일 추가** : 파일 및 폴더, 웹 콘텐트를 포트폴리오에 추가할 수 있습니다.

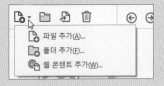

❸ 폴더 만들기 : 포트폴리오 문서 및 파일을 구분할 새로운 폴더를 추가할 수 있습니다.

❹ 포트폴리오에서 추출 : 포트폴리오에 포함되어 있는 문서나 파일을 별도의 파일로 추출할 수 있습니다.

❺ 첨부 파일 삭제 : PDF 포트폴리오에 포함된 문서나 파일을 삭제할 수 있습니다.

❻ 탐색 창 : PDF 포트폴리오에 포함된 폴더, 파일, 문서 등이 나열됩니다. 기본적으로는 알파벳 순으로 표시되지만 정렬 순서를 변경할 수 있습니다.

❼ 이전 및 다음 : PDF 포트폴리오에 포함된 폴더, 파일, 문서 간 이동이 가능하며 선택한 파일의 미리 보기를 화면에 표시합니다. 선택된 문서명도 같이 표시됩니다.

❽ 문서 열기 : 현재 선택된 문서를 편집하기 위해 선택한 문서의 구성 요소 파일이 열립니다. PDF 문서가 아니라면 각각의 파일 형식에 따른 응용 프로그램이 열립니다. 해당 파일을 처음 여는 경우 보안 관련 확인을 위해 파일 열기 대화상자가 표시되며, 〈확인〉 버튼을 클릭하는 경우 파일을 해당 응용 프로그램에서 열 수 있습니다.

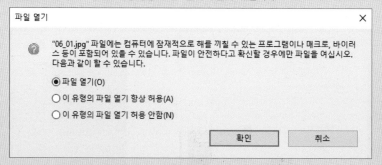

❾ 미리 보기 : 선택된 파일이나 문서를 미리 보기로 확인할 수 있습니다. 단, 신뢰할 수 있는 소스 파일만 미리 볼 수 있으며, 〈미리 보기〉 버튼을 클릭하여 문서를 확인할 수 있습니다. '이 유형의 파일은 항상 신뢰하고 미리 보기를 표시합니다.'를 체크 표시하는 경우 해당 형식 문서나 파일은 미리 볼 수 있습니다.

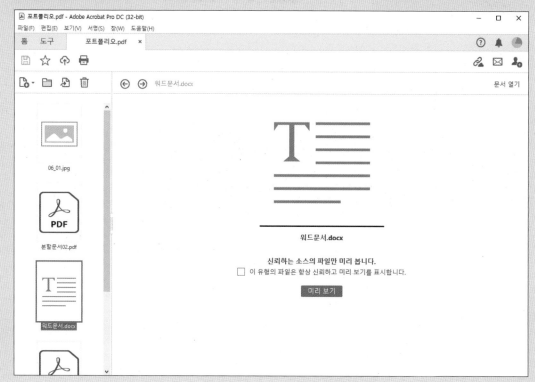

PDF 포트폴리오 세부 사항 보기

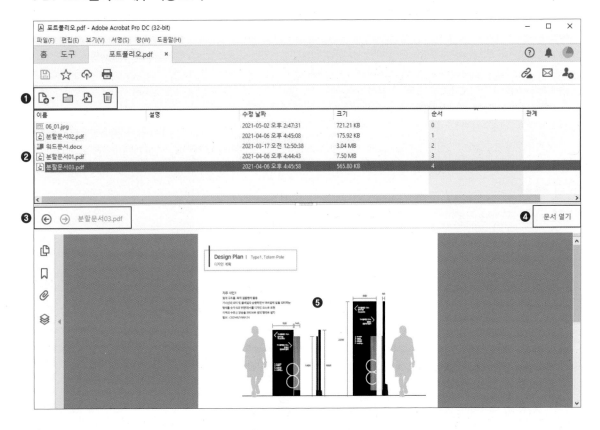

❶ **포트폴리오 도구 모음** : Acroabat 기본 도구 모음 아래에 표시되며, 파일 및 폴더 추가, 새 폴더 생성, 파일 추출 및 삭제 기능을 포함하고 있습니다. 포함된 도구들은 레이아웃 보기와 동일합니다.

❷ **파일 목록** : PDF 포트폴리오에 포함된 폴더, 파일, 문서의 목록을 확인할 수 있습니다.

❸ **이전 및 다음** : PDF 포트폴리오에 포함된 폴더, 파일, 문서 간 이동이 가능하며 선택한 파일의 미리 보기를 화면에 표시합니다. 선택된 문서명도 같이 표시됩니다.

❹ **문서 열기** : 현재 선택된 문서를 편집하기 위해 선택한 문서의 구성 요소 파일이 열립니다. PDF 문서가 아니라면 각각의 파일 형식에 따른 응용 프로그램이 열립니다. 해당 파일을 처음 여는 경우 보안 관련 확인을 위해 파일 열기 대화상자가 표시되며, 〈확인〉 버튼을 클릭하는 경우 파일을 해당 응용 프로그램에서 열 수 있습니다.

❺ **미리 보기** : 선택된 파일이나 문서를 미리 보기로 확인할 수 있습니다. 단, 신뢰할 수 있는 소스 파일만 미리 볼 수 있으며, 〈미리 보기〉 버튼을 클릭하여 문서를 확인할 수 있습니다. '이 유형의 파일은 항상 신뢰하고 미리 보기를 표시합니다.'를 체크 표시하는 경우 해당 형식 문서나 파일은 미리 볼 수 있습니다.

TIP

이동 장애, 시각 장애, 시력 장애 등으로 문서를 읽는 데 어려움이 있는 경우 더 나은 읽기 환경을 제공하기 위해 메뉴에서 [편집] → 기본 설정을 실행합니다. '접근성'을 선택하고 '파일 모드에서 포트폴리오 표시'를 체크 표시한 다음 〈확인〉 버튼을 클릭하면 접근성이 향상됩니다.

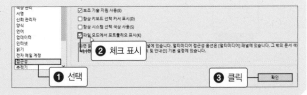

02 PDF 문서를 이용하여 PDF 포트폴리오 만들기

따라하기

PDF 포트폴리오는 만들기 기능을 이용하여 문서를 먼저 생성하고 포트폴리오에 추가할 문서나 파일 등을 추가 적용해야 합니다. PDF 포트폴리오를 만들고 PDF 문서를 추가하는 방법을 알아보겠습니다.

⬤ 예제파일 : 09\evolve2.pdf, 가나산둘레길디자인.pdf, 건강관리앱개발제안서.pdf | ⬤ 완성파일 : 09\포트폴리오_01.pdf

01 Acrobat을 실행하고 PDF 포트폴리오 문서를 만들기 위해 메뉴에서 (파일) → 만들기 → PDF 포트폴리오를 실행합니다.

02 PDF 포트폴리오 만들기 대화상자가 표시되면 '파일 추가'를 이용하여 파일을 선택하거나 대화상자로 파일이나 문서를 드래그하여 추가할 수 있습니다.

03 09 폴더에서 Ctrl을 누른 상태에서 'evolve2.pdf', '가나산둘레길디자인.pdf', '건강관리앱개발제안서.pdf' 3개의 파일을 클릭하여 선택합니다.

> **TIP**
>
> Ctrl을 누르고 파일을 선택하면 각각의 파일만 선택됩니다. Shift를 누르는 경우 클릭한 파일이 영역 단위로 선택됩니다.

04 PDF 포트폴리오 만들기 대화상자로 3
개의 PDF 파일을 드래그하면 파일이
추가됩니다. 기본적으로 영문, 한글 순으로 순차
정렬됩니다.

05 순서를 변경하기 위해 'evolve2.pdf' 파
일을 오른쪽으로 드래그합니다.

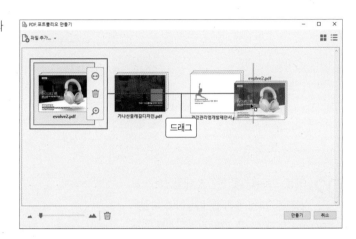

06 드래그하여 이동된 순서로 파일 정렬이
변경되었으며 대화상자에 정렬된 순서
로 포트폴리오 PDF 문서가 생성됩니다. 정렬된
순서를 확인하고 〈만들기〉 버튼을 클릭합니다.

PDF 포트폴리오 만들기 대화상자 살펴보기

PDF 포트폴리오 만들기 대화상자에 적용된 문서를 선택하면 문서를 확인할 수 있는 기능이 표시되며, PDF 문서의 경우 문서의 내용을 확인할 수 있는 펼치기 기능을 제공합니다. 현재 문서는 총 17페이지로 구성된 PDF 문서로, 문서를 선택하면 '17개 페이지 펼치기' 아이콘(⊝)이 표시되며 아이콘을 클릭하면 모든 페이지가 표시됩니다. 여러 페이지로 만들어진 파워포인트, 워드 등의 MS Office 문서도 동일한 기능을 제공합니다.

'확대' 아이콘(⊕)을 클릭하는 경우 미리 보기 형태로 첫 페이지를 확대하여 확인할 수 있습니다.

07 포트폴리오 문서가 생성되면서 왼쪽 탐
색 창에 추가된 PDF 문서 3개를 확인
할 수 있습니다.

08 포트폴리오 문서를 저장하기 위해 메
뉴에서 (파일) → 포트폴리오 저장(Ctrl
+S)을 실행합니다.

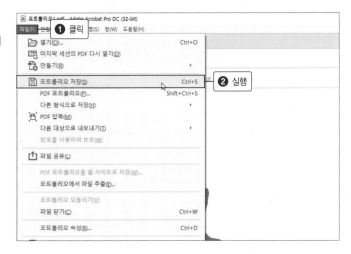

09 PDF로 저장 대화상자가 표시되면 최
근 폴더에 저장에서 폴더를 선택하거나
〈다른 폴더 선택〉 버튼을 클릭하여 경로를 지정
합니다.

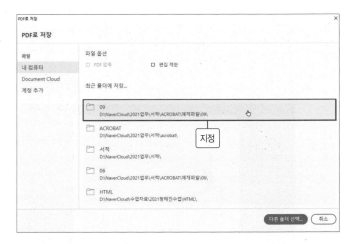

10 PDF로 저장 대화상자가 표시되면 파일 이름을 '포트폴리오_01', 파일 형식을 'Adobe PDF 파일'로 지정한 다음 〈저장〉 버튼을 클릭합니다.

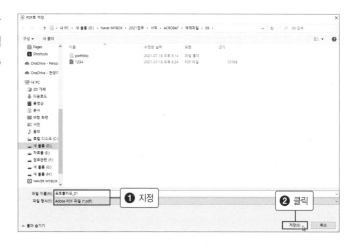

11 PDF 포트폴리오가 저장되면 문서 탭의 문서명이 '포트폴리오_01.pdf'로 변경된 것을 확인할 수 있습니다. 추가한 문서는 지정한 파일로 병합되어 한 개의 파일로 관리가 가능합니다.

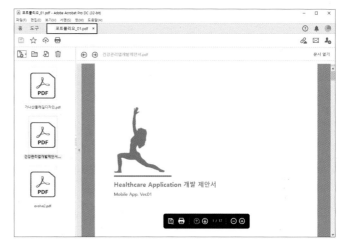

TIP

찾기 및 바꾸기

문서에서 특정 단어 등을 검색하는 경우 Ctrl+F 단축키를 사용하거나 메뉴에서 (편집) → 찾기를 실행하면 오른쪽 상단에 찾기 대화상자가 표시됩니다. 찾기는 기본적인 문서 읽기 상태에서 가능하지만 만약 특정 단어를 자동으로 바꾸기 위해서는 PDF 편집 모드에서 가능하기 때문에 찾기 대화상자에서 '다음 항목으로 바꾸기'를 클릭하여 PDF 편집 모드로 이동한 다음 다시 '다음 항목으로 바꾸기'를 클릭하여 바꾸기 설정을 활성화합니다. 필요에 따라서는 열려 있는 전체 Acrobat에서 검색을 실행할 수도 있습니다.

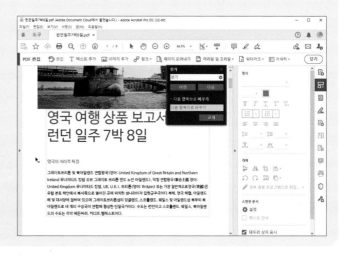

Acrobat 시작

문서 변환

관리 × 편집

양식 × 수정

서명 × 보안

문서 편집

문서 제작

양식 제작 × 활용

PDF 포트폴리오에 웹 콘텐츠 추가하기

PDF 포트폴리오에는 문서, 파일 외에 웹에 게시된 콘텐츠를 문서에 포함할 수 있습니다. 웹 사이트를 웹 브라우저에서 보듯 추가할 수 있고, Embed 형태로도 추가 가능합니다. 웹 사이트의 html 문서를 추가하는 방법을 알아보겠습니다.

◉ 예제파일 : 09\포트폴리오_03.pdf | ◉ 완성파일 : 09\포트폴리오_03_웹콘텐트.pdf

01 Acrobat을 실행하고 메뉴에서 [파일] → 열기([Ctrl]+[O])를 실행하여 09 폴더에서 '포트폴리오_03.pdf' 파일을 불러옵니다.

02 포트폴리오 도구 모음에서 '파일 추가' 아이콘(📄)을 클릭한 다음 웹 콘텐트 추가를 실행합니다.

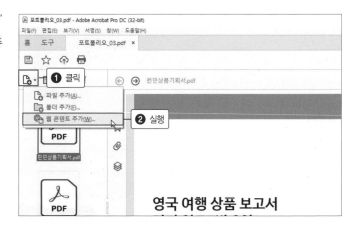

03 웹 콘텐트 추가 대화상자가 표시되면 파일 이름 입력에 '네이버', 설명 입력에 '검색포털 사이트'를 입력합니다. '웹 링크 추가'를 선택하고 URL에 'https://www.naver.com/'을 입력한 다음 〈확인〉 버튼을 클릭합니다.

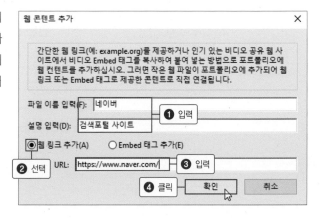

04 탐색 창에 '네이버.html'이 추가된 것을 확인할 수 있습니다. 인터넷 자료이기 때문에 보안 관련하여 미리 보기가 제한됩니다. 문서를 확인하기 위해 〈미리 보기〉 버튼을 클릭합니다.

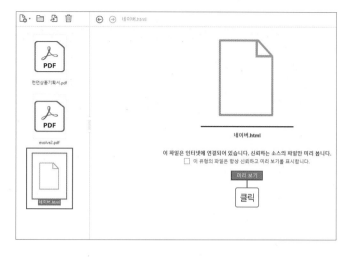

05 지정한 사이트로 연결되며 화면 크기로 인하여 보이는 영역은 제한적일 수 있습니다.

TIP

웹 콘텐츠의 경우 모든 사이트가 정상적으로 보이는 것은 아닙니다. 일부 기능은 구현되지 않을 수 있으므로 그림과 같이 일반적인 웹 브라우저와 다르게 보이는 경우가 있을 수 있습니다.

Acrobat 시작

문서 변환

관리 × 편집

공유 × 수정

서명 × 보호

문서 편집

문서 제작

양식 제작 × 활용

PDF 포트폴리오에 미디어 파일 추가하기

PDF 포트폴리오에 동영상이나 사운드 파일을 추가할 수 있고 미디어 파일을 PDF로 변환할 수 있습니다. PDF 포트폴리오에 미디어 파일을 추가하고 PDF로 변환하는 방법을 알아보겠습니다.

◉ 예제파일 : 09\포트폴리오_03.pdf, Trafic.mp4, hello_world.mp3
◉ 완성파일 : 09\포트폴리오_03_미디어.pdf

01 Acrobat을 실행하고 메뉴에서 (파일)
→ 열기(Ctrl+O)를 실행하여 09 폴더
에서 '포트폴리오_03.pdf' 파일을 불러옵니다.

02 동영상 파일을 추가하기 위해 포트폴
리오 도구 모음에서 '파일 추가' 아이콘
(🖺)을 클릭한 다음 파일 추가를 실행합니다.

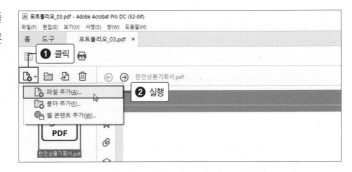

03 파일 추가 대화상자가 표시되면 09 폴
더에서 'Trafic.mp4' 파일을 선택한 다
음 〈열기〉 버튼을 클릭합니다.

04 동영상 파일이 추가되었으나 미리 보기 화면에는 재생이 되지 않는 형태로만 표시됩니다.

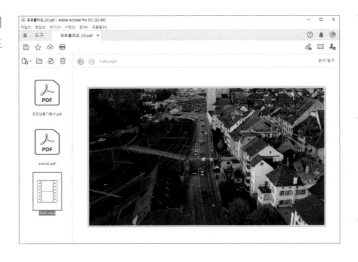

05 사운드 파일을 추가하기 위해 포트폴리오 도구 모음에서 '파일 추가' 아이콘(📄)을 클릭한 다음 파일 추가를 실행합니다.

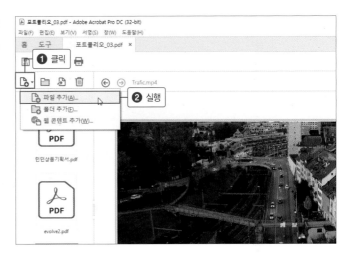

06 파일 추가 대화상자가 표시되면 09 폴더에서 'hello_world.mp3' 파일을 선택한 다음 〈열기〉 버튼을 클릭합니다.

Acrobat 시작

문서 변환

관리 × 편집

양식 × 수정

서명 × 보호

문서 편집

문서 제작

양식 제작 × 활용

07 사운드 파일이 추가되었지만 사운드는 미리 보기가 없기 때문에 사운드 파일이 선택되어도 미리 보기는 표시되지 않습니다.

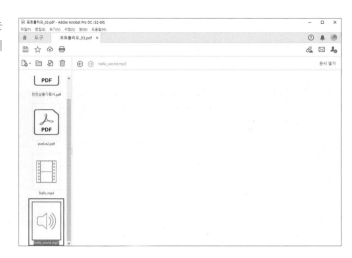

08 동영상 파일을 PDF로 변환하여 재생하기 위해 탐색 창에서 'Trafic.mp4' 파일을 선택하고 마우스 오른쪽 버튼을 클릭한 다음 PDF로 변환을 실행합니다.

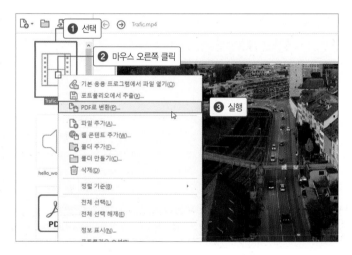

09 비디오 삽입 대화상자가 표시되면 〈확인〉 버튼을 클릭하여 PDF로 변환을 진행합니다.

10 변환이 완료되면 〈확인〉 버튼을 클릭합니다.

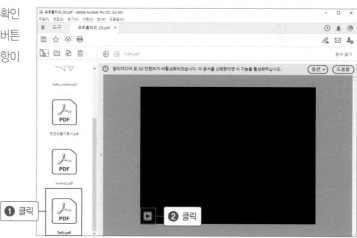

TIP

예제 진행을 위해 동영상, 사운드 파일을 각각 변환하지만 동시에 여러 파일을 선택하여 PDF 변환이 가능합니다.

11 PDF로 변환된 Trafic.pdf 파일을 확인할 수 있습니다. 재생을 위해 재생 버튼을 클릭하면 상단에 보안 관련하여 주의 사항이 표시됩니다.

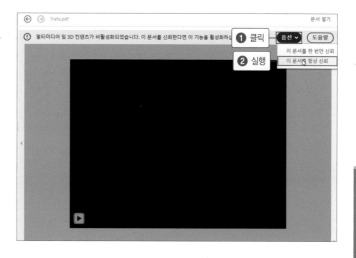

12 주의 사항 오른쪽에 〈옵션〉 버튼을 클릭한 다음 이 문서를 항상 신뢰를 실행합니다.

13 동영상 파일이 재생됩니다.

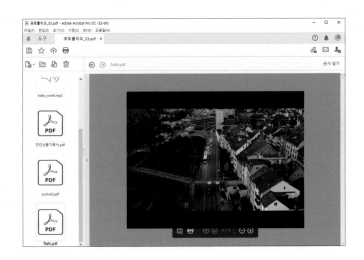

14 사운드 파일을 PDF로 변환하기 위해 탐색 창에서 'hello_world.mp3' 파일을 선택하고 마우스 오른쪽 버튼을 클릭한 다음 PDF로 변환을 실행합니다.

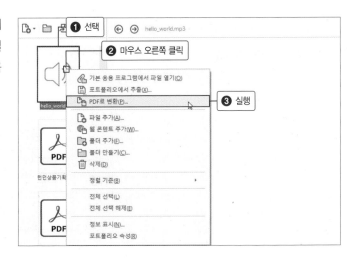

15 사운드 삽입 대화상자가 표시되면 〈확인〉 버튼을 클릭하여 PDF로 변환을 진행합니다.

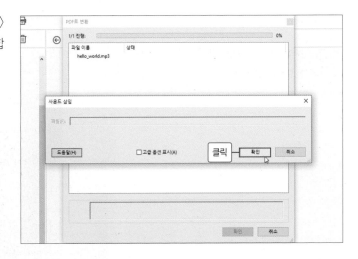

16 변환이 완료되면 PDF로 변환 대화상자에서 〈확인〉
버튼을 클릭합니다.

17 PDF로 변환된 hello_world.pdf 파일
을 확인할 수 있습니다.

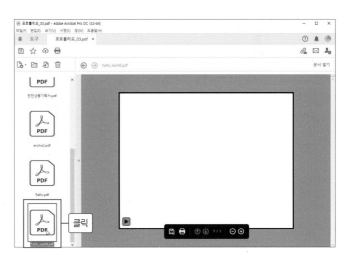

18 문서의 미리 보기를 클릭하면 사운드를
재생할 수 있습니다.

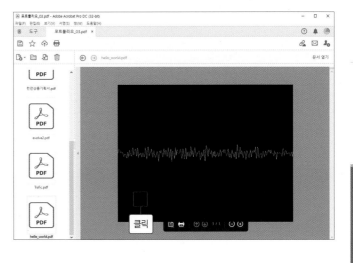

Acrobat 사전

문서 변환

관리 × 편집

공유 × 수정

서명 × 보호

문서 편집

문서 제작

양식 제작 × 활용

19 PDF 포트폴리오에 추가되어 있는 동영
상과 사운드 미디어 파일을 삭제하기 위
해 선택한 다음 포트폴리오 도구 모음에서 '첨
부 파일 삭제' 아이콘(🗑)을 클릭합니다.

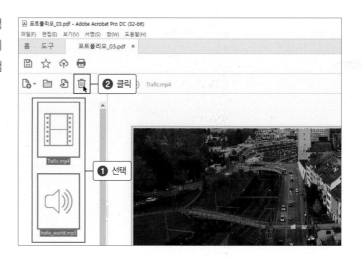

20 삭제 확인 대화상자가 표시되면 파일을 삭제하기 위
해 〈예〉 버튼을 클릭합니다.

21 PDF 포트폴리오에서 해당 미디어 파일
이 삭제된 것을 확인할 수 있습니다.

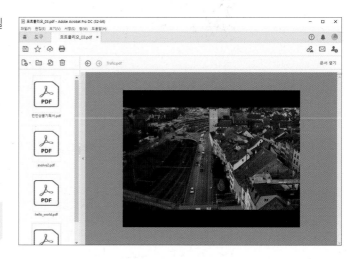

> **TIP**
>
> 각각의 미디어 파일이 삭제되어도 영상과 사운드로
> 변환한 PDF 문서는 유지됩니다.

TIP

인터넷 접속 관리하기

PDF 문서에 포함된 인터넷 주소는 보안 위험이 있을 수 있기 때문에 클릭할 때 주의가 필요합니다. 따라서 인터넷에 접속하려고 할 때 확인, 허용, 차단 등의 옵션을 설정하여 보안 위험에 대비할 수 있습니다.

❶ 인터넷 접속 관리를 위해 메뉴에서 (편집) → 기본 설정을 실행한 다음 범주에서 '신뢰 관리자'를 선택합니다. 웹 브라우저 외부의 PDF 파일에서 인터넷에 엑세스에서 〈설정 변경〉 버튼을 클릭합니다.

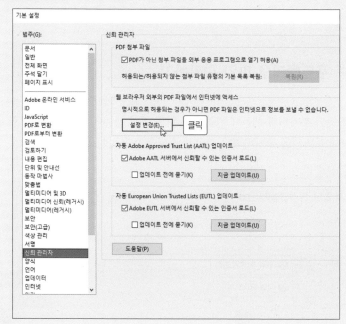

❷ 인터넷 액세스 관리 대화상자가 표시되면 인터넷 접속 관리를 위한 다양한 설정을 변경할 수 있습니다.

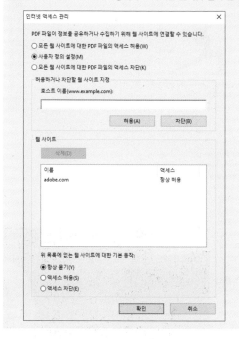

PDF 포트폴리오 관리하기

CHAPTER

PDF 포트폴리오는 여러 문서나 파일이 한 개의 PDF 파일로 구성되므로 구분을 위해 폴더 등을 이용하여 분류하고 체계적으로 정리할 필요가 있습니다. 정리를 위해 폴더를 이용하고 정렬하는 방법을 알아보겠습니다.

01 폴더를 이용하여 PDF 포트폴리오 파일 관리하기
따라하기

PDF 포트폴리오에는 다수의 문서, 파일 등이 추가되기 때문에 관리하기 위해 폴더 기능이 필수적이라고 할 수 있습니다. PDF 포트폴리오에는 폴더 상태로 파일을 추가하거나 새로운 폴더를 이용하여 문서를 관리할 수 있습니다.

◉ 예제파일 : 09\포트폴리오_폴더.pdf, PDF문서 폴더, 반려견놀이터.pdf

◉ 완성파일 : 09\포트폴리오_폴더추가.pdf

01 Acrobat을 실행하고 메뉴에서 [파일] → 열기(Ctrl+C)를 실행하여 09 폴더에서 '포트폴리오_폴더.pdf' 파일을 불러옵니다.

02 폴더에 있는 여러 문서를 폴더 상태로 추가하기 위해 포트폴리오 도구 모음에서 '파일 추가' 아이콘(⌷)을 클릭한 다음 폴더 추가를 실행합니다.

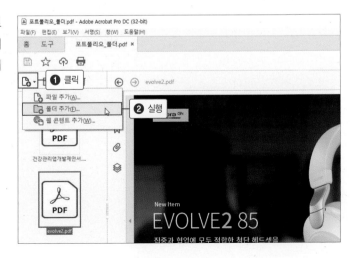

03 포트폴리오에 추가할 폴더 선택 대화상자가 표시되면 09 폴더에서 'PDF문서' 폴더를 선택한 다음 〈폴더 선택〉 버튼을 클릭합니다.

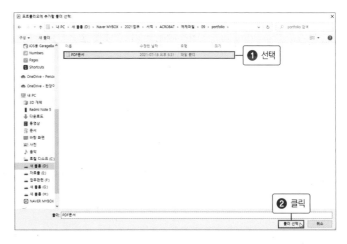

04 선택한 폴더가 탐색 창에 추가되었습니다. 폴더에 있는 파일도 모두 폴더 안에 추가됩니다. 폴더에 포함된 문서를 확인하기 위해 'PDF문서' 폴더를 더블클릭합니다.

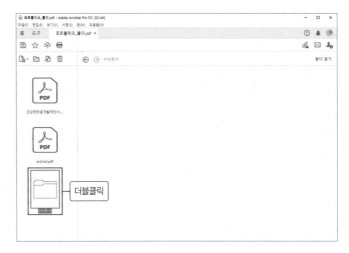

05 2개의 PDF 문서가 표시되며, 선택하면 문서의 내용을 확인할 수 있습니다.

Acrobat 시작

문서 변환

관리 × 편집

양식 × 수정

서명 × 보안

문서 편집

문서 제작

양식 제작 × 활용

06 PDF문서 폴더에서 빠져나오기 위해 PDF문서 옆에 '뒤로 이동' 아이콘( )을 클릭합니다.

07 폴더를 빠져나와도 선택한 문서는 유지됩니다.

08 새로운 폴더를 만들어 포트폴리오를 관리하기 위해 포트폴리오 도구 모음에서 '폴더 만들기' 아이콘( )을 클릭합니다.

09 새 폴더 대화상자가 표시되면 새 폴더 이름 입력에 '제안서'를 입력하고 〈확인〉 버튼을 클릭합니다.

10 탐색 창에 제안서 폴더가 추가된 것을 확인할 수 있습니다. 제안서 폴더로 이동하기 위해 '제안서' 폴더를 더블클릭합니다.

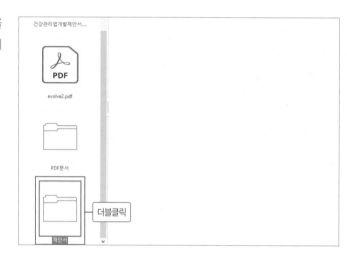

11 제안서 폴더에는 PDF문서 폴더와 다르게 파일이나 문서가 존재하지 않습니다. 새로운 폴더와 폴더 추가 기능은 차이가 있으며 새로운 폴더에 필요한 경우 문서나 파일을 추가할 수 있습니다.

Acrobat 시작

문서 변환

관리 × 편집

공유 × 수정

서명 × 보안

문서 편집

문서 제작

양식 제작 × 활용

12 포트폴리오 도구 모음에서 '파일 추가' 아이콘(🖹)을 클릭한 다음 파일 추가를 실행합니다.

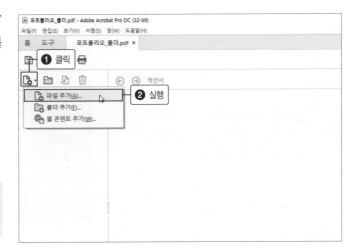

13 파일 추가 대화상자가 표시되면 09 폴더에서 '반려견놀이터.pdf' 파일을 선택한 다음 〈열기〉 버튼을 클릭합니다.

14 제안서 폴더로 선택한 반려견놀이터.pdf 파일이 추가된 것을 확인할 수 있습니다.

15 제안서 폴더를 빠져나오기 위해 제안서 폴더명 왼쪽에 '뒤로 이동' 아이콘(◉)을 클릭합니다.

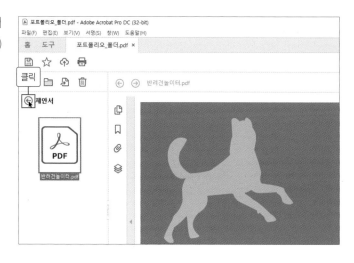

16 PDF 문서의 순서를 변경하기 위해 가장 위에 있는 '건강관리앱개발제안서.pdf' 파일을 선택하고 'PDF문서' 폴더 아래로 드래그합니다.

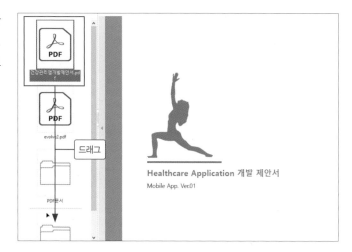

17 문서가 이동되어 순서가 변경된 것을 확인할 수 있습니다. '건강관리앱개발제안서.pdf' 파일을 '제안서' 폴더로 드래그하여 이동합니다.

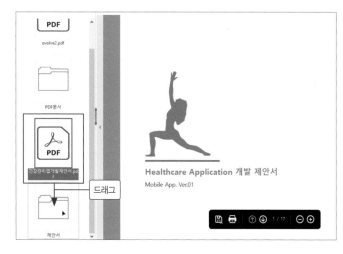

Acrobat 사전

문서 변환

관리 × 편집

입력 × 수정

서명 × 보안

문서 편집

문서 제작

양식 제작 × 활용

18 파일이 폴더로 이동되어 탐색 창에서 보이지 않습니다. 제안서 폴더로 이동하기 위해 '제안서' 폴더를 더블클릭합니다.

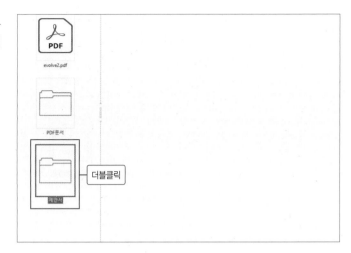

19 제안서 폴더에 '건강관리앱개발제안서.pdf'가 이동되어 있는 것을 확인할 수 있습니다.

20 PDF 포트폴리오를 다른 이름으로 저장하기 위해 메뉴에서 [파일] → PDF 포트폴리오(Shift+Ctrl+S)를 실행합니다.

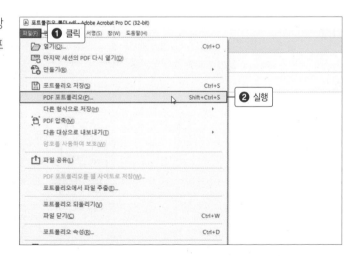

21 PDF로 저장 대화상자가 표시되면 최근 폴더에 저장에서 폴더를 선택하거나 〈다른 폴더 선택〉 버튼을 클릭하여 경로를 지정합니다.

22 PDF로 저장 대화상자가 표시되면 파일 이름을 '포트폴리오_폴더추가', 파일 형식을 'Adobe PDF 파일'로 지정한 다음 〈저장〉 버튼을 클릭합니다.

23 포트폴리오가 새로운 문서로 저장되었습니다.

Acrobat 시작

문서 변환

관리 × 편집

양식 × 수정

서명 × 보호

문서 편집

문서 제작

양식 제작 × 활용

PDF 포트폴리오를 다른 PDF 프로그램으로 여는 경우

PDF 문서를 Acrobat Pro DC가 아닌 다른 PDF 프로그램에서 여는 경우 포트폴리오 문서가 아닌 표지 문서가 열리게 됩니다. 무료 PDF 프로그램인 알PDF에서 열면 Acrobat 또는 Acrobat Reader에서 포트폴리오 문서를 열어야 한다고 메시지가 표시됩니다. 또한 Acrobat Reader를 다운로드받을 수 있는 링크도 제공합니다.

해당 문서를 보면 첨부 파일 형태로 포트폴리오에 포함된 문서나 파일이 확인되며 첨부 파일을 클릭하면 해당 문서가 아닌 별도의 문서 탭에서 열리게 됩니다.

Acrobat Pro DC가 아닌 Reader에서는 Acrobat Pro DC와 동일하게 포트폴리오에 포함된 문서, 파일, 폴더 등을 확인할 수 있습니다.

고급 검색 기능

여러 PDF 문서에서 검색 기능을 수행하기 위해 메뉴에서 (편집) → 고급 검색(Shift+Ctrl+F)을 실행합니다. 검색 대화상자가 표시되면 검색할 위치를 지정할 수 있으며, 특정 위치에 포함된 PDF 문서 전체를 검색할 수 있습니다.

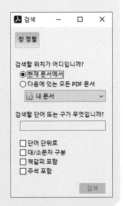

02 PDF 포트폴리오 정렬하고 파일 크기 줄이기
따라하기

PDF 포트폴리오 왼쪽 탐색 창에 있는 여러 파일, 문서들은 필요에 따라서 정렬을 변경할 수 있습니다. 정렬은 보기 기능이므로 정렬이 변경된 문서라도 다시 문서를 여는 경우 순서 항목으로 변경됩니다. 정렬 기능을 이용해 문서 크기가 큰 PDF 문서를 확인한 다음 문서의 크기를 줄여 전체적인 용량을 줄이는 방법을 알아보겠습니다.

◉ 예제파일 : 09\포트폴리오_02.pdf | ◉ 완성파일 : 09\포트폴리오_02_정렬.pdf

01 Acrobat을 실행하고 메뉴에서 (파일)
→ 열기((Ctrl)+(O))를 실행하여 09 폴더에서 '포트폴리오_02.pdf' 파일을 불러옵니다.

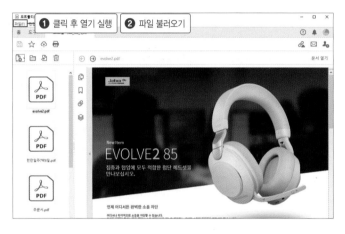

02 탐색 창에서 문서와 파일의 정렬 순서를 변경하기 위해 마우스 오른쪽 버튼을 클릭하면 정렬 기준에서 순서로 설정되어 있는 것을 확인할 수 있습니다.

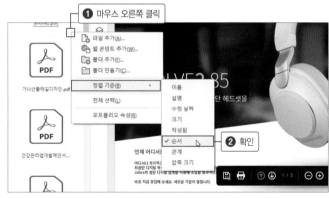

03 크기 순으로 변경하기 위해 정렬 기준
→ 크기를 실행합니다.

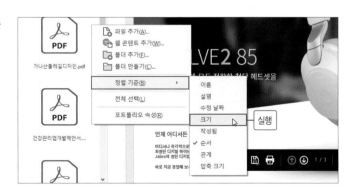

04 크기 순으로 변경되었습니다. 가장 위쪽에 있는 파일은 '건강관리앱개발제안서.pdf'로, 크기가 602KB인 것을 확인할 수 있습니다.

TIP

탐색 창에서 문서 또는 파일 위로 마우스 커서를 가져가면 이름과 수정일, 크기 등이 표시됩니다.

05 탐색 창에서 스크롤을 내리면 가장 아래쪽에 있는 파일이 34MB인 'evolve2.pdf'인 것을 확인할 수 있습니다. 가장 작은 용량에서부터 큰 용량으로 정렬된 것을 확인할 수 있습니다.

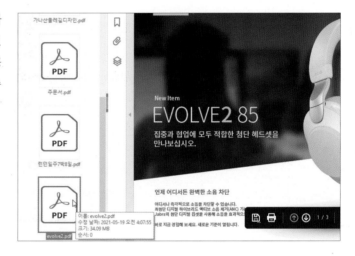

06 용량이 큰 파일부터 작은 파일 순으로 다시 정렬하기 위해 마우스 오른쪽 버튼을 클릭한 다음 정렬 기준 → 크기를 실행합니다.

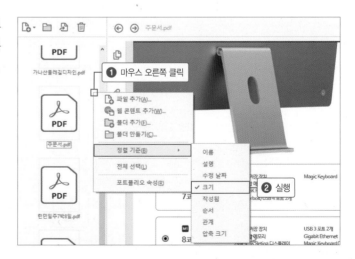

07 탐색 창을 보면 가장 용량이 컸던 'evolve2.pdf'가 위쪽으로 정렬되고 가장 작은 용량 문서가 아래쪽으로 정렬된 것을 확인할 수 있습니다.

08 포트폴리오 문서의 용량이 너무 크지 않도록 줄여 주기 위해 문서 전체의 크기를 최적화할 수도 있지만, 용량이 큰 evolve2.pdf 문서만 용량을 줄여 줄 수도 있습니다.
탐색 창에서 'evole2.pdf' 파일을 선택하고 마우스 오른쪽 버튼을 클릭한 다음 파일 크기 줄이기를 실행합니다.

09 파일 크기 축소 대화상자가 표시되면 호환 버전을 '기존대로 유지'로 지정하고 〈확인〉 버튼을 클릭합니다.

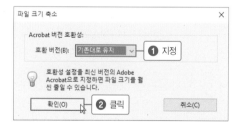

Acrobat 시작

문서 변환

관리 × 편집

열람 × 수정

서명 × 보호

문서 편집

문서 제작

양식 제작 × 활용

10 파일 크기 축소 과정이 진행되며 evolve2.pdf 파일 만 압축을 진행하는 것을 확인할 수 있습니다.

11 압축 과정이 완료되면 파일 크기 축소 대화상자의 상태에 성공이라고 표시됩니다. 파일 크기 축소 과 정을 완료하기 위해 〈확인〉 버튼을 클릭합니다.

12 'evolve2.pdf' 파일을 확인하기 위해 마 우스 커서를 파일 위로 가져가면 파일의 정보가 표시되며, 34MB의 용량이 4MB로 변경 된 것을 확인할 수 있습니다.

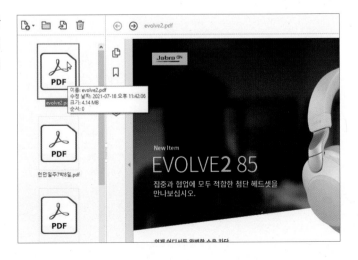

13 문서를 다른 이름으로 저장하기 위해 메뉴에서 [파일] → PDF 포트폴리오(Shift +Ctrl+S)를 실행합니다.

14 PDF로 저장 대화상자가 표시되면 최근 폴더에 저장에서 폴더를 선택하거나 〈다른 폴더 선택〉 버튼을 클릭하여 경로를 지정합니다.

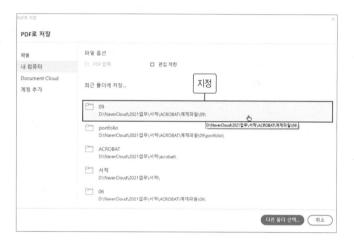

15 PDF로 저장 대화상자가 표시되면 파일 이름을 '포트폴리오_02_정렬', 파일 형식을 'Adobe PDF 파일'로 지정한 다음 〈저장〉 버튼을 클릭합니다.

Acrobat 시작

문서 변환

편집 × 관리

양식 × 수정

서명 × 보호

문서 편집

문서 제작

양식 제작 × 활용

16 현재 저장된 문서 상태로는 'evolve2.
pdf' 파일 다음으로 '런던일주7박8
일.pdf' 파일이 위치합니다. 저장된 문서를 닫아
줍니다.

17 저장한 문서를 다시 열기 위해 메뉴에서
[파일] → 열기([Ctrl]+[O])를 실행하여 09
폴더에서 '포트폴리오_02_정렬.pdf' 파일을 불
러옵니다.
탐색 창을 확인하면 파일의 순서가 변경되었으
며, 마우스 오른쪽 버튼을 클릭한 다음 정렬 기
준을 확인하면 '순서'로 변경된 것을 확인할 수
있습니다.

문서 보호 설정 쉽게 하기

[도구] 탭을 클릭한 다음 보호 및 표준화에서 '보호'를 클릭합니다. 상단에 보호 도구 모음이 표시되면 '암호를 사용하여 보호'를 클릭하고 암호를
설정하여 문서를 보안 설정할 수 있습니다.

PDF 포트폴리오 추출 및 공유하기

CHAPTER 03

PDF 포트폴리오를 만들고 다른 사람과 공유하거나 필요한 부분만 별도의 파일로 추출하여 활용도 가능합니다. 공유하는 경우 주석 처리는 불가능하며, Document Cloud를 활용하여 공유하지만 Acrobat Pro DC 나 Acobat Reader를 이용해 확인이 가능합니다. PDF 포트폴리오의 파일을 추출하고 공유하는 방법을 알아보겠습니다.

01 따라하기 · PDF 포트폴리오에서 원하는 부분만 수정하고 추출하기

PDF 포트폴리오는 포트폴리오 문서 내에서 PDF 문서를 수정할 수 없습니다. 문서의 필요한 부분을 수정하려면 문서 열기를 이용하여 별도로 문서를 열고 수정해야 하며, 문서의 일부분은 별도의 파일로 만들 수 있습니다. PDF 포트폴리오 문서를 수정하고 추출하는 방법을 알아보겠습니다.

◉ 예제파일 : 09\포트폴리오_04.pdf | ◉ 완성파일 : 09\포트폴리오_04_수정추출.pdf, 런던일주7박8일.pdf

01 Acrobat을 실행하고 메뉴에서 (파일) → 열기(Ctrl+C)를 실행하여 09 폴더에서 '포트폴리오_04.pdf' 파일을 불러옵니다.

02 '런던일주7박8일.pdf' 문서의 글꼴을 변경하기 위해 파일을 선택하고 오른쪽 상단에 '문서 열기'를 클릭합니다.

03 선택한 pdf 문서가 새로운 탭에서 열리는 것을 확인할 수 있습니다.

04 PDF 문서를 편집하기 위해 도구 막대에서 'PDF 편집' 아이콘(▤)을 클릭합니다.

05 문서의 텍스트를 드래그하여 선택하고 오른쪽 패널에서 글꼴을 '나눔바른고딕'으로 지정합니다.

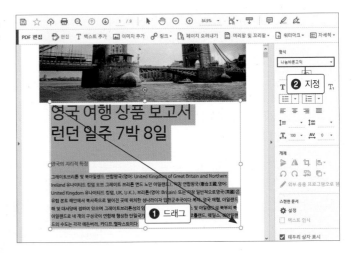

06 수정된 PDF 문서를 저장하기 위해 도구 모음에서 '파일 저장' 아이콘(🖫)을 클릭합니다.

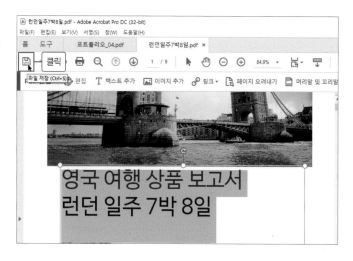

07 PDF 포트폴리오 문서로 이동하기 위해서 [포트폴리오_04.pdf] 탭을 클릭합니다. PDF 포트폴리오 문서의 글꼴이 나눔바른고딕으로 수정된 것을 확인할 수 있습니다.

08 수정된 문서를 별도의 PDF로 만들기 위해 '런던일주7박8일.pdf' 파일이 선택된 상태에서 '포트폴리오에서 추출' 아이콘(🔄)을 클릭합니다.

09 파일 추출 대화상자가 표시되면 폴더를 지정하고 파일 이름을 '런던일주7박8일'로 지정한 다음 〈저장〉 버튼 클릭합니다.

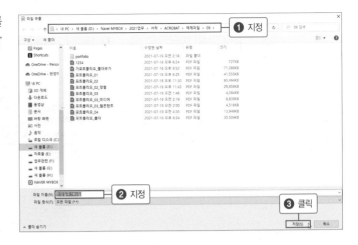

10 지정한 폴더를 보면 해당 파일이 추출되어 저장된 것을 확인할 수 있습니다.

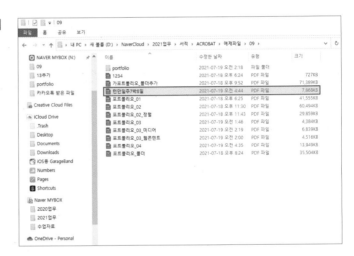

TIP

제한된 보기 설정

PDF 문서에 강화된 보안을 설정하기 위해 제한된 보기를 설정할 수 있습니다. 제한된 보기를 실행하면 기본적으로 Sandbox를 이용하여 〈모든 기능 사용〉 버튼을 클릭하는 경우 PDF 문서의 기능이 실행됩니다. 기본 설정 대화상자의 범주에서 '보안(고급)'을 선택한 다음 제한된 보기에서 설정이 가능합니다. '모든 파일'을 선택하면 모든 PDF 파일에서 제한된 보기 설정이 적용되어 Sandbox가 표시됩니다.

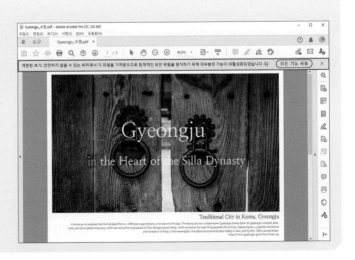

02 PDF 포트폴리오 문서에 암호 설정하고 공유하기

따라하기

PDF 포트폴리오는 다양하게 활용될 수 있으며, 기본적으로는 작품이나 기업의 제품 등에 대한 포트폴리오로도 활용이 가능합니다. 이런 경우 암호를 설정하여 문서를 보호할 수 있으며 공유도 할 수 있습니다. PDF 포트폴리오 문서에 암호를 설정하고 공유하는 방법을 알아보겠습니다.

◉ 예제파일 : 09\포트폴리오_05.pdf   ◉ 완성파일 : 09\포트폴리오_05_보안.pdf

01 Acrobat을 실행하고 메뉴에서 [파일] → 열기([Ctrl]+[O])를 실행하여 09 폴더에서 '포트폴리오_05.pdf' 파일을 불러옵니다.

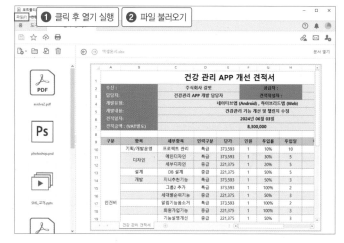

02 문서에 암호를 설정하기 위해 메뉴에서 [파일] → 포트폴리오 속성을 실행합니다.

03 문서 속성 대화상자가 표시되면 (보안) 탭을 선택합니다. 문서 보안에서 보안 방법을 '암호 보안'으로 지정합니다.

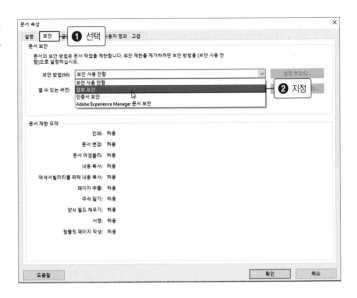

04 암호 보안 – 설정 대화상자가 표시되면 문 서를 열 때 암호를 입력하도록 문서 열기 에서 '문서를 열 때 암호 필요'를 체크 표시하고, 문 서 열기 암호를 설정한 다음 〈확인〉 버튼을 클릭합 니다.

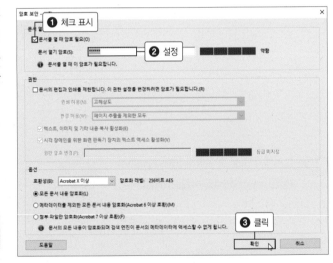

TIP

예제에서는 문서 열기 암호를 '123456'으로 설정하였습 니다.

05 문서 열기 암호 확인 대화상자가 추가로 표시되며 암호를 다시 한번 확인합니다. 만약 암호가 동일하지 않으면 암호 설정이 불가능합니다. 설정한 동일한 암호를 입력하고 〈확인〉 버튼 을 클릭합니다.

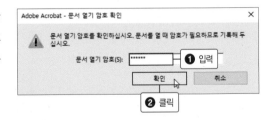

06 보안 설정은 문서를 저장해야 적용되며 문서를 닫을 때까 지 계속 변경이 가능하다는 내용을 확인하고 〈확인〉 버튼을 클릭합니다.

07 암호가 설정되면 문서 속성 대화상자에서 〈확인〉 버튼을 클릭합니다.

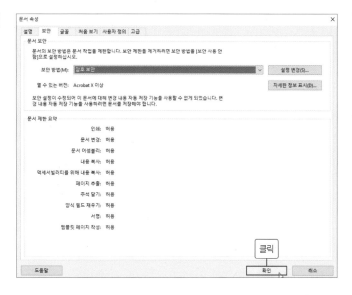

08 암호를 설정하기 위해 문서를 저장해야 합니다. 문서를 저장하기 위해 메뉴에서 (파일) → PDF 포트폴리오(Shift+Ctrl+S)를 실행합니다.

09 PDF로 저장 대화상자가 표시되면 최근 폴더에 저장에서 폴더를 선택하거나 〈다른 폴더 선택〉 버튼을 클릭하여 경로를 지정합니다.

Acrobat 시작

문서 변환

관리 × 편집

공유 × 수정

서명 × 보호

문서 편집

문서 제작

양식 제작 × 활용

10 PDF로 저장 대화상자가 표시되면 파일 이름을 '포트폴리오_05_보안', 파일 형식을 'Adobe PDF 파일'로 지정한 다음 〈저장〉 버튼을 클릭합니다.

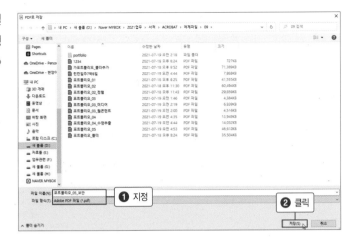

11 PDF 포트폴리오를 공유하기 위해 어떤 문서나 파일도 선택되지 않은 상태로 도구 모음 오른쪽에서 '이 파일에 대한 링크 공유' 아이콘(📇)을 클릭합니다.

> **TIP**
>
> 만약 선택된 문서나 파일이 있다면 해당 이름으로 공유되기 때문에 PDF 포트폴리오 이름으로 공유하기 위해 어떤 문서나 파일도 선택되지 않은 상태에서 공유해야 합니다.

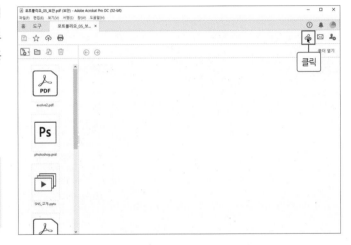

12 공유 링크가 생성되지만 PDF 포트폴리오는 주석 작성용으로 보낼 수 없기 때문에 주석 기능은 사용할 수 없습니다. 링크 공유에서 '링크 복사'를 클릭합니다.

13 링크가 복사되면서 링크 복사됨으로 변경됩니다.

14 웹 브라우저에서 복사된 링크로 접속하면 암호를 입력하라고 표시됩니다. 암호 필요 대화상자에 설정한 암호를 입력하고 〈제출〉 버튼을 클릭합니다.

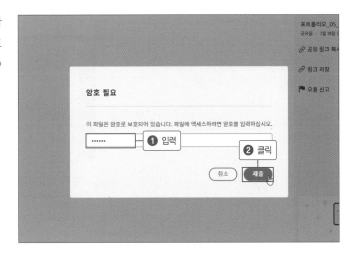

15 PDF 포트폴리오는 웹 브라우저에서 확인이 불가능하기 때문에 Acrobat Pro DC 또는 Acrobat Reader에서 열어야 한다고 표시됩니다.

TIP

PDF 포트폴리오를 확인할 때 Acrobat Pro DC, Acrobat Reader가 아닌 경우 PDF 포트폴리오의 표지 시트가 표시됩니다. PDF 포트폴리오에서 표지 시트를 확인하기 위해 메뉴에서 (보기) → 포트폴리오 → 표지 시트를 실행하면 표지 시트를 확인할 수 있습니다.

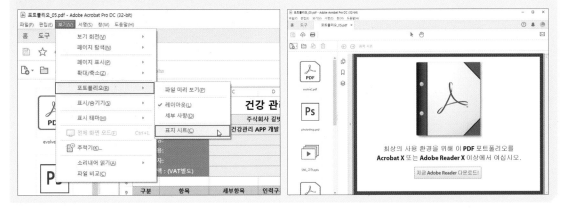

16 PDF 포트폴리오를 다운로드받아서 Acrobat Reader에서 열기 위해 오른쪽 상단에 '다운로드' 아이콘(⬇)을 클릭하여 PDF 포트폴리오 문서를 저장합니다.

17 Acrobat Pro DC 또는 Reader를 실행하고 다운로드받은 문서를 열어 줍니다. 암호가 설정되어 있기 때문에 암호 대화상자가 표시되며 설정한 암호를 입력하고 〈확인〉 버튼을 클릭합니다.

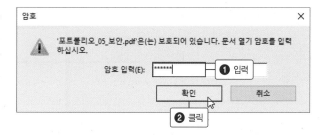

18 암호가 해제되어 포트폴리오 문서를 확인할 수 있습니다.

04 CHAPTER

웹 브라우저에서 PDF 문서 관리하기

Acrobat Pro DC를 사용하여 문서를 수정 편집 및 관리하는 것이 기본이지만 웹 브라우저에서 설치 없이 간단한 수정, 편집 및 변환 등이 가능합니다. 웹 브라우저를 사용하는 경우 Document Cloud를 기반으로 실행되며 편집은 기능이 제한적일 수 있습니다. 웹 브라우저를 이용하여 Document Cloud에 파일을 업로드하고 문서를 편집 및 변환하는 방법을 알아보겠습니다.

01 따라하기 Document Cloud에 PDF 파일 업로드하기

웹에서 PDF 문서를 관리하기 위해서는 Document Cloud에 저장된 문서를 기본으로 하기 때문에 PDF 문서를 Document Cloud에 업로드해야 합니다. 웹 브라우저에서 PDF 문서를 Document Cloud에 업로드하는 방법을 알아보겠습니다.

◉ 예제파일 : 09\런던일주7박8일.pdf

01 웹 브라우저를 실행하고 주소 창에 'documentcloud.adobe.com'을 입력한 다음 Enter를 누르면 Adobe Acrobat 사이트로 이동됩니다. Adobe 계정이 필요하며 로그인 상태가 아니라면 로그인 과정을 진행합니다.

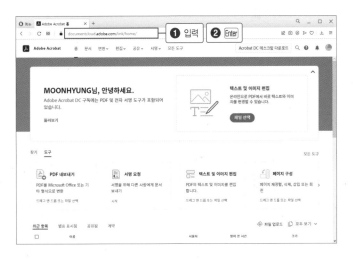

02 (최근 항목) 탭을 선택하면 Document Cloud에 저장되었거나 작업한 파일이 표시됩니다. Document Cloud에 업로드하기 위해 '파일 업로드'를 클릭합니다.

03 열기 대화상자가 표시되면 09 폴더에서 '런던일주7박8일.pdf' 파일을 선택하고 〈열기〉 버튼을 클릭합니다.

04 업로드가 완료되면 오른쪽 상단에 업로드된 파일이 표시되며 최근 항목에도 업로드한 '런던일주7박8일.pdf' 파일이 표시됩니다.

05 최근 항목에서 '런던일주7박8일.pdf' 파일을 클릭하면 웹 브라우저에서 해당 문서를 확인할 수 있고, 편집이나 기타 기능은 오른쪽에 표시되어 있습니다.

웹 브라우저에서 PDF 문서 편집하기

02
따라하기

Acrobat Pro DC가 설치되어 있지 않더라도 웹 브라우저를 이용하여 간단한 편집과 변환이 가능합니다. 웹 브라우저를 통하여 텍스트를 추가하고 수정하는 방법을 알아보겠습니다.

⊙ 예제파일 : 09\Gyeongju.pdf ｜⊙ 완성파일 : 09\Gyeongju_수정.pdf

01 웹 브라우저를 실행하고 주소 창에 'documentcloud.adobe.com'을 입력한 다음 [Enter]를 눌러 Adobe Acrobat 사이트로 이동합니다.

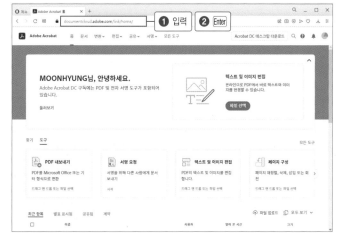

02 PDF 문서를 편집하기 위해 (편집) 탭에서 텍스트 및 이미지 편집을 실행합니다.

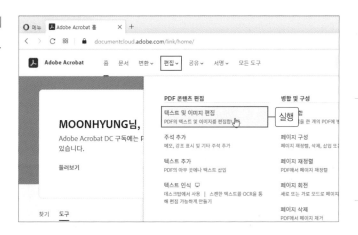

03 텍스트 및 이미지 편집이 표시되면 파일을 불러오기 위해 파일 선택의 오른쪽에 ∨ 버튼을 클릭한 다음 '내 컴퓨터에서'를 선택합니다.

04 열기 대화상자가 표시되면 09 폴더에서 'Gyeongju.pdf' 파일을 선택하고 〈열기〉 버튼을 클릭합니다.

05 업로드가 완료되면 편집 모드에서 Gyeongju.pdf 문서가 열립니다. 현재 편집이 가능한 상태이며 선택된 요소에 따라서 상단에 편집 도구 모음이 달라질 수 있습니다.

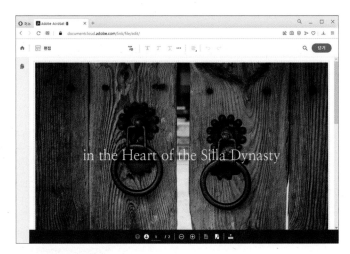

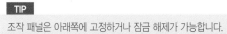

조작 패널은 아래쪽에 고정하거나 잠금 해제가 가능합니다.

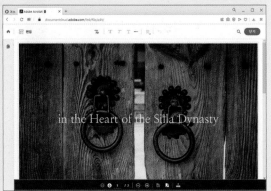

06 입력되어 있는 텍스트를 드래그하여 선택한 다음 편집 도구 모음에서 '더보기' 아이콘(⋯)을 클릭하고 글꼴 크기를 '40'으로 변경하면 입력된 텍스트의 크기가 확대됩니다.

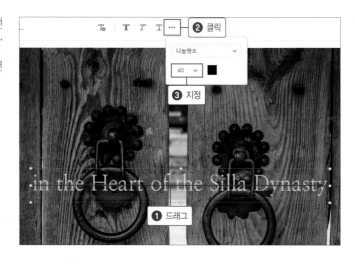

07 텍스트를 추가하기 위해 편집 도구 모음에서 '텍스트 추가' 아이콘(T₀)을 클릭합니다.

08 이미지 위쪽을 클릭하고 'Gyeongju'를 입력합니다. 설정된 글꼴과 크기에 따라서 텍스트가 입력됩니다.

Acrobat 시작

문서 변환

관리 × 편집

양식 × 수정

서명 × 보호

문서 편집

문서 제작

양식 제작 × 활용

09 입력한 텍스트를 드래그하여 선택한 다음 '더보기' 아이콘(⋯)을 클릭하여 글꼴 크기를 '72', 글꼴 색상을 '흰색'으로 지정합니다.

10 아래쪽에 있는 조작 패널에서 '전체 페이지에 맞춤' 아이콘(▣)을 클릭하고, 입력된 텍스트의 크기와 위치를 그림과 같이 중앙에 맞춰 조절합니다.

11 편집을 종료하기 위해 오른쪽 상단에 〈닫기〉 버튼을 클릭합니다.

12 편집 모드가 종료되면 오른쪽에 PDF 관련 도구들이 표시됩니다.

> **TIP**
>
> 이미지의 경우 삭제, 회전 및 위치와 크기 조절만 가능하며 이미지의 교체나 추가는 불가능합니다.

03 따라하기 웹 브라우저를 활용하여 PDF 문서를 PPT로 변환하기

웹 브라우저에서도 기본적으로 PDF 문서를 다양한 문서 형식으로 변환할 수 있고, 각종 문서나 이미지를 PDF로 변환할 수 있습니다. PDF 문서를 가장 많이 활용하는 프레젠테이션 문서인 파워포인트 문서로 변환하는 방법을 알아보겠습니다(텍스트 출처 : gyeongju.go.kr/tour).

◉ 예제파일 : 09\Gyeongju.pdf　ㅣ◉ 완성파일 : 09\Gyeongju.pptx

01 웹 브라우저를 실행하고 주소 창에 'documentcloud.adobe.com'을 입력한 다음 [Enter]를 눌러 Adobe Acrobat 사이트로 이동합니다.

02 PDF 문서를 PPT로 변환하기 위해 [변환] 탭에서 PDF를 PPT로를 실행합니다.

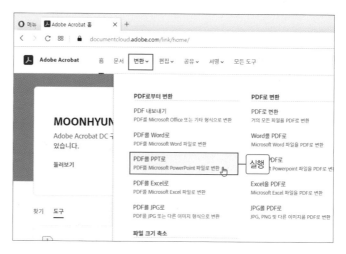

03 PDF를 PowerPoint로 변환 페이지로 이동됩니다. Document Cloud에 저장되어 있는 PDF 파일을 불러오기 위해 파일 선택의 오른쪽에 ∨버튼을 클릭한 다음 '문서에서'를 선택합니다.

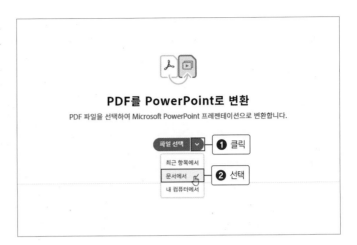

04 PDF를 PPT로 대화상자가 표시되면 [문서] 탭에서 Document Cloud에 저장되어 있는 'Gyeongju.pdf' 파일을 선택하고 〈계속〉 버튼을 클릭합니다.

> **TIP**
> 예제 파일을 Document Cloud에 미리 업로드하고 따라하기를 진행하세요.

05 선택한 문서가 대화상자에 표시됩니다. 문서 언어를 '한국어'로 지정하고 〈PPTX(으)로 내보내기〉 버튼을 클릭합니다.

06 PPTX로 변환되면 Document Cloud에 저장되며 Acrobat에서 Microsoft Office 파일을 보고 편집할 수 있습니다. Microsoft Office 온라인을 실행하기 위해 〈계속〉 버튼을 클릭합니다.

PPTX로 변환된 문서가 웹 브라우저에서 Microsoft Office 온라인을 이용하여 실행되며 문서를 확인할 수 있습니다.

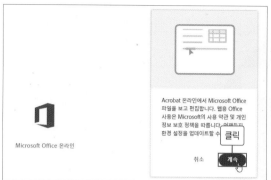

07 페이지 이동도 가능하며 변환된 PPT 문서를 확인할 수 있습니다. 현재는 Document Cloud에 저장되어 있으므로 내 컴퓨터에서 활용하기 위해 '다운로드' 아이콘(⬇)을 클릭합니다.

08 다운로드가 완료되면 오른쪽 상단에 다운로드 완료 메시지와 함께 Gyeongju.pptx 파일명이 표시됩니다. 다운로드된 'Gyeongju.pptx' 파일을 실행하면 파워포인트 프로그램에서 확인이 가능합니다.

Acrobat 시작

문서 변환

관리×편집

야우×수정

서명×보안

문서 편집

문서 제작

양식 제작×활용

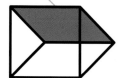

부록

PDF 문서로
전자책 출판하기

온라인 매체가 발전하면서 종이로 보던 정보를 다양한 디바이스를 통해 디지털로 볼 수 있는 시대가 열렸습니다.
또한 신문이 그랬던 것처럼 완전하게 종이를 대체할 수는 없겠지만 디지털의 장점으로 많은 서적들이
전자책 즉 eBook 형태로 제공되고 있습니다. 아마존닷컴의 킨들과 같은 eBook 전용 단말기도 있지만
스마트폰, 태블릿과 같은 스마트 디바이스에서도 전자책을 볼 수 있습니다. 최근에는 PDF 문서를 이용하여
전자 출판을 할 수 있으며 PDF를 이용하여 전자 출판하는 방법을 살펴보겠습니다.

PDF 문서를 활용하여 전자책 만들기

A C R O B A T   D C

PDF 문서를 활용하여 전자책 만들기

스마트폰과 태블릿의 보급과 함께 두꺼운 종이책 대신 전자책의 활용도가 높아지고 있습니다. 전자책은 PDF 문서를 이용하여 만들 수 있고 출판까지 가능합니다. PDF 문서를 활용하여 전자책을 출판하는 방법을 알아보겠습니다.

유페이퍼를 이용한 전자 출판하기

전자 출판은 대표적으로 EPUB 형식을 사용하며 다양한 플랫폼에서 전자책을 지원합니다. 직접 EPUB 문서를 만드는 방법 외에도 PDF 문서를 통해 전자 출판을 할 수 있습니다. 전자 출판을 지원하는 곳은 리디북스, e퍼플, 북큐브, e-KPC, 유페이퍼 등으로, 다양한 플랫폼을 통해 출판이 가능합니다. 비교적 쉽고 간단한 유페이퍼를 이용하여 전자 출판하는 방법을 알아보겠습니다.

01 전자 출판을 위한 유페이퍼에 접속하기 위해 브라우저에서 '유페이퍼'를 검색한 다음 유페이퍼 사이트에 접속하거나 주소 창에 'www.upaper. net'을 입력합니다.

> **TIP**
>
> EPUB(Electronic PUBlication) : 국제 디지털 출판 포럼(IDPF, International Digital Publishing Forum)에서 제정한 HTML과 CSS를 기반으로 만든 오픈된 파일 포맷으로 개방형 전자 서적 표준입니다.

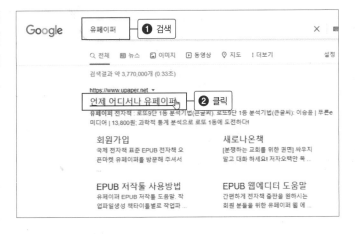

02 유페이퍼 사이트에 접속되면 회원 가입을 진행합니다. 예제에서는 회원 가입 절차는 생략합니다.

03 전자책 판매자로 등록하기 위해 오른쪽 메뉴에서 〈전자책 판매자 등록하기〉 버튼을 클릭합니다.

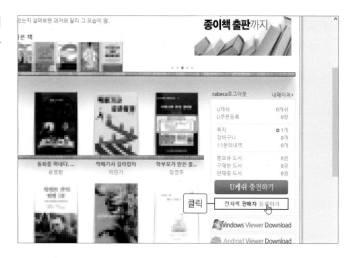

04 유페이퍼는 사업자 등록 없이 개인으로 출판할 수 있으며, 사업자로도 판매자 등록을 할 수 있습니다. 사업자 구분을 '일반개인'으로 선택한 다음 필요한 정보를 입력하여 판매자 등록을 합니다. 판매 수수료는 '30%'로 설정됩니다.

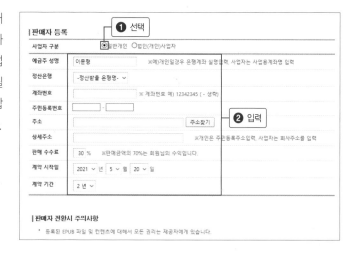

TIP

처음 회원 가입한 경우 전자책 판매자로 등록되어 있지 않기 때문에 오른쪽 메뉴에 〈전자책 판매자 등록하기〉 버튼이 표시됩니다. 전자책을 편집하려면 전자책 판매자 등록이 필요하며, '내페이퍼'를 클릭하면 구매한 페이퍼 및 즐겨찾기 등을 확인할 수 있습니다. 내페이퍼에서 '웹에디터'를 클릭하여 전자책 편집을 진행할 수 있으며, 현재는 신규로 회원 가입을 상태이므로 등록된 서적은 없습니다.

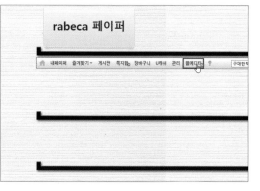

05 판매자 등록이 완료되면 오른쪽 메뉴에 〈전자책 제작, 등록하기〉 버튼이 표시됩니다. 전자책을 만들기 위해 〈전자책 제작, 등록하기〉 버튼을 클릭합니다.

06 전자책 관리 페이지로 이동되며 [작업중인 전자책] 탭이 선택되어 있습니다. 전자책을 등록하기 위해 오른쪽 하단에 〈전자책 등록〉 버튼을 클릭합니다.

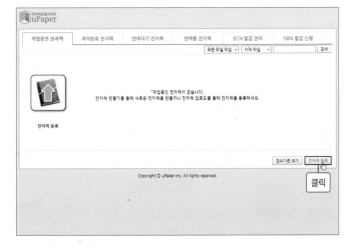

07 전자책 정보를 등록하는 페이지로 이동되며 (전자책 기본정보) 탭이 선택되어 있습니다. 필요한 정보를 입력한 다음 〈다음 단계로〉 버튼을 클릭합니다.

08 (전자책 파일등록) 탭으로 이동되며 EPUB 파일과 PDF 파일을 등록할 수 있습니다. PDF 문서로 출판하기 위해 〈PDF 등록〉 버튼을 클릭합니다.

09 PDF 전자책 파일에서 〈파일 선택〉 버튼을 클릭한 다음 출판하기 위해 만든 PDF 문서를 선택하여 등록합니다.

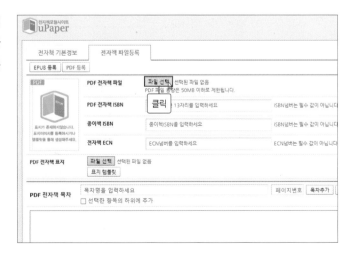

10 유페이퍼에서 제공하는 템플릿으로 표지를 만들기 위해 〈표지 템플릿〉 버튼을 클릭합니다.

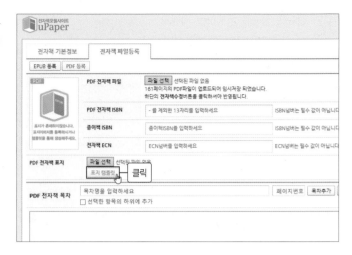

11 전자책 표지 만들기 페이지가 표시되면 원하는 표지 템플릿을 선택합니다.

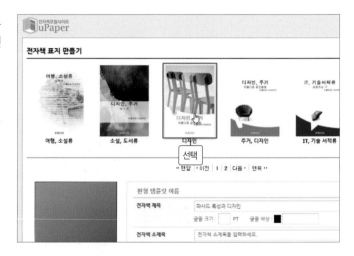

12 판형 템플릿 이름에 전자책 제목, 소제목, 저자, 출판사를 입력하고 글꼴의 크기와 글꼴 색상을 지정합니다. 적용된 모습을 확인하기 위해 〈미리보기〉 버튼을 클릭합니다.

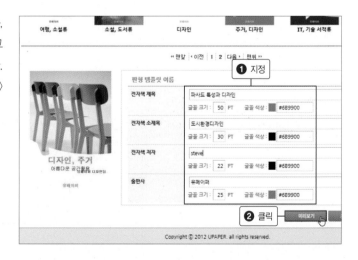

13 왼쪽에서 원하는 텍스트 내용과 설정으로 적용된 최종 표지 모습을 확인할 수 있습니다.

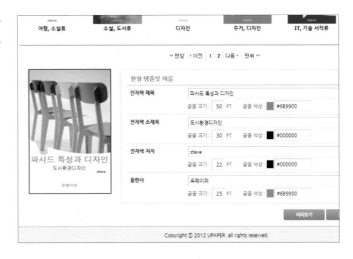

14 표지를 적용하기 위해 〈표지 생성〉 버튼을 클릭합니다.

15 표지가 저장되었다는 대화상자가 표시되면 〈확인〉 버튼을 클릭하여 표지를 전자책에 적용합니다. 설정한 표지로 왼쪽 상단에 이미지가 적용된 것을 확인할 수 있습니다. ISBN, ECN 등은 필수가 아니므로 입력할 필요가 없으며 필요한 경우 유페이퍼에서 ISBN 등록을 대행하여 발급받을 수 있습니다.

16 PDF 전자책 목차에 목차 내용을 입력하고 해당 목차 내용의 페이지도 입력한 다음 〈목차 추가〉 버튼을 클릭합니다.

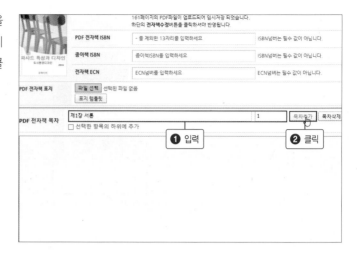

17 대목차 안에 포함된 소목차를 만들기 위해 '선택한 항목의 하위에 추가'를 체크 표시합니다. 소목차 내용과 페이지를 입력한 다음 〈목차 추가〉 버튼을 클릭합니다.

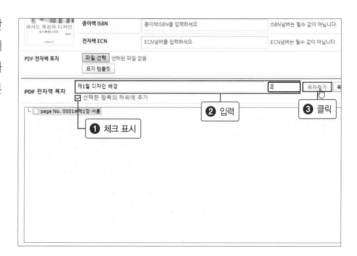

18 대목차 안에 소목차가 적용된 것을 확인할 수 있습니다.

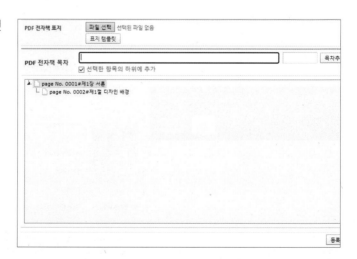

19 다시 대목차를 추가하기 위해 '선택한 항목의 하위에 추가'를 체크 해제합니다. 대목차 내용과 페이지를 입력한 다음 〈목차 추가〉 버튼을 클릭합니다.

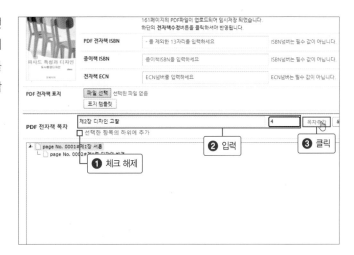

20 '선택한 항목의 하위에 추가'를 체크 해제하고 입력한 목차는 대목차로 구분되어 입력된 것을 확인할 수 있습니다.

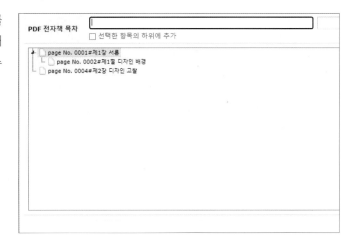

21 '선택한 항목의 하위에 추가'를 체크 표시한 다음 소목차를 페이지 포함하여 여러 개 입력합니다.

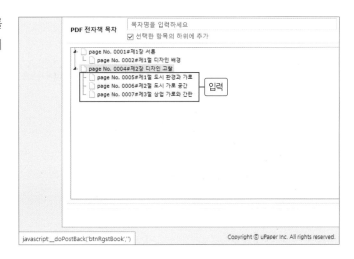

22 목차까지 작성 완료하면 전자책으로 등록하기 위해 〈전자책 등록〉 버튼을 클릭합니다.

23 전자책이 저장되었다는 대화상자가 표시되면 〈확인〉 버튼을 클릭합니다.

24 전자책 등록이 완료되면 최종적으로 판매 신청을 하기 위해 〈판매신청〉 버튼을 클릭합니다. 판매 신청이 접수되면 유페이퍼에서 내용을 검수하고 책을 출간하게 되며 일정 시간이 필요합니다.

찾아보기